本书为教育部人文社会科学研究项目（21YJA710018）的研究成果

道德本质论视域下的表达主义研究

On Expressivism from the Perspective of the Nature of Morality

李 娜◎著

人 民 出 版 社

责任编辑:李之美

图书在版编目(CIP)数据

道德本质论视域下的表达主义研究/李娜著. —北京:人民出版社,2025.1
ISBN 978-7-01-026558-2

Ⅰ.①道… Ⅱ.①李… Ⅲ.①伦理学-研究 Ⅳ.①B82

中国国家版本馆 CIP 数据核字(2024)第 097776 号

道德本质论视域下的表达主义研究
DAODE BENZHILUN SHIYU XIA DE BIAODA ZHUYI YANJIU

李 娜 著

人民出版社 出版发行
(100706 北京市东城区隆福寺街 99 号)

北京建宏印刷有限公司印刷 新华书店经销

2025 年 1 月第 1 版 2025 年 1 月北京第 1 次印刷
开本:710 毫米×1000 毫米 1/16 印张:18.75
字数:245 千字

ISBN 978-7-01-026558-2 定价:89.00 元

邮购地址 100706 北京市东城区隆福寺街 99 号
人民东方图书销售中心 电话 (010)65250042 65289539

目　　录

前　言

几年前,我曾经想要研究进化论伦理学。导师刘杰教授告诉我,所有的规范伦理学、应用伦理学都会触及道德哲学问题,最终难以避开有关道德的本质问题;因此,在掌握较为丰富的生物科学资料之前,建议我还是首先着眼于道德哲学基础问题的讨论。随后我系统学习了西方元伦理学。在大量的阅读中发现,如何理解道德尤其是道德的(the moral)与非道德的(the non-moral)的关系问题,是道德哲学研究的基础问题之一。在分析哲学伦理学的各种争论中,道德随附性逐渐成为论辩的焦点。道德随附性(moral supervenience)一般是指,道德的随附于非道德的,非道德基础属性的同一可以保证随附性道德属性的同一。要合理地回答道德的本质问题,阐明道德的客观性和规范性,就需要提供一种道德本质论,使其能够合理地说明道德随附性,同时维护道德的规范性。

本书先以道德本质论为视角,重点讨论了非自然主义的道德实在论与非认知主义的道德表达主义在道德随附性方面的争论,表明随附性在解决道德本质问题中所扮演的角色及其在元伦理学中的地位,然后尝试提出一种更加合理的有关道德本质的观点——认知主义的表达主义(cognitivist expressivism),来解决以往道德表达主义本身的困境，推进对道德随附性的理论诠释以及对道德本质问题的回答。

首先，本书从元伦理学的一个核心问题即“如何理解道德”切入，简单考察了道德实在论的三种类型——还原论的伦理自然主义、非还原论的伦理自然主义和伦理非自然主义，及其理论竞争者——道德建构主义、道德错论、非认知主义、道德非实在论，在分析阐述道德实在论所面临的认识论挑战、实践论挑战、本体论挑战的基础上指出，随附性问题是道德实在论面临的核心挑战，主要由非认知主义提出的随附性论证构成了对道德实在论的重要反驳。这表明了构建一种更合理的道德本质理论的必要性。

接着，本书借助心灵哲学中的随附性讨论，从概念、类型、定义、相关概念关系等几个角度回答了“什么是随附性”的问题。在此基础之上，着重考察了伦理学中的道德随附性问题。道德错论作为一种认知主义理论，用道德随附性来攻击道德实在论，认为道德实在论无法解释道德随附性，同时用道德怀疑论的方式取消了自己对道德随附性问题的解释性负担。非认知主义者布莱克本认为伦理非自然主义难以支持道德随附性，不能解释混合世界禁令，而自己的投射主义理论很容易解释随附性和相关的混合世界禁令。非自然主义的道德实在论者沙佛-兰道则指出，非认知主义诉诸随附性的论证将论证起点设定为“世界就是像自然科学描述的那样”，但这个论证前提本身就是无法被证明的。沙佛-兰道认为，一方面，道德实在论者可以解释随附性。首先，道德实在论并不一定缺少蕴含命题；即使被指责缺少蕴含命题，道德实在论也并不缺少“共犯”。其次，随附性质的每一个实例都是完全由被随附性性质构成或实现的。另一方面，表达主义不能很好地解释随附性，它难以说明为什么对两个描述性相同的行为采取不同态度的人犯了某种概念上的混乱。

但迈克尔·里奇和罗伯特·马布里托认为，构成性进路的道德实在论并不能保证作为概念必然性的道德随附性，而吉伯德更复杂的解释性表达主义可以解释道德随附性。在道德实在论内部，沙佛-兰道的构成性进路也被指责为一种自然主义。除了沙佛-兰道之外，克莱默、克莱格、韦奇伍德、菲茨帕特里克等伦理非自然主义者在随附性论证方面也提出了各种不同的进路。这些尝试最终表明，为了解决道德随附性问题，非自然主义不得不向自然主义靠拢。

虽然斯坎伦区分了混合的规范性判断和纯粹的规范性判断，认为混合规范判断所对应的规范性事实才随附于相关的非规范性事实，而纯粹规范判断并不依赖于自然事实或超自然事实。但这并不能帮助非自然主义回应全局性的随附性挑战。在随附性论证的挑战之下，更多的实在论者走向保守，认为道德随附性是一种原初的事实、形而上学学说或教条。非还原论者斯德津甚至直接指出，一个人究竟认可哪种形式的随附性，将取决于一个人的元伦理学背景理论。

我认为，元伦理学中传统的道德本质理论难以完全消除随附性担忧。自然主义者无法解释道德随附性的重要性，因为他们认为道德属性就是自然属性，随附性好像是自然而然、不值一提的。非自然主义者难以解释道德随附性是如何随附的，因为他们认为道德属性不是自然属性，而是自成一格的，但两个完全不同的属性之间究竟如何能做到随附呢？表达主义将随附性看作一种主观约定，又难以解释道德的客观性和规范性。因此，只有建构一种更具有解释力的道德本质理论，道德随附性才有可能得到合理的说明。

对道德随附性问题的持续关注构成了我在本书中建构一种新的道德本质理论的理论冲动。在分析非认知主义的表达主义的内部困难、发展演变、当前困境、理论优势和未来走向的基础上，本书吸取情感认知—评价理论、非自然主义的部分合理之处,试着提出一种从“非认知主义”到“认知主义”的表达主义发展路径,即通过对情感进行一种认知—评价性的理解,使道德表达主义能够更好地回应道德语言问题、态度分裂问题、道德取消主义等质疑和困境,在与吉伯德“解释的表达主义”、史密斯的“理性主义—性情理论”的比较中,发展出一种更合理的、认知主义的新表达主义理论。

这种新表达主义理论认为,道德判断区别于其他判断的核心特征在于它表达道德情感,这种道德情感本身包含着认知—评价性信念和非认知性情绪,作为情感表达的道德话语涉及描述性成分、评价性成分和心理倾向性成分,因而具有实在的随附性基础。道德的评价性成分是随附于描述性成分的,不过由于个体繁荣计划的具体差异,以及受到人格、性情等心理倾向性成分的影响,在现实中也会表现出相同认知条件下的道德分歧。但无论如何,作为情感表达的道德话语说出了某些关于事实的描述,这是它具有适真性(truth-aptness)的根本原因,也是它与自然命题具有随附关系的原因之一。同时,道德情感由于关心人的自我繁荣和幸福计划,从而天然地蕴含着非自然性的价值评价。但新表达主义不像传统非自然主义那样,认为道德情感是完全自成一格的独特事物,它承认自然基础对道德情感、态度的奠基性作用。这种基础作用是通过类似于意向性网络—背景那样的结构来发生作用的,情感(或态度)意向性的心理学结构与语言意向性类似。

认知主义的表达主义并不意味着可还原、可简化,以至没有独立的随附性道德情感领域。我所提出的这种新表达主义理论并不主张承诺极端的自然主义、放弃理性主义,使伦理学成为心理学或广义社会学的一部分。它只是强调,作为情感或态度内容的评价性事实是实在的,因为这些评价性关系是在具有心理实在性的意向性网络、与社会实在性有关的意向性背景下,对经验信息进行理性的道德反思这一多维结构中生成的。这使得它融合了理性主义和经验主义,能够解释道德判断与情感反应之间的关键性鸿沟。它既吸收了经验主义的认识论,强调价值在本质上与人类对美好生活的关切有关,以避免非自然主义框架下道德属性的神秘性,又坚持理性主义的统一原则,使得我们可以在千差万别的情感中关注共同点,构筑公共的道德生活。

认知主义的表达主义理论可以利用在自然科学中被经常使用的最佳解释推理原则,给出一种本体论承诺。最佳解释推理是指,如果通过设定某些事实我们就能最佳地说明被观察的现象,那么我们就应该倾向于主张我们有关事实的信念为真,相关事实确实存在。道德本体论研究和一些复杂的前沿自然科学研究一样,只能在当前的人类智力范围内通过反思性平衡、融贯性解释作出最佳选择,就像在心身问题上所做的心理—物理随附性解释那样。

在实践论的动机理论方面,新表达主义理论主张,情感或态度是有表征内容的心理状态,其内容或对象就是道德事态或道德命题,道德情感或态度本质上是一种意向性态度或命题性态度。因此,道德动机既是一种心灵状态,又要诉诸世界的特征,因为具体的事态才是心灵意向状态的内容。

在实践论的理由理论方面,工具主义认为,你有一个理由做某事,仅因为做它能够帮助完成对你而言重要的事情,欲望在此扮演重要的角色。道德理性主义则断言,在道德义务和行动理由之间存在一种蕴含关系或必然关系。理由内在主义拓宽了工具主义的考量范围,认为除了欲望之外的其他东西(比如信念、长期计划、忠诚,等等)也能够驱动人们。而新表达主义理论认为,理由的内在主义并不与理性主义截然对立,道德情感关心我们的目标和计划,情感本身便包含着我们对重要事物的判断,虽然这种判断可能是有理性缺陷的;理由并不完全基于内部心理要素,它也是关涉自然事实的,所以有关情感或态度的分歧,常常需要通过对自然事实的各种补充、转换性描述等来解决;道德判断这种实践的目标就是要通过对外部事实的明智审慎的理性评估,使道德判断能够成为具有普遍性的道德法则。总之,一种认知主义的情感表达主义可以更好地同时解释道德理由的驱动性和规范性。

在认识论的道德分歧方面,新表达主义理论认为,道德情感中包含意向态度下的认知性信念和非认知性情绪,因而,在类似理想咨询者的条件下,道德事实或属性能够为道德能动者所认知,非道德事实的同一决定了道德事实或属性的同一,但现实中的能动者要获得有关具体情境的所有相关非道德知识非常困难,而且视角性成见、偏见、自利、不充分的同情心、厌恶等很多因素阻碍了合理推理和道德感知,道德能动者在获取全部的、复杂的相关非道德事实方面存在差异,再加上主观上的理性能力差异和情绪差异(也常被称为品格差异或心理倾向差异),使得道德能动者对道德事实的认识出现分歧。

在认识论的道德知识方面,新表达主义理论在一定程度上接受融贯论;同时认为我们并不需要将所谓经过深思熟虑的道德判断严格界定为可靠的、不变的起点,而是主张所有的道德判断都处在情感的意向性信念网络之中,都是开放的、不断修正的;既然情感是认知主义的,所以实际的道德分歧解决过程仍然可以是一种理性主义的反思平衡过程;保持对情感的反思,进而产生对培养积极情感的思想收获与方法改进,使公民能够更好地参与伦理政治程序,这是各类道德教育实践的永恒目标追求。

在本体论的道德解释方面,新表达主义理论能够回应所谓的副现象问题，既承认自然属性所承担的解释性工作，也不否认道德属性所具有的解释性功能，合理地避免将道德属性看作副现象。新表达主义能够在解决情感与社会性自然事实、心理性自然事实的随附性关系的基础上，从本体论角度说明道德事实的解释性作用。

此外，本书还从道德错论、建构主义、非认知主义的表达主义、强劲实在论等角度构造了针对新表达主义理论的一些挑战，并一一作出自我辩护，同时也回应了传统情感主义经常遇到的琐碎性威胁。

简而言之，本书所着力打造的亮点在于，第一，探寻有关道德本质问题论证的焦点分歧，指出道德实在论所面临的认识论挑战和实践论挑战最终都与道德随附性问题这个更深层的本体论挑战密切相关，进而通过阐明非自然主义实在论有关道德随附性的解答，指出非自然主义最终不得不向自然主义靠拢；通过对表达主义的优劣势进行评估，指出它要合理地解释随附性而不伤害道德客观性的话，也需要与认知主义相结合。第二，借助情感认知—评价理论，将非认知主义的表达主义合理改造为认知主义的表达主义，缩小其与道德实在论的距离，融合非自然主义与自然主义，为道德随附性问题提供更融洽的解释，从而更加有效地回应道德怀疑论，丰富中国元伦理学的话语方式和理论视角。

导　论　面向现实的道德哲学本体论

道德中心主义是中国传统文化的核心特征。[①] 中国儒家思想家尤其是孟子认为，道德属性是人之为人的根本属性，是人与禽兽的本质区别。受这种传统思想的影响，实际生活中中国人在大多数时候不太怀疑道德作为人之为人的必要条件的合理性。比如，许多人仍然习惯于将严重的道德缺失现象评价为"没有人性"、"真不算人"。

但与此同时，还有一些人，他们并不觉得道德是人理所应当秉持的属性或原则，即使在"道德紧急状况"(the moral emergency)[②]频发的今天，他们也常常对道德表现出冷漠的态度。试想一下近些年网络曝光的极度残忍的虐猫行为，以及频繁发生的伤害母亲、祖母、妻子、孩子的家庭伦理事件和伤害学生、老师、同学的校园伦理事件。这些无视道德约束的现象不仅令许多人感到吃惊，也引起人们的思考：道德真的存在吗？

这种对道德实在性的怀疑在西方社会也不少见。自然主义道德实在论者雷尔顿曾在其著作中提到旁人与他的一则真实对话：

"呃……哲学。好吧，那你从事的是哲学哪方面的研究呢？"

"大部分是伦理学。"

---

① 易杰雄：《道德中心主义与政治进步》，《文史哲》1998 年第 6 期。

② 万俊人：《中译本序》，载迈克尔·桑德尔：《公共哲学——政治中的道德问题》，朱东华、陈文娟、朱慧玲译，中国人民大学出版社 2013 年版，第 3 页。

“伦理学？你真的认为存在这种东西？”①

这种常见的对话在一定程度上折射出道德哲学在当代世界所遭遇的严重危机。当然，我们也会看到，部分理论上的道德怀疑论者，在实际生活中并不一定完全否认道德行为有对错之分，比如他们可能也不赞成伤害无辜者、殴打孩子，或者吃狗肉等等。那么，到底这些不同的道德态度背后，是对所发生事实产生的认知性差异，还是基于相同事实认知上的道德原则差异呢？抑或我们可以给出其他的解释？在道德教育中，也常有学生对老师讲述的诸多道德案例、道德境界发出疑问：就算某些人是有道德或道德高尚的，但是为什么我必须讲道德呢，尤其是当周围存在很多缺乏道德的现象时？道德究竟是什么，它是一种必需品吗？是我必须遵从的金科玉律吗？是客观存在而不可动摇的吗？还是说仅仅是部分人在特定时空中的一种约定？抑或只是一种文化故事的虚构？可见，在现实中，一种伦理学观点或道德理论如果要指导实际生活，多多少少或者迟早都会遇到对道德本身产生的追问；不仅道德的客观性、规范性、普遍性需要自我辩护，道德教育因此也需要自我辩护。

在国内，早在1982年罗国杰主编的《马克思主义伦理学》中，道德就被界定为“一种社会的上层建筑和意识形态现象”②，这种影响延续至今。肖雪慧则认为，“道德是以人性的主观为前提，产生于客观的现实社会关系之上的一种特殊社会现象。”③之后，分别以肖雪慧和夏伟东为代表，掀起了一场关于道德本质问题的大讨论，前者强调道德本质的主体性特质，后者强调道德本质的规范性特质。20世纪90年代，以《伦理学》④和《道

① Peter Railton, *Facts, Values and Norms: Essays toward Morality of Consequence*, Cambridge University Press, 2003, p.xi.

② 罗国杰：《马克思主义伦理学》，人民出版社1982年版。

③ 肖雪慧：《伦理学原理》，四川教育出版社1986年版。

④ 罗国杰：《伦理学》，人民出版社1989年版。

德本质论》①两本书为代表，总结了这场大讨论，社会历史性和规范性作为道德的客观基础、主体意识作为道德的主观因素被“统一”了起来。近几年，随着中西方伦理学对话的深入展开，受约定主义、美德伦理学等的影响，道德被界定为“在一定社会群体中约定俗成的行为规范与品质规范之总和”②，这种界定试图将道德规范与主体性美德调和起来，但仍然具有一定的道德相对主义色彩，而且我们依旧可以追问：道德区别于其他事物的规范性究竟从何而来、由何奠基？道德的主体性又能否保证道德的客观性和普遍性？

一、研究背景

本书试图从西方英美哲学的角度对道德本质问题③进行更细致的研究。西方伦理学中各个流派的观点各异，比如以道义论为代表的绝对主义（Categoricalism）、以功利主义为代表的后果主义（Consequentialism）、契约论、美德伦理学等，这些学说的主要内容都是关于道德的一阶理论。而相对于具体的伦理学理论，元伦理学是二阶的，它本身是对伦理学之基础和规范性的追问。举例来说，“什么是好的”是个一阶的伦理学问题，“‘什么是好’有客观的基础吗”则是一个二阶的哲学伦理学问题。由此，哲学伦理学研究的基本问题之一，就是如何理解道德以及道德与非道德的关系等有关道德本质的问题。

---

① 夏伟东：《道德本质论》，中国人民大学出版社 1991 年版。

② 韩东屏：《道德究竟是什么——对道德起源和本质的追问》，《学术月刊》2011 年第 9 期。

③ 早期国内伦理学有关道德本质问题的研究，更多侧重于 the essence of morality，而当本研究在英美哲学视域下谈论道德本质问题时，更多侧重于 the nature of morality。二者有联系也有差别。关于后者，可参考如下经典著作：Gilbert Harman，*The Nature of Morality*，New York：Oxford University Press，1977. Bernard Gert，*Morality：Its Nature and Justification*，New York：Oxford University Press，2005。

在国外学界，并非所有人都肯定哲学伦理学的相关研究工作。当代美国哲学家普特南在《无本体论的伦理学》中指出，伦理学与本体论及形而上学的结合使我们对伦理学的理解产生了扭曲。这种扭曲一方面导致了膨胀的柏拉图主义，另一方面导致了还原论的形而上学。① 普特南认为，伦理学并非没有客观性，但这种客观性并不来自本体论，而是来自我们的生活实践，伦理学的最终目的是解决实践问题。② 根据普特南的观点，我们似乎没有必要追问道德究竟是什么；而只需要探讨针对某种具体生活实践问题，我们该坚持什么样的道德理论才是合理的。

但在笔者看来，生活实践的多样化和伦理问题的复杂纷争，使得仅仅一阶的伦理学并不足以满足人们对道德客观性的要求。仅用道德实用主义来面对道德虚无主义、道德怀疑论、道德相对主义或主观主义的挑战并不足够。只要哲学思考依然存在，道德本体论问题便会如影随形，我们就有必要对道德最根本的哲学问题进行思考。尤其在科学主义兴起的背景下，道德要有自己的一席之地，就必须进行自我反思和自我辩护。

其次，伦理学中二阶的问题不仅会对道德生活或实践行动产生影响，而且这种影响往往还是一种具有基础性、重大性、持续性的影响。比如在哲学伦理学层面上完全否认道德实在性、客观性和必要性的极端道德虚无主义就会对人们的日常道德行为产生重大影响。直接的伦理教诲、道德宣传、对一阶道德理论或原则的说明固然重要，但它们在面对道德怀疑论和道德虚无主义的精致论证时并不容易显示强大的解释力和说服力，而理论只有彻底，才能说服人，才能指导生活和行动。再比如，如果在二阶的问题上，道德判断不具有适真性，道德论证不属于理性论证，那么，在

---

① Hilary Putnam. *Ethics without Ontology*. Cambridge: Harvard University Press, 2004, pp.17-21.

② Hilary Putnam. *Ethics without Ontology*. Cambridge: Harvard University Press, 2004, p.28.

一阶的问题领域,人们又该如何选择正确的道德判断指导生活,该如何在理性的指导下采取行为选择?一阶伦理学的研究固然有价值,但并不能回答所有问题,解答深层疑惑。契约论认为,道德正当就是符合彼此都同意的契约开展行动。后果主义则认为,道德正当就是按照那种能带来最好后果的方案行动。但问题在于,我们为什么要把契约或功利作为我们进行道德判断的基础呢?何时采用契约论、何时采用功利主义原则呢?这些实际上都涉及道德的本质问题,即"道德究竟是怎样的"?只有先搞清楚道德本身的性质,才能继而回答"我们是否需要道德"、"为什么需要道德"、"需要什么样的道德"等问题。或者退一步说,只有在弄清楚二阶问题的同时,才有可能彻底弄清楚一阶问题。

当然,犹如对"数是什么"的回答也会涉及"为何需要数"、"是否需要数"的问题,很有可能我们对"道德是什么"的限定性回答会涉及"是否需要道德"的原因式探寻和"为何需要道德"的理由式追索,道德的本性问题和存在根据问题是相互关联的。比如,持道德实在论观点的人多数不会质疑对道德的需求与否,而道德反实在论者、道德怀疑论者或道德虚无主义者则往往会质疑道德的必要性。面对道德虚无主义和错论等道德怀疑论的挑战,大部分道德哲学家感到有必要为道德进行辩护。而无论何种辩护都首先要回答:我们为之辩护的所谓道德究竟指的是什么。否则,就难以讲清楚我们所作的是何种意义上的辩护。

在当代西方的元伦理学①中,关于道德的本质存在很多讨论,其对道

① 根据研究的是实质(substance)还是意义(meaning),人们曾经将哲学伦理学和元伦理学截然分开,但如蒯因(W.V.Quine)后来所论证的那样,这样做是不合理的,因为语言中已经隐含着我们的本体论承诺,换言之,语词与对象是不能完全二分的,有关本体论的争论常常会变成有关语言的争论,有关语言的争论最终被发现依然是有关本体论的争论。参见涂纪亮、陈波主编:《蒯因著作集(第4卷)》,中国人民大学出版社2007年版,第25—26页。再加上当代西方元伦理学的书籍中大量涉及自然主义、非自然主义等本体论讨论,因此,本书并不像早期元伦理学者那样严格区分元伦理学与哲学伦理学。

德基础问题的不同回答构成了各种不同的道德哲学立场,进而衍生出一系列观点或流派,仅在本体论层次上就存在道德实在论(moral realism)、反实在论(anti-realism)、非实在论(non-realism)、准实在论(quasi-realism)等争论。反实在论在论战中表现为道德错论①、虚构主义(fictionalism)等不同形态。道德实在论也在论战中演化出还原论自然主义实在论(reductionist naturalist realism)、非还原论自然主义实在论(anti-reductionist naturalist realism)和非自然主义实在论(non-naturalist realism)等不同主张。随着道德实在论与反实在论的争论日趋激烈,某些传统伦理学派如情感主义②也加入其中,在发展其非认知主义的表达主义(non-cognitivist expressivism)的同时,提出了道德准实在论观点。情感主义对道德的驱动性具有被广泛承认的独特解释力,这使得由情感主义演化而来的当代道德非认知主义理论深受关注,后者以理查德·默文·黑尔(Richard Mervyn Hare)、西蒙·布莱克本(Simon Blackburn)、阿兰·吉伯德(Allan Gibbard)、特伦斯·霍根(Terence Horgan)和马克·蒂蒙斯(Mark Timmons)等人为代表,而情感或态度是这种非认知主义理论的核心概念。

上述理论各有千秋,但都未能给道德本质以令人信服的回答。在错论者麦凯看来,非自然主义给道德赋予一种让人难以接受的神秘性和奇异性;非认知主义和自然主义都没有重视道德伦理明显的权威性,其中,非认知主义的表达主义排除了道德的客观有效性或客观真理,自然主义排除了道德中的定言命令。而麦凯自己的道德错论则直接否定了全部道

① Error theory,通常被翻译为"错论",专指主张"(道德)整个的是人类的一种彻底的认知错误"的理论,又被翻译为"错误理论"、"谬论"等。

② 早期的情感主义(sentimentalism,又译为"感伤主义")是指18世纪兴起于英国的情感主义,以哈奇森(Hutcheson)、休谟、亚当·斯密为代表。现代西方伦理学中的情感主义(emotionalism)是指新情感主义,其代表人物有罗素、艾耶尔、卡尔纳普、赖辛巴赫、史蒂文森等,参见万俊人:《现代西方伦理学史(上卷)》,中国人民大学出版社2011年版,第223页。表达主义(expressivism)是当代情感主义伦理学的重要代表性理论之一。本书主要是在一般意义上讨论情感(emotion)。

德的实在性和客观性,这似乎是令人更加难以接受的。

在各种理论的相互争论中,道德随附性①逐渐成为其论辩的焦点。无论是在道德非认知主义理论中,还是在道德认知主义下的道德自然主义、非自然主义理论中,道德随附性都是其重点论述的一个主题,甚至是其理论体系发挥影响力的关键性内容。比如,非自然主义者摩尔、规定主义者②黑尔等人都对道德随附性进行过重要论述。作为一种认知主义理论③,道德错论用道德随附性来攻击道德实在论,认为道德实在论无法解释道德随附性,同时用道德怀疑论的方式取消了自己对道德随附性问题的解释性负担。作为一种非认知主义理论,情感表达主义也用道德随附性来攻击道德实在论,认为道德实在论尤其是非自然主义实在论无法解释道德随附性。在布莱克本以准实在论为基础构建的投射主义理论中,随附性发挥了关键性作用,它被用来论证准实在论相对于实在论所具有的形而上学优越性。总之,道德随附性已经成为各种道德本质理论参与论辩竞争的重要砝码,哪种理论能够更好地解释道德随附性,似乎其在论辩场上就赢得了大量的比分。

那么,道德究竟是什么?道德的(the moral)与非道德的(the immoral)究竟是怎样的关系?如果道德是实在的,我们该如何解释道德的随附性?面对道德虚无主义和错论等道德怀疑论的挑战,大部分道德哲学家感到有必要为道德进行辩护。而要合理地回答道德的本质问题,阐明道德的

---

① Moral supervenience,通常被翻译为“道德随附性”,一般指道德的(the moral)对非道德的(the immoral)的随附。Supervenience 又被翻译为“附随性”、“附生性”等。

② Prescriptivism,规定主义,本是语言学中的一个术语,后来黑尔将其运用于伦理学,提出了一种规定主义的元伦理学理论,主张道德语言是一种规定语言、一种“劝说”的语言或者取得效力的语言。规定主义是从语言逻辑的角度解释伦理学规范性的一种努力。

③ Cognitivism,通常被翻译为“认知主义”,而不被翻译为“认知论”,因为“认知论”一词被人常与“认识论”、“认知科学”等词不加区分地混用,往往被用以指称“有关认知的理论”。与此不同,reductionism 既可以被翻译为“还原主义”,也可以被翻译为“还原论”。

客观性和规范性,就需要提供一种对道德的新解释,使其能够合理地说明道德的随附性,同时维护道德的规范性。

本项研究的直接目的便是,对元伦理学中的各种道德本质理论的核心论证尤其是与道德随附性相关的观点进行梳理和分析评价,对道德随附性理论与核心道德论题的关系进行详细阐述,最终论证:在众多替代性选择方案中,情感表达主义可以与对情感的新式合理解释一起,构成一种超越传统实在论和反实在论、非自然主义和自然主义、外在主义和内在主义等争论的新的道德实在论——认知主义的情感表达主义,从而成为解答道德随附性问题的一个有效理论,合理地回应道德怀疑论。这个带有一定挑战性的研究目的只有在整体主义知识观①的背景下才有可能达成;与此同时,在整体主义知识观引导下,本书试图弥补各种理论竞争产生的裂痕,整合各种理论的解释性优势,这也是本研究的理论目的之一。

道德随附性问题是当代元伦理学的一个热点话题,涉及心灵哲学和道德哲学等领域的内容,但从根本上讲,它仍然是道德本质问题中道德实在论与反实在论争论的一种表现形式。传统的道德实在论是回应道德虚无主义挑战的一种有力方式,但这种实在论在某种意义上导致了道德怀疑论,且不能对道德动机提出合理的说明。非认知主义的道德理论能够说明道德动机的可能性,但也被认为容易导致道德怀疑论和道德虚无主义。本研究试图缩小道德实在论和某种非认知主义之间的鸿沟,进而对怀疑论和虚无主义的挑战作出一个回答。

伴随着表达主义在情感主义伦理学浪潮下的一次强势回归,以情感表达为核心的道德研究日益成为学者们关注的焦点。同时,情感的认

---

① 我在与蒯因类似的意义上使用"整体主义知识观"一词。这自然而然地会导致这样一种结果,即不承认任何的终极真理,一切理论都要面向批判开放,随时准备基于反常和证据而修正自身。有关蒯因对"整体主义知识观"一词的理解与使用,可参见陈波:《蒯因哲学的理性精神及其启示》,《哲学研究》1994 年第 12 期。

知—评价理论、理性主义—性情理论、道德感觉理论等研究也拓展了表达主义的研究视野,为人们提供了一些更新鲜、更合理、更全面的对情感和心理倾向的理解,也为中西方伦理学研究的对话迎来了一个契机:表达主义的兴起,西方伦理学对情感、态度和性情的研究,都为中国学者融入世界范围的伦理学讨论提供了更多的机会,我们应当抓住这样的机会,厘清表达主义的问题并就其提出自己的解答。

其次,以道德随附性问题为切入点讨论表达主义的转型问题,其实并不仅仅具有理论意义,还具有其实践目的。一方面,当今社会,自然科学日益占据话语主导权,理性主义、知识主义成为主流,道德情感常常被自然科学、知识论排除在外。另一方面,网络媒体的迅速发展使得许多人进入了"后真相时代",越来越多的媒体人或普通的网络发言人为了自身利益而不惜发表各种博人眼球的言论以获得关注,大众对新闻消息的态度表现出"情绪在前,事实在后;认知在前,真相在后;成见在前,客观在后"的特征。在这样的背景下,道德如果也是一种情感表达,它如何满足人们实践中对道德的客观性需求、避免走向道德虚无主义?道德教育如何成为可能,其科学性何在?本书对道德本质进行考察的间接目的是,试图通过对道德本质、道德随附性的合理说明,为进一步完善情感主义伦理学、批判和矫治道德虚无主义提供一定的基础,这是本项研究的实践意义所在。

本书将以伦理学中比较广泛的共识之一——道德随附性为线索,将自然主义、非自然主义、非认知主义等道德理论或修正过的理论观点结合起来,聚集其优势,并在此基础上建构一种新的表达主义理论,实现情感主义与理性主义的有机融合,努力减少道德虚无主义的威胁。

二、特定研究视域下的研究对象

本项研究的视域是当代英美哲学中的道德本质(nature,本性或性质)论。鉴于元伦理学常常被认为是以道德语言概念分析而非本体论研究为主题的,所以,在对本书的研究对象进行界定之前,有必要先讨论一下道德本质问题在元伦理学中的地位,尤其是澄清道德的本质问题与道德语言问题二者之间的关系。

元伦理学(meta-ethics)是在语言哲学时期尤其是20世纪30年代到60年代发展成为一个小的学科领域的,当时主要是相对于规范伦理学(normative ethics)而言的。当时的一些英美哲学家认为,哲学就是语言分析,据此,哲学伦理学就是对道德语言的分析;元伦理学的哲学主题应该有别于规范伦理学的哲学主题,规范伦理学理论是一种关于对错、善恶、正当与不正当的理论,由于这些论题不是有关语言的主题,因而也不是哲学的主题,而元伦理学是要对规范伦理学中涉及的道德判断的意义和正当性给出一种恰当的哲学说明。但这种区分依赖于对意义和正当性所做的一些非常有争议甚至不融贯的假定,因而就像哈曼所言,“主要的问题则被忘却了,伦理学变得没有趣味,而且到20世纪60年代元伦理学的工作几乎停滞了”①。

如果说西方的元伦理学在早期核心关注的是道德语言问题,那么道德的本质问题则是在元伦理学的后期重新凸显出来的研究对象,且受到越来越多的关注。围绕道德的性质、道德事实的存在与否、道德认知的可能性、道德发生作用的途径等,逐渐形成了道德实在论与道德反实在论、道德认知主义与道德非认知主义、道德内在主义与道德外在主义等一系列争论和反思。

当然,元伦理学并不能被严格地划分为早期和晚期,一是因为,道德语言问题一直是元伦理学研究的对象,虽然后期除了语义学、意义理论之外,元伦理学还涉及形而上学、认识论、心理学、现象学等拓展的主题和方

---

① Gilbert Harman, *The Nature of Morality*, New York: Oxford University Press, 1977, pp.vii-viii.

法,但对道德语言的研究是持续始终的;二是因为,随着道德本质问题的发酵,早期围绕道德语言研究发展出来的直觉主义、情感主义、规定主义、描述主义四大流派也更多地参与了对道德本质问题的回答。

可以说,道德语言问题与道德的本质问题是相互交织的。一方面,道德语言问题的分析依赖于对道德本质的说明。道德语言是不是一种自然语言?如果道德语言是一种规定性语言,那么道德语言的规定性从何而来?如何保证道德语言的可普遍化?对这些问题的回答终究会涉及道德的本质问题。另一方面,道德语言分析是回答道德本质问题的必经之路。元伦理学为什么要研究道德语言问题?无论是摩尔等人的分析伦理学、詹姆斯和普特南的实用主义伦理学还是黑尔的情感主义伦理学等,从最初的研究动机而言,就是为了通过对道德语义和逻辑的分析、对道德判断的内容和形式的阐释,以更加详细、明确的方式揭示道德的本质。

因而可以说,道德的本质问题是元伦理学的基本问题,是任何一种元伦理学观点或流派都必须面对和回答的问题,道德语言问题是在研究道德本质问题的一种独特路径中派生出来的。通过研究道德的本质,有助于我们弄清楚各种元伦理学观点的来龙去脉,以整体主义的系统性思维,找到一种回答该问题的更好途径。

本书的研究内容围绕着建构一种更加合理的、认知主义的新表达主义理论这一目标而展开,但这一研究内容并非在研究初期就是完全确定或明确了的,而是在梳理既有的道德本质理论尤其是开展道德随附性研究的过程中才逐渐明确的。对认知主义理论或表达主义理论的修正性研究属于道德本质问题研究的范围,又由于几乎所有的元伦理学理论都或多或少地涉及道德本质问题,所以本书有必要对其他竞争性理论进行简要的概述和评论,以更全面地展示出建构一种新理论的必要性。不过,这种评述并非简单地罗列,而是要以评述为前提,探寻道德本质问题争论的焦点和热点——道德随附性,进而以道德随附性问题的解决为着眼点,通过对传统表达主义理论的修正,来呈现自己对道德本质问题的回答。

在建构新表达主义理论之前及其过程中,本书会对道德本质的相关理论、随附性理论和传统表达主义理论等进行梳理和评析,这方面研究涉及内容较广,跨度较大,偶尔将难以避免地超出元伦理学,而涉及心灵哲学、道德心理学等不同领域。但与纯粹的心灵哲学、道德心理学研究等不同,本研究对随附性问题、情感问题等的论述和探究都是服务于道德本质问题的解答即新表达主义理论的建构的。

三、研究思路和内容结构

关于道德表达主义,国内已有不少研究,但多着眼于某一具体问题进行讨论。国内有关道德本质的分析式讨论,也大多立足于某一种理论来进行内部梳理与评价,着眼于相互联系和对比性分析的系统性梳理较少。本项研究搜集了较为丰富的国际研究成果,试图结合国内英美哲学伦理学研究,对多个代表性的道德本质理论的优缺点进行梳理和评论,关注其相互争论的焦点。在对道德本质问题进行批判性分析的基础上研究表达主义,在对道德本质问题的论战焦点进行建构性回答的动机下选择一种更加合理的表达主义。

黑格尔说过"哲学就是哲学史",研究哲学时必须通过对哲学史的梳理将研究问题显现出来。英美哲学中关于道德本质问题的已有研究和讨论是本书构建一种新的道德本质理论的基础,也是本研究阐释自身必要性的逻辑起点,因而本书第一章对其作以总体性的梳理和评价。但这仅仅是研究的第一步,或者说是哲学的致思格局。哲学除了是"历史性的思想",还是"反思性的思想"①。因此,本研究并不囿于对哲学文本的解读和分析,而是围绕研究问题,尝试在分析和评价(自然主义、非自然主

① 孙正聿:《哲学:思想的前提批判》,《中国高校社会科学》2014 年第 2 期。

义、非认知主义等）其他相关研究的基础上，给出一种前提更易被接受、论证更合理的回答——认知主义的表达主义，以批判性思考的方式深化哲学史梳理中的道德本质问题讨论。

本书第一章是对传统道德实在论及其面临的各种挑战进行梳理，以阐明建构一种更加调和也更加合理的道德实在论的背景（对道德哲学非常熟悉的读者可以绕过这一章），更重要的是，通过对道德实在论及其竞争性理论的阐述，尤其是通过对道德实在论面临的各种挑战的分类阐述，明确随附性挑战在各类挑战中的地位，表明第二章主题讨论的缘由。

本书第二章是对道德随附性问题展开阐述和分析。第一节先介绍了道德随附性研究的概况。国内外关于道德随附性理论的专门性研究文献不多，更多相关观点零星分布在道德哲学的系统化著作当中，一些更有价值的真知灼见常常隐含在道德哲学其他主题的论文当中。为此，笔者搜集了相关著作，试图对其中的道德随附性论点进行阅读、整理、分类、解读，厘清道德随附性观点在各个理论中的地位和作用。第二节先介绍了随附性的概念发展演变过程、类型及定义，并对随附性与相关概念的关系进行了比较分析，以界定随附性的边界。这些一般阐述更加侧重于心灵哲学中的随附性问题。因为心灵哲学对随附性概念、分类等讨论较为广泛和深入，所以在介绍道德随附性问题之前，先从更一般更广阔的视角对随附性进行了介绍和论述。第三节介绍了道德随附性问题争论的缘起，重点阐述了非认知主义和非自然主义对彼此道德随附性论证的相互批评和不断改进。第四节回到道德实在论，梳理了伦理非自然主义对道德随附性问题的种种解决方案，刻画了道德实在论面临的困境。第五节进行了小结，指出随附性问题的解决有待于对道德本质问题的合理回答，同时预设，就像非自然主义在解答随附性问题时不得不向自然主义靠拢一样，在认识论层面，非认知主义的表达主义要克服自己面临的各种挑战，可能也不得不向认知主义靠拢。

第三章提出自己的新表达主义理论——一种认知主义的情感表达主

义。在正式提出自己的理论观点之前,第一节先介绍了非认知主义的表达主义,从纵向思想史的角度阐述了表达主义的内部困难,以及针对困难而进行的理论改进和演变过程;从横向梳理了表达主义的种种困境,在此基础上预测了未来的理论走向;与此同时,对表达主义的优势进行了梳理,以期为提出一种新的但仍然是表达主义的理论奠定基础,说明为什么要选择“表达主义”而非“非自然主义”或“非还原论自然主义”等来建构新的道德本质论。第二节针对表达主义的“情感”范畴,展开从非认知主义情感到认知主义情感的分析,主要引入纳斯鲍姆的情感认知—评价理论,并对其与斯洛特的移情关怀伦理学进行了对比,最终指出,表达主义并不必须是非认知主义的,一种认知主义的表达主义能够在保留表达主义理论优势的前提下,更好地克服表达主义所面临的困难和挑战,同时兼顾道德实在论的部分诉求,减小实在论的论战负担。书中还借助对道德自然主义者史密斯的理性主义—性情理论的分析,佐证了认知主义表达主义的合理性。第三节是在认知主义的理论框架下,对新表达主义理论进行了集中概述。从道德情感与信念、认知的关系,道德情感的随附性、客观性及其与目的论的区别等角度,阐明了该理论的要点;指明新表达主义理论在认识论上是一种理性主义的认知—评价理论,能够兼顾道德的驱动性和规范性、差异性和公共性、主体性和客观性;在本体论上,新表达主义理论承诺一种解释主义的道德实在论。

第四章集中阐述新表达主义理论的解释力。主要从内部挑战和外部挑战两个方面展开。第一节“内部挑战”涉及新表达主义理论与道德动机、道德理由、道德分歧、道德知识、道德解释等的关系,通过对这些关系进行解释,提前避免可能出现的挑战。第二节“外部挑战”主要包括道德错论、建构主义、非认知主义的表达主义、非自然主义强劲实在论等对新表达主义理论可能进行的批评及我的相关回应,通过假设的辩论和对话,我将努力使新表达主义的具体观点更加清晰。

最后是余论部分。我在这里阐述了新表达主义理论作为一种认知主义理论的理论后果和实践后果，对新表达主义理论在未来的相关深化研究进行展望，并预估其可能产生的广泛影响。

第一章　如何理解道德：道德实在论及其面临的挑战

有关道德本质的形而上学问题、认识论问题、语义学问题是元伦理学的核心研究论题。在西方近代元伦理学的话语体系下，有关道德本质的研究大致可以概括为：在道德形而上学层次上，围绕是否存在道德事实，实在论、反实在论、非实在论、准实在论展开了争论；在道德认识论层次上，关于怎样才能知道某种道德判断为真以及是否需要通过感知来获得道德知识，自然主义和非自然主义展开了争论；在道德语义学层次上，就道德判断是否是认知状态的表达，存在着认知主义和非认知主义的争论；在道德心理学领域，围绕什么激发了我们的行动、道德理由在行动的规范性方面扮演的角色，存在着内在主义和外在主义之争。亚历山大·米勒（Alexander Miller）在其《当代元伦理学导论》中对元伦理学的主要理论流派进行了梳理，向我们展示了各流派对道德本质问题的种种回答方式（见图1）。但无论怎样争论，道德随附性似乎是各个元伦理学流派都承认的一个论题。

本书分析道德的本质问题，主要目的是试图说明，当代关于道德实在论和反实在论的争论焦点从表面上看似乎已经从“是”与“应当”的自然主义谬误问题转移到了道德随附性问题上来(虽然后一问题的解决与对前一问题的回答是密不可分的),在此基础上,我们有必要建构一种既能够包容随附性又不损害道德实在性的道德本质论,以维护道德的客观性和规范性,减弱道德反实在论、道德怀疑论和道德虚无主义对道德实践带来的威胁。

道德虚无主义表现为两种形态:(1)否认存在着道德事实。(2)不否认存在着道德事实,但否认道德知识。第一种是极端的虚无主义,第二种是温和的虚无主义。能够从正面支持道德虚无主义、对道德实在论构成挑战的主要理论是麦凯的错论及其复杂变体(道德虚构主义理论)和道德非认知主义理论;再严格一点来说,与道德实在论相竞争的还有道德建构主义理论。道德非认知主义认为,根本不存在道德知识,因为道德话语只是情感或态度的表达,无所谓真假。道德错论者麦凯虽然承认道德的本质就是内在于道德语言中的对道德客观性的可判断性的承诺,但他同时认为道德作出的相关承诺是假的,道德是一种错误,因为道德从形而上学和认识论上来讲都是奇异的,不能用经验术语给出合理的说明,所以根据最佳解释原则以及"奥卡姆的剃刀",道德客观性是不存在的。与非认知主义不同,麦凯并不否认道德的认知性,他的道德错论既坚持了道德怀疑论又承认了道德认知主义,独立地构成了对传统道德的威胁。由道德错论衍生出来的道德虚构主义则直接否认存在着道德事实,认为道德就是一种虚构。道德建构主义则认为,道德实际上是我们心理意向性的一种功能。这些理论都不承认道德事实是独立于构想而实存的。

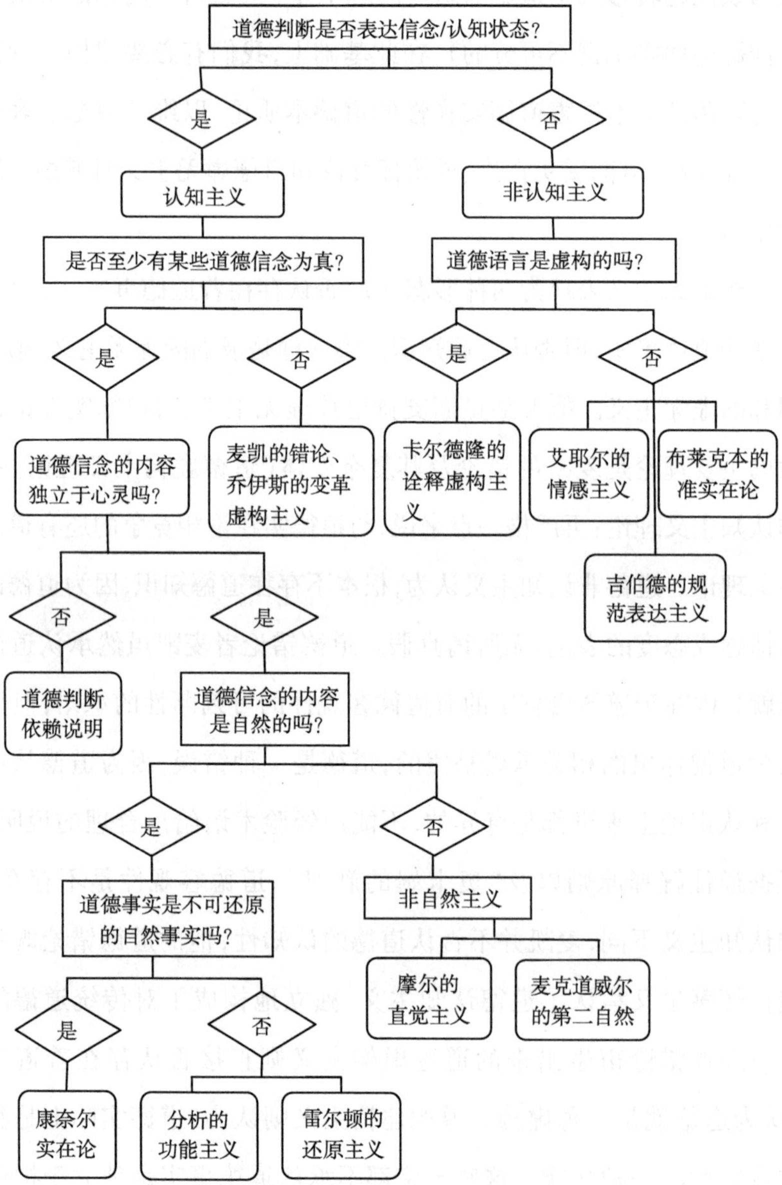

图 1　当代元伦理学的主要流派划分图①

---

① Alexander Miller, *Contemporary Metaethics: An Introduction*, Cambridge: Polity Press, 2013, chap.1.本书在翻译和引用时对原图稍作改动。

第一节 道德实在论

传统的道德实在论是回应道德虚无主义挑战的一种有力方式。很难说清楚道德实在论是在什么时候产生的,但道德实在论与道德怀疑论、道德虚无主义似乎从一开始就在论战中并存。道德怀疑论对道德事实、道德知识、道德真理的存在持质疑和悬搁判断的态度,道德虚无主义认为不存在道德事实或道德知识、道德真理。道德实在论则认为,存在着独立于任何先见视角的道德事实,这些需要发现或承认的事实是准确表征它们的道德主张的真之制造者(truth maker①);或者借用建构主义的概念"构想"(conceive)来说,道德实在论就是主张每个道德事实要么是一种独立于构想的事实,要么被这种独立于构想的事实所解释。② 一种更加宽泛的道德实在论则被刻画为具有两个特征:(1)道德主张是为了陈述事实(将道德属性归于行动、人、政策等等),像其他陈述事实的主张一样,道德主张根据是否准确地表征事实而明确地为真或为假;(2)从字面上解释,至少有些道德主张为真。③ 根据这两个特征,可以清楚地将道德实在论与非认知主义(或表达主义)和错论区分开来④,也可以将其与"把规范性概念放在真理和知识概念之前"的新康德建构主义⑤区分开来。

---

① 又译为"真理制造者"、"使真者"、"与真者"。

② Russ Shafer-Landau, *Moral Realism: A Defence*, Oxford: Oxford University Press, 2003, p.15.

③ Edward N.Zalta (ed.), "Moral Realism". *The Stanford Encyclopedia of Philosophy*, 2005.http://plato.stanford.edu/archives/win2005/entries/moral-realism/.

④ Geoffrey Sayre-McCord, "The Many Moral Realisms", in Geoffrey Sayre-McCord (ed.), *Essays on Moral Realism*, Ithaca NY: Cornell University Press, 1988, pp.1-26.

⑤ Christine Korsgaard, *The Sources of Normativity*, Cambridge: Cambridge University Press, 1996.

当代元伦理学中，道德实在论的内部划分越来越清晰，在自然主义与非自然主义、还原论与反还原论的论战中，又出现了强劲实在论（robust realism）、极小实在论（minimal realism）等的论战。① 同时，道德实在论的理论竞争者也各有特色，从不同角度对道德实在论构成了挑战。

大多数的道德实在论是伦理自然主义（ethical naturalism）的。② 不过，何为"自然"？人们的看法并不完全一致。③ 按照摩尔的说法，"自然"是指"自然科学和心理学的研究主题"，"它包括所有在时间中曾经存在、现在存在和将要存在的东西"。④ 但这似乎有些乞题，因为什么是"自然科学"本身需要对"自然"进行界定，而且这种说法也没有讲清楚为什么心理学的主题也属于"自然"但心理学却不属于"自然科学"。所以，暂

① 在更广阔的领域（包括涉及心身关系的心灵哲学领域），根据同时承认存在命题和独立命题，还是只承认存在命题，实在论被区分为强劲实在论和极小实在论，这种影响在道德实在论内部亦有体现。菲茨帕特里克、托马斯·内格尔、德里克·帕菲特等人就主张强劲实在论。

② "自然主义"一词来自20世纪上半叶美国的各种辩论当中，那一时期自称"自然主义者"的哲学家包括约翰·杜威（John Dewey）、欧内斯特·内格尔（Ernest Nagel）、西德尼·胡克（Sidney Hook）和罗伊·伍德·塞拉斯（Roy Wood Sellars）。这些哲学家的目的是将"超自然"实体从实在性中排除出去，主张使用科学方法来研究实在性的所有领域包括精神领域，使哲学与科学更加紧密地结合起来。因而对当代哲学家而言，"自然主义"并不是很富有信息量或很有意义的一个术语。但由于后来非自然主义者日益活跃，所以自然主义又开始了进一步的自我刻画，那些自然主义承诺相对较弱的哲学家倾向于以一种非限制性的方式理解"自然主义"，以便不剥夺自己作为"自然主义者"的资格，而那些坚持更强的自然主义理论的哲学家则乐于为"自然主义"设置更高的门槛。但最重要的并不是如何确定一个自然主义定义，然后规定一个人需要在这条道路上走多远才能把自己算作一个自然主义者，而是要阐明和评估将哲学家导向一般自然主义方向的推理是否合理有效。

③ 在古希腊，"自然"是指超越时空的普遍有效的准则，是内含于万事万物之中的本质。与"自然"相对立的概念是"习俗"，二者的区别在于，"只有自然决定的东西才是理所当然地获有权威；而人为的习俗不在此范围之内"，参见文德尔班：《哲学史教程——特别关于哲学问题和哲学概念的形成和发展》（上卷），罗达仁译，商务印书馆2017年版，第104页。

④ George Edward Moore, *Principia Ethica*, Cambridge: Cambridge University Press, 1903, p.92.

且只能将自然属性界定为在因果解释中表现出的属性①或可通过感官辨识的属性②。

"自然主义"一词在不同语境中的含义也会有差异。哲学中的自然主义一般可分为两种,一种是蒯因倡导的方法论自然主义(methodological naturalism),主张只有自然科学的方法才是认识事物最可靠的方法,虽然科学也是会错的、变化的,但除此之外没有哪种方法能优于科学方法。另一种是实质性自然主义(substantive naturalism),它是关于哲学结论而非哲学方法的一种自然主义,认为所有事实都是自然事实或可以用自然事实来解释。③

虽然两种自然主义各有侧重,但二者又紧密相关。从方法论自然主义出发,很容易导致实质性自然主义。现代自然科学认为人类属于自然系统中的生物系统,人的认知过程也属于自然过程,因而不存在任何超越自然的先验自我、绝对精神、上帝、灵魂、意识之流等自然科学没能描述的东西,物理主义是自然主义的一种更具体的形式。④ 但二者的区分也很明显。实质性自然主义者并不必然是方法论自然主义者,比如他也可以主张分析性的实质性自然主义。也并非所有方法论自然主义者都是实质性自然主义者。比如道德准实在论的提出者西蒙·布莱克本(Simon

---

① Michael Smith,"Does the Evaluative Supervene on the Natural?",in his *Ethics and the A Priori*,Cambridge:Cambridge University Press,2004,pp.208-233.

② Russ Shafer-Landau,"Ethics as Philosophy",in *Metaethics after Moore*,Terence Horgan and Mark Timmons(eds.).Oxford:Clarendon,2006,pp.209-232.

③ Peter Railton,"Naturalism and Prescriptivity",*Social Philosophy and Policy*,Vol.7,Issue 1,1989,p.157.

④ 物理主义认为,全部存在的事物只有现代物理学研究的那些对象,事物所有种类的属性(包括心理属性)都随附于物理属性。物理主义是当前英语哲学界的主流观点,但自然主义中仍有一种理论并不接受物理主义,即属性二元论。属性二元论者并不否认心理属性与物理属性存在某种自然联系或者说自然律,但他们认为,这种自然律并不同于物理定律,它们完全独立于物理定律,因为仅仅通过物理定律和确定的物理属性,并不能确定心理属性。

Blackburn)就认为,人是自然的一部分,道德应被解释为是由人的本性和处境引起的,在此意义上,他是一个休谟式的、解释性的或方法论的自然主义者;但由于他反对将道德事实等同于或还原为自然事实,而是赞成一种道德的情感投射主义,所以,他不是一位实质性自然主义者。

暂且抛开有关自然主义的各种争论,如果非要给伦理自然主义下个定义,那么只能说,伦理自然主义认为道德事实就是自然事实。① 根据是否可以把这种自然事实的道德事实还原为自然事实,伦理自然主义又可以分为还原论的自然主义和非还原论的自然主义。此外,虽然多数道德实在论者信奉伦理自然主义,但也存在非自然主义的道德实在论,且在当代越来越成为参与元伦理学论辩的主要流派之一。

一、还原论的伦理自然主义:两种典型观点

还原论的伦理自然主义认为道德事实或属性可以还原为非道德的自然事实或属性。其中,有代表性的理论是彼得·雷尔顿(Peter Railton)的还原论的自然主义,以及弗兰克·杰克逊(Frank Jackson)的分析的功能主义。

(一)雷尔顿的还原论自然主义

雷尔顿的还原论的自然主义道德实在论主要是为了应对伦理自然主义所面临的挑战。其中,首要的挑战是来自摩尔的开放问题论证(the open question argument)②,这也是当代道德实在论面临的第一个挑战。

---

① 结合自然主义的定义——"所有事实都是自然事实",可以发现,自然主义并不等于伦理自然主义,因为一个自然主义者可以否认道德的存在,成为一个伦理虚无主义者而不是伦理自然主义者,他可以主张只存在自然事实,不存在道德事实,就像不存在宗教事实那样。因而,应当区分伦理虚无主义者和伦理自然主义者,二者可能都属于自然主义者,但他们在"是否承认道德领域实在性"方面是绝对对立的。

② 又被称为"未决问题论证"。

摩尔指出,“好”是一种单纯的、不可定义的非自然属性,用自然属性来定义它是行不通的,这与用自然属性定义其他概念比如“单身汉”有明显的不同。如果将“单身汉”定义为“从未结婚的男子”,那么,对于“单身汉是从未结婚的男子吗?”和“单身汉是单身汉吗?”这两个问题我们都可以毫不犹豫地回答“是的”,这样的问题是“封闭问题”(the closed question)。而如果将“好”定义为“我们所欲求的东西”,那么“A 是好的”和“A 是我们所欲求的东西”就应该表达同样的意思,进而,“我们所欲求的东西是好的吗?”和“我们所欲求的东西是我们所欲求的东西吗?”的意思也应该是一样的,但事实上后两句的意思并不相同。如果将“好”定义为自然属性 N,那么,“N 是好的吗?”只能是一个开放问题(the open question)、未决问题。换言之,我同意 P 应当作 D 就是对 P 而言应当作具有特征 C 的事情,但 P 应当作 D 吗? 这仍然是一个未决的问题,即开放的问题。因为描述一个行为与赞同它是两回事,无论你如何描述一个行为,到目前为止你都没有赞同它,因此,你也没有说是否应该做它。由此,摩尔认为自己反驳了将“好”还原为自然属性的伦理自然主义,一些温和的伦理虚无主义者也认为开放问题论证一劳永逸地表明了各种版本的伦理自然主义都必将失败的一般性特征。

不过,提出该论证的摩尔又将道德诉诸直觉,而直觉是说不太清楚且因人而异的东西,因而摩尔的伦理学被其他伦理学派批评为具有神秘主义。其次,开放问题论证最多只能反驳一种具体的伦理自然主义——定义自然主义,即认为道德判断在定义上等同于自然判断的主张。开放问题论证只能表明这种定义是不正确的。“X 是 N,但 X 是善的吗?”这一开放问题并不能支撑“‘好’是不能被分析的”这一假设,因为知道分析失败的唯一方法是对其进行测试,而正确的分析有可能始终未经测试。所以开放问题不能作为“善不能被分析”的支撑,只能说善不能被 N 分析。

雷尔顿则认为开放问题论证甚至反驳不了定义自然主义:开放问题

论证并不像很多人认为的那样成功，原因在于摩尔对好的定义的要求太强了。在自然科学中，水被定义为 H_2O，一个人即使完全理解水和 H_2O，依然可以就二者之间的关系提出开放问题，因为这个定义不是分析的，而是后天的。开放问题论证被应用于这一定义时并不能驳倒该定义。道德属性和自然属性的关系就像水和 H_2O 一样，在二者之间可以提出开放问题并不意味着它们不指称同一对象。在道德理论中，解释而非定义才承担着一种更核心的角色。伦理自然主义解释的基础是经验，它并不宣称自己是分析的真理，是一种定义，换言之，伦理自然主义解释本身是开放的。①

伦理自然主义面临的第二个挑战是自然主义谬误。摩尔指出，从纯粹的事实判断无法推断出一个价值判断，否则就犯了自然主义谬误。

在雷尔顿看来，产生这种自然主义谬误的根源在于休谟的"事实—价值"二分法，即将"是"与"应当"分离开来。大多论证自然主义道德实在论的人都掉进了休谟的事实—价值区分的陷阱。为了避免这一点，雷尔顿阐述了价值判断的认识论地位和本体论地位。他承认，价值判断不可能是认知性判断，因为即使使用所有的理性或科学手段来调节，价值冲突依然存在，就像艾耶尔所说，"在道德问题上，仅当一个价值系统是预定的，论证才是可能的。"②但事实判断与价值判断很难截然二分。比如在理解工具理性概念时，选择哪些信念达到目标，实际上受其他信念和人的欲望的影响，尤其是归纳逻辑中要在各种假设之间进行选择时，价值理性比工具理性发挥着更关键的作用。在这方面，道德问题论证和科学问题论证并无太大差别。

雷尔顿将自己的道德实在论称作"朴素的激进的道德实在论"(stark, raving moral realism)③，并从十三个方面对它进行概述：道德判断

① Peter Railton, "Naturalism and Prescriptivity", *Social Philosophy and policy*, Vol.7, Issue 1, 1989, p.157.

② A.J.艾耶尔：《语言、真理与逻辑》，尹大贻译，上海译文出版社 2015 年版，第 92 页。

③ Peter Railton, "Moral Realism", in *The Philosophical Review*, Vol.95, No.2, 1986, pp.163-207.

可以有真值（认知主义），这种真从根本上说是一种非认识论意义上的真（真理理论）；道德性质是客观的，虽然是关系性的（客观主义）；道德性质随附于自然性质，而且可以还原为自然性质（自然主义、还原主义）；道德探究与经验探究紧密相连（经验主义）；无论道德判断是二价的还是这种判断可以如何被决定性地评价，它都不可能被先天地知道（二价、决定性）；有理由认为我们关于道德知道得相当多，但也有理由认为现存道德在某些方式上甚至可能在非常普遍的方式上是错的（对现存道德的评价）；一个理性的能动者（agent）①可能不具有遵守道德命令的理由，虽然它们可能适用于他（绝对性、普遍性）；而且，即使存在关于道德评价的完全普遍的标准，根据这些标准的本质，没有一种生活是有希望适用于所有个体的，而且没有一种系列规范是适用于所有社会和所有时代的（相对主义、多元论）。

雷尔顿指出，之所以要假设一个事实王国，是因为它能解释我们感觉经验的融贯性、稳定性和交互主体性；而只要假设的这种实在具有独立性（其存在不依赖于我们的认知和理由）和反馈性（能够影响感知、塑造思想、控制行为），它就无法被轻易地替代。那么，道德事实是否具有独立性和反馈性呢？

首先，雷尔顿定义了非道德价值，并用理想建议者的方式阐明了非道德价值的解释性意义和规范性作用。在涉及非道德价值的情形中，某物对某人而言是可欲的或是好的，一般认为这意味着该物对此人有一种积极的效价（valence），即在正常情况下，它能激发此人的积极态度或倾向。

① moral agent 一词常被译为“道德行动者”、“道德行为体”，但鉴于很多语境中，moral agent 指的并非现实的道德行动者或行为主体，而是指具有自我意识，能够进行道德认识、道德判断、道德选择和道德行为并承担道德责任的道德行为能力人，因而本书中一律将“moral agent”翻译为“道德能动者”，将“agent”翻译为“能动者”。关于“moral agent”概念的辨析，还可参见姚晓娜：《“Moral Agent”是“道德代理人”吗？——一个伦理学概念辨析》，《道德与文明》2010 年第 1 期。

我发现糖是甜的，意味着糖能激发起我的甜的味觉，味觉作为第二性的质随附于糖和我所具有的第一性的质。第二性的质可以还原为第一性的质。但鉴于主观兴趣常常是混乱的、无知的或欠缺考虑的，而且主观兴趣并不具有规范力来充分体现可欲性，所以雷尔顿引入了一种“客观化的主观兴趣”(an objectified subjective interest)①概念。旅行者 A 十分口渴，他想要喝牛奶，但实际上喝牛奶对当时 A 的身体健康状况是不利的。假设当时的 A 后来变成了 A+，A+的工具理性没有缺陷且知道 A 当时的所有情境信息，而 A+想要喝水，因为不易消化的牛奶会让胃不舒服进而加剧脱水，那么，A+所认为的 A 的渴望就是 A 所固有的客观化兴趣，虽然 A 当时主观上并没有这种兴趣或欲求。显然，我们可以将 A+看作一个理想建议者，A+所认为的 A 的欲望类似于“理性的欲望”。但与很多理想观察者理论不同，雷尔顿在这里一再强调，A 变成 A+的过程，即对这种客观化的兴趣的认识过程，是自然主义的。因为 A 的欲望通过经验得以演变的这个过程，不是对接受理想信息的一个理想化的理性回应过程，而主要是伴随着肯定的或否定的联系和强化的一种非反思性实验过程。虽然这个过程是没有保证的，但人类能够在不友好的环境中长久地进化而存在，说明了像欲求—利益机制(wants-interests mechanism)这样的东西是存在的，人类会根据自己的客观化利益调整主观欲求。这样一来，对某人是(非道德的)好的东西就是符合其客观利益(兴趣)的东西。

客观利益(兴趣)随附于自然事实和社会事实，且有自己的解释力，就像随附于物理学的化学、生物学、电气工程学也有自己的解释力一样。有人批评雷尔顿对道德理想建议者的定义是不充分的，因为完全清晰地

① 主观兴趣比较容易理解，而客观化的主观兴趣，在我看来，更接近于客观利益。在英文中，兴趣(interest/an interest)和利益(interests)是同一个单词，雷尔顿巧妙地运用了这一点。参见 Peter Railton, Moral Realism, *The Philosophical Review*, 1986, Vol.95, No.2, pp.163-207。

了解信息并不等于行为上的“好”①,但是雷尔顿并不是只注重信息的充分性,而且强调了理想建议者的“保持理性”。

其次,用客观化兴趣对道德动机所做的解释也是自然主义的。假设有个人想要X,但又怀疑和担心X对他而言是不是真的好。如果这个人将认识到,他在具有全部信息和保持理性的情形下仍然会希望自己想要X,那么这会减轻他最初的担忧。相比之下,如果他将得知,当在知晓全部信息且保持理性的情况下,他会希望自己不想要X,那么这会增强最初的担忧。如果他越来越强烈地确信对事实的全面反思实际上并不支持他对X的欲望,那么,他会感到这是反对基于X欲望而行动的一个重要因素。这种使欲望适应信念所做的调整并不是通过理性或逻辑获得的一个给定情形,它可能是纯粹心理学的。而自然主义价值理论恰恰认为这种心理学现象是一种基础的现象,这种模拟推演更像是学习的过程。对此,曾经研究了十多年心理学和神经科学的雷尔顿并不讳言,他认为,知识论和伦理学的相似性很强,认知价值和道德价值的相似性很高②。当代知识论的目标是反对笛卡尔怀疑论,当代道德哲学的目标是反对道德怀疑论,在这两个领域,自然主义都能发挥作用。雷尔顿用“更具有工具理性”、基于欲望—利益机制的学习行为来解释一个人事业上的成功,并类比得出,道德上的成功亦是如此。工具理性的解释性作用和规范性作用通过它们共同的基础——人类动机系统而被联系了起来。

第二步,雷尔顿指出,道德价值的辩护需要通过非道德价值才能实现,即道德的对错最终取决于比如像幸福或痛苦这样的非道德特征。③

---

① 黄伟韬:《雷尔顿的自然主义道德实在论研究》,南京师范大学硕士学位论文,2016年。

② 参见雷尔顿与一位中国学生的对话。载于黄伟韬:《雷尔顿的自然主义道德实在论研究》,南京师范大学硕士学位论文,2016年。

③ 张曦:《价值、理由和后果——彼得·雷尔顿教授专访》,《世界哲学》2013年第3期。

非道德事实与道德事实之间既有一种辩护上的相关性,也有一种解释性的相关性,比如,幸福生活与某行为的义务性紧密相关。通过与非道德价值的类比,雷尔顿对道德正当进行了实在论的论证,得出结论"道德正当就是从社会角度最大化所有人的非道德价值的行为"①。这是雷尔顿道德哲学的核心部分。虽然道德是实在的,但它不是对人们当前现实中流行意见的概括。雷尔顿认为道德是一种批判性观点,是独立于已有的社会习俗、社会规范和各种态度的。②

雷尔顿自然主义道德实在论通过与道德心理学的联姻,既坚持了道德话语的适真性,又辩护了价值的规范性,对道德怀疑论、道德相对主义和道德虚无主义等作出了回应和反击。

但其困境也是明显的。首先,它未能彻底地回应开放问题论证。就像伦理非自然主义者大卫·威金斯(David Wiggins)所批评的那样,"做A可能会促进人类的福祉,就像自然主义所规定的那样。但这是一个开放的问题:做A是否确实是义务性的(强制性的)?"③威金斯认为这里面实际上包含着两个开放性问题。第一个疑问:生活幸福的自然主义版本是我们完全承认的、作为所有努力的适当对象的东西吗?第二个疑问:人们能从关于生活幸福的陈述到达关于对错的陈述吗?

康妮·罗萨蒂(Connie Rosati)也提出过类似的批评。除此之外,她还从雷尔顿的"理想建议者"概念入手,对其分析进路提出了挑战。④ 罗

① Peter Railton, "Moral Realism", in *The Philosophical Review*, Vol.95, No.2, 1986, pp.190-191, no.31, also in Peter Railton, *Facts, Values, and Norms: Essays toward a Morality of Consequence*. Cambridge: Cambridge University Press, 2003, p.22, No.31.

② 张曦:《价值、理由和后果——彼得·雷尔顿教授专访》,《世界哲学》2013年第3期。

③ David Wiggins, "A Neglected Position?", in Haldane, John and Crispin Wright (eds.), *Reality, Representation, and Projection*, Oxford: Oxford University Press, 1993, pp.335-336.

④ Connie Rosati, "Naturalism, Normativity, and the Open Question Argument", *Noûs*, 1995, Vol.29, No.1, pp.46-70.

萨蒂认为,雷尔顿对理想建议者的定义是不充分的。A+不仅需要具备充分的信息,而且需要理解这些信息,需要有一些相关的直接体验或者移情能力。此外,包括仁爱、宽容、公正等在内的一个人的人格结构也是很重要的。如果不考虑 A 的人格,A+可能对 A 起不到规范性作用。而人格又是会随着信息掌握情况发生改变的,改变的方向又不是固定的,所以 A+对 A 起不到规范性作用。

本来,研究心理学和神经科学的雷尔顿,是试图通过对“理性的欲望”、“客观的兴趣”等心理的分析,将伦理自然主义建立在认知心理学的基础上,但他同时又忽视了人格,忽视了人的选择、计划和偏好的重要性,这种道德实在论的心理学基础仍然是不牢固的,其还原论也是难以实现的。在后面几章,我们将看到认知主义的情感表达主义在道德心理学方面的相对优势。

(二)作为一种还原论自然主义的道德功能主义

弗兰克·杰克逊的分析功能主义是当代最有影响力的一种分析自然主义理论。[①] 杰克逊认为,道德性质就是自然性质,或者用他更偏好的一个词来说,道德性质就是描述性性质。杰克逊论证这一结论的前提是道德随附性——道德性质随附于自然性质。而且,道德性质与自然性质的外延是相同的。同时,杰克逊又认为,不存在必然共延而又不同的性质,换言之,如果两种性质不仅在实际中一致,而且在逻辑上不能不一致,那么我们拥有的就只是一种性质而非两种性质。所以,道德性质就是描述性性质。

道德功能主义有关道德功能的主张借鉴了对事物功能的评价。一般

---

① Frank Jackson, *From Metaphysics to Ethics*: *A Defence of Conceptual Analysis*, Oxford: Clarendon Press, 1998.此外,还有斯蒂芬·芬利(Stephen Finlay)的道德功能主义,参见 Stephen Finlay, *Confusion of Tongues*: *A Theory of Normative Language*, Oxford: Oxford University Press, 2014。

而言,一个好的事物就是完全实现了它的功能的事物,这是一个事实问题。一个好事物就应该实现它的功能,否则就是哪里出问题了,出的问题也是事实问题。与此类似,在伦理领域中,一个好行为或好现象也是能发挥相关功能、实现相关目标的行为或现象,这也是一种事实问题。功能有时和情境有关,脱离情境我们很难判断一个事物的好坏,但即使情境复杂,关于一个好事物的事实也是自然事实。规范伦理学中的功利主义是元伦理学中道德功能主义理论的一个典型代表。

但功能主义也存在问题。因为即便在具体情境中,如果缺少明确的标准,涉及伦理的相关功能、作用和利益可能依然是难以决断的。比如在"非典"流行期间,一个好司机是应当满足车上其他人的利益、让一个不停地咳嗽的人下车呢,还是应当满足咳嗽的乘客的利益、让他继续乘坐,既然他也购买了车票?这种标准模糊的事情不止出现在伦理学中。比如,一扇稍微开一点缝隙的门,究竟是开着还是关着?道德事实如果能够比较合理地被分析为有关功能、作用和利益的事实,那么这种功能主义将是支持伦理自然主义的一个强有力的论证。但如果相关的功能、角色和利益最多只能模糊地指出,那么就很难评估对道德事实的功能主义分析,道德虚无主义仍然是有可能的。

如果还原主义能够被证实,那么它的确可以提供有关道德世界和非道德世界关系的一个非常成功的说明,道德随附性也就很容易被解释。但是现今只有少部分哲学家采纳这样一种还原论的伦理自然主义,最显著的理由之一是:到目前为止,没有一种对道德性质和某种具体非道德性质的等同能够被广泛接受。

二、非还原论的伦理自然主义:康奈尔实在论

还原论认为,道德属性要用自然属性来定义;非还原论则声称,道德属性本身就是一种不可还原的自然属性。还原论主张,道德词汇都可以

用自然词汇来分析;非还原论则主张,道德术语和自然术语之间不存在分析关系。

由于非还原论的伦理自然主义主要是由尼古拉斯·斯德津(Nicholas Sturgeon)、理查德·博伊德(Richard Boyd)、大卫·布林克(David Brink)以及杰弗里·赛尔—麦考德(Geoffrey Sayre-McCord)等人发展的,而这些哲学家又与康奈尔大学有着密切的联系,因而非还原论的伦理自然主义又被称为康奈尔实在论。

非还原论者认为,由于道德属性本身就由自然属性构成——随附于自然属性、被自然属性多重实现,因而道德属性是不可还原的。因为,道德属性的多重实现即是说,一个道德属性可以用多种不同的自然属性或自然属性组合来实现;而这样一来,就没有一个自然属性或一组自然属性是所有这些情况的共同之处,使得道德属性可以还原为它。所以,道德属性是不可还原的。

那么,不可还原的道德属性究竟是什么样的,如何正面刻画它呢?一种典型的回答由博伊德给出,他声称,善可能是一种"稳态集群性质"(homeostatic cluster property)。虽然善不能还原为任何其他属性,但存在强劲的(robust)自然倾向去统一各种性质来共同构成善的性质①,即"善"从世界中挑选出一种经验上可以发现、名义上强劲的类型。不过,虽然善不能还原为任何其他属性,但它不是自成一类的(sui generis),相反,它与其他类自然性质在形而上学上是连续的,因为它的性质是用本身是深度自然的术语(比如,自然种类、因果关系、稳态反馈等)来理解的。这是非还原的伦理自然主义与伦理非自然主义的不同所在。

① Richard Boyd, "How to be a Moral Realist." In *Moral Discourse and Practice*, eds. By Stephen Darwall, Allan Gibbard and Peter Railton, New York: Oxford University Press, 1997, pp.105-136. Esp. pp.116-118, 122.

那么，作为一种伦理自然主义，非还原论者是如何回应摩尔的开放问题论证的呢？

（一）对开放问题论证的回应

对开放问题论证的代表性回答是由斯德津作出的。他指出，摩尔的开放问题论证忽略了这样一种可能性，即“好”或“正确”等术语代表的是一种自然性质，而这种性质碰巧不会被任何其他描述性术语 D 挑选出来，因此，这也同样说明了任何诸如“就算 X 是 D，但它是好的吗？”的问题的开放性①。

非自然主义者乔纳森·丹西（Jonathan Dancy）对此给予肯定性评价，认为斯德津这样的观点不仅回避了开放问题论证的挑战，也避开了帕菲特的“琐碎性反对意见”②。帕菲特认为，在“这一行为的 D 性（比如，效用最大化）是正确的”这样的还原论自然主义论断中，由于“D 性”和“正确性”是相同的自然属性，因而这一论断只是将相同的属性进行了两次归属，这是一种成问题的琐碎或冗余。而根据斯德津的观点，可能根本不存在能代表“好”或“正确”的描述性术语 D，也就不会有冗余性问题的出现。

但如果像帕菲特所说的，可还原的道德事实会成为一种冗余，那么非还原的道德属性或事实到底发挥什么作用以避免冗余性呢？前已述及，斯德津认为，道德属性虽然本质上是由自然属性构成的，却不能被还原为自然属性，一个重要的原因是，道德属性是多重实现的。自然科学、社会科学中有许多类似的例子。例如，许多化学种类，如酸、催化剂、基因、有机体等，都不能被还原为物理类型，同时，它们在解释中起着重要作用。

---

① Nicholas Sturgeon, “Moore on Ethical Naturalism”, *Ethics*, 2003, Vol.113, pp.528–556.

② Jonathan Dancy, “Nonnaturalism”, David Copp (ed.), *The Oxford Handbook of Ethical Theory*, Oxford: Oxford University Press, 2006, p.132.

精神哲学中的功能主义也拒绝将精神类型（比如疼痛）还原为神经生理类型（比如处于C纤维刺激状态），因为疼痛是多重实现的，有许多不具有C纤维的生物也可能处在疼痛中，同时，疼痛具有解释性作用。非还原论的随附性观点与此类似。康奈尔实在论者认为，道德事实和化学事实一样在解释性理论中发挥了自己的作用，因而都是世界自然结构的一部分，并非冗余的。不过道德事实发挥解释性作用这一观点受到哈曼的挑战。

（二）哈曼对道德解释作用的挑战：斯德津的回应

哈曼认为，道德事实在最佳解释中并不是不可或缺的。比如，当我们看到一个人虐猫时，即使没有"虐猫是错的"这一所谓的道德事实，我们依然能够解释我们的信念"虐猫是错的"，后者可以仅仅基于我们对好与坏的信念、我们的教养等等。既然即使没有道德事实，我们也不会因此遭受解释性损失，所以道德事实并不是最佳解释的必需品。①

斯德津对此的回应有两步，第一步是指出哈曼的批评针对的是道德还原论，而还原论并不是伦理自然主义所必需的，自然主义道德实在论者可以主张比还原论更好的非还原论。斯德津认为，道德还原论难以讲清楚用来定义道德属性的自然术语，无法提供一组还原定义，所以遭到道德怀疑论的攻击；而实际上我们可以不用接受任何形式的还原论就能够避免道德怀疑论，那就是成为非还原论的伦理自然主义者。

斯德津将还原论的伦理自然主义分为两种，一种是认为伦理术语必须还原为物理术语，一种认为伦理术语必须还原为生物学、心理学或社会学术语。首先，斯德津反对用物理语言定义伦理术语。根据物理主义，社会性质、心理性质、道德性质都是物理的。但现实的世界表现为：物理参

---

① Gilbert Harman, *The Nature of Morality*, New York: Oxford University Press, 1977, pp.4-9.

数、物理状态似乎是连续的,物理属性也是多不胜数的,而表示它们的物理表达式则是可数的。因而,不可能用物理语言来表达本质上是物理属性的伦理属性,也不可能用物理语言定义道德语言。其次,斯德津也反对用生物学、心理学或社会学术语定义伦理术语。既然从来没有人要求将物理学、生物学、心理学和社会学中的任何一个学科还原为其他学科,为什么要求道德性质还原为有关物理学、生物学、心理学或社会学的某种非道德性质组合呢?伦理学和其他学科是相似的,并不像哈曼所说的那样不同。

元伦理学中,斯德津所说的第一种还原论自然主义比较少见,更常见的是第二种。但如上所述,斯德津对第二种还原论的批评其实采取的是寻求"共犯"(companions in guilt)的进路,目前哲学家们对这种进路存有争议,而且具体到斯德津寻求的"共犯",可能更多人会不赞同。因为我们很容易指出,道德和其他学科实际上的确存在不同。道德是行动指导性的,其他学科并不一定有明确的实践指导意义;而且在伦理学中比在其他学科中更容易遇到难以解决的分歧。因此,我们可以认为斯德津对第二种还原论的批评是乏力的。

不过,在斯德津看来,如果有人用上述理由来反对斯德津的批评的话,就是乞题了,因为这相当于在支持哈曼挑战的同时引入了其他的怀疑论论证,而哈曼的挑战——即道德事实不是最佳解释所必需的——本身是一个独立的、自由立场的挑战,如果用怀疑论的其他论证来支持哈曼,哈曼的挑战本身就是多余的了。

但在另一位非还原论的伦理自然主义者亚历山大·米勒看来,斯德津的这种反驳并不切题,因为为了说明伦理学与其他科学并不类似,所需要的只是伦理学表现出某种相关特征(例如,行动指导性或容易遭遇无法解决的分歧)这一事实,而不需要假设这些特征的存在证明某种版本的道德怀疑论是合理的。所以米勒并不认为斯德津为"伦理自然主义不要求伦理还原论”提供了一个强的论证。①

斯德津回应哈曼的第二步是借助反事实测试(counterfactual test)证明道德的解释作用②。哈曼认为“虐猫行为的错误性”和“我们认为虐猫是错误的信念”在解释上是无关的。现在测试解释相关性的一种通用方式是反事实测试法。反事实测试指的是:说 a 是 F 与 b 是 G 是解释性相关的,就是说,如果 a 没有是 F 的话,那么 b 也不会是 G。斯德津要证明的是,如果没有“虐猫行为的错误性”,那么就不会有“我们认为虐猫是错误”的这一信念。首先,假设我们的道德理论是大致正确的,那么,根据反事实检验,似乎“这种行为的错误”实际上与“我们相信它错误”二者之间是相关的。而如果哈曼要求假设我们的道德理论是不正确的,那么哈曼的挑战永远不能提供一种对道德的独立可信的怀疑论挑战。其次,如果允许哈曼的这个假设,我们也可以得出一个关于物理事实和性质的解释相关性的怀疑论结论。比如,如果物理学家的理论是不正确的,我们也可以得出结论:如果没有质子,物理学家仍然有可能会相信质子存在,因此,根据反事实检验,“质子的存在”与“物理学家关于质子存在的信念”的解释无关。怀疑论的结论也将适用于科学理论。而哈曼的论证前提是科学是可靠的、确证的知识。

简言之,斯德津认为,如果没有张三虐猫行动上的错误,李四就不会有“张三虐猫这种行为是错误的”这一信念。根据反事实检验,斯德津声称该行为的错误与李四的信念形成在解释上是相关的。但哈曼反驳之,认为斯德津没有从正面解释张三的错误行为是如何有助于解释李四对它的不赞成的。主张一种新的非自然主义的罗纳德·德沃金(Ronald Dworkin)也反驳说,仅

① Alexander Miller, *Contemporary Metaethics: An Introduction*, Cambridge: Polity Press, 2013, chap.18.

② Nicholas Sturgeon, “Moral Explanations”, Geoffrey Sayre-McCord, *Essays on Moral Realism*, Ithaca, Cornell University Press, 1988, pp.229-255.

仅引用反事实依赖是不够的，必须正面地说明行动错误的解释性意义，即，必须说明如何能够存在这种反事实依赖，说明这种反事实依赖的机制或过程。①

哈曼进一步反驳说，即使一个道德副现象论者也可以接受这里所说的反事实依赖。而副现象论者认为，道德性质副现象地随附于自然性质，拥有道德性质是由拥有相关自然性质来解释的，但没有什么东西是由道德性质所影响或解释的，即道德事实和性质是解释性无能的，可见，反事实依赖不能证明道德事实和属性是有解释性作用的。②

对此，斯德津指出，道德副现象论并不是足够可信的，它仅是一种逻辑上的可能性，目前还没有人论证它的独立可信性。所以，接受反事实依赖的道德副现象论立场并不能威胁到道德事实和性质的解释有效性。斯德津还进一步反问道，为什么必须接受副现象论，而不是随附论？为什么不主张基础事实"因果构造"了随附性事实？或许还原论者会认为这实际上还是一种还原论，但斯德津根据其伦理学基本观点则会反驳说，就像化学事实随附于物理事实，而由于化学事实被物理事实多重实现、因而不能还原为物理事实一样，道德事实虽然随附于非道德事实，但由于道德事实被非道德事实多重实现，因而无法还原为非道德事实，即使基础事实"因果构造"了随附性事实。

斯德津论证说，道德事实对非道德事实的随附不是副现象，就像生物事实对物理或化学事实的随附不是副现象、心理现象对神经生理事实的随附不是副现象一样。如果要反驳前者，就只能认为所有随附性事实都是副现象。但这是不可能的，因为如果使得生物、化学、心理事实和性质在解释上都无能的话，哈曼就无法证明他的结论：道德事实和自然事实所起的作用是不同的。③

---

① Ronald Dworkin, "Objectivity and Truth: You'd Better Believe It", *Philosophy and Public Affairs*, 1996, Vol.25, No.2, p.104.

② Gilbert Harman, "Moral Explanations of Natural Facts – Can Moral Claims Be Tested Against Moral Reality?", *The Southern Journal of Philosophy*, Supplement, 1986, Vol.24, pp.63–64.

③ Nicholas Sturgeon, "Harman on Moral Explanations of Natural Facts", *The Southern Journal of Philosophy*, Supplement, 1986, Vol.24, pp.74–76.

斯德津对哈曼的反驳已经非常有力，但似乎并未完全成功。首先，如我在第二章第一节将要指出的那样，心理因果性可以被理解为随附的副现象因果性，金在权甚至认为就应当用副现象理解宏观的心理物理因果性，这与随附性并不矛盾。其次，只要副现象论是融贯的或一致的，即使没能证明它是合理的，也能说明存在“既接受道德信念对道德属性的反事实依赖，又否定道德性质具有解释性意义”这样一种可能性，这样一来，斯德津认为“b 的 G 反事实依赖于 a 的 F 能充分证明性质 F 与 G 是解释性相关”这一观点就是错误的。所以，就像米勒所说，哈曼不需要提供更多的论证，恰恰是斯德津需要提供除了反事实依赖之外的更多论证。① 在此，论证与反驳的关键点最后落到了举证责任这样一个外部问题上，即谁应该提供更多的证据来支持自己的观点。这似乎是一个难以解决的问题。此处更重要的是，若斯德津仅仅使用反事实检验来说明道德属性作用的话，仍然可以被追问：道德属性对于非道德属性的随附和依赖是如何可能的。

（三）哈曼对道德解释作用的挑战：米勒的回应

关于道德的解释作用，米勒认为，可以发展出一种更有吸引力的非还原的伦理自然主义版本，帮助斯德津渡过难关。米勒考察了弗兰克·杰克逊和菲利普·佩蒂特（Philip Noel Pettit）在《程序解释：一个通用视角》一文中共同提出并发展的“程序解释”（Program Explanation）②，认为可以用“程序解释”来对随附性进行建构性说明，以弥补斯德津论证的不足。

概括而言，程序解释理论的观点就是将道德属性看作像计算机程序那样的东西，它能提供相应的过程性解释（在计算机那里就是较低的机械水平的工作）所不能提供的信息。为了理解“程序解释”，我们可以把不可还原的道

① Alexander Miller, *Contemporary Metaethics: An Introduction*, Cambridge: Polity Press, 2013, chap.8.4.

② Frank Jackson, Philip Pettit, "Program Explanation: A General Perspective", *Analysis*, 1990, Vol.50, No.2, pp.107-177.

德属性和它们所随附的自然属性之间的关系看作类似于比如分子的温度和动量之间的关系。在“温度高—杯子炸裂”这一事件的过程中，高温并不是杯子开裂的原因，分子的动量才是。不过，尽管高温不具有因果效力，但它具有因果相关性，它提供了一种难以替代的解释信息，因而是最佳解释所必需的。道德属性的地位和作用与高温在此的作用类似：把汽油浇在猫身上，然后点燃它，这些行为可以使李四形成这样的信念，即她刚才看到的是错误的行为，尽管实际上虐猫行为和李四的信念之间并不存在因果效力。

再比如，橡皮具有某种分子结构，使得其在适当的压力下能够产生弯曲，然后再恢复原形，这种分子结构保证了橡皮是具有弹性的，弹性随附于橡皮的自然主义特性。而既然可能存在很多种分子结构使得物体具有弹性，所以无法用自然主义特性来定义物体的弹性。但无论是否能够定义，依据某种恰当的程序模式来和知觉环境相互作用就是实现弹性条件的特性。相似地，对某情境中的行为形成正当或不正当信念的意向状态就类似于橡皮的弹性，这种信念和自然主义特性之间的关系也是不可定义地随附的。道德事实或属性能够在解释某行为的正当性的信念中起作用，这种解释是对一阶自然主义特性和情境之间相互作用关系的一种程序性解释。这种复杂的相互作用使得行为具有了一种二阶的功能，即道德属性。这种对道德属性的解释，既要处理与一阶自然主义状态的复杂关系，也要处理程序模式中相互作用的情境的复杂性。①

程序解释还为我们提供了相应的过程解释无法传递的模态信息：在可能的世界中，“被点燃”这种性质被其他自然性质所取代，例如，在猫身

① 何松旭：《为什么需要道德——一种直觉主义视角的考察》，浙江大学博士学位论文，2011年，第78—83页。何松旭博士反驳说，程序性解释太复杂了，以至于可能会形成“一个不为人知的黑箱”，忽略了很多东西，使得我们最终也难以理解道德信念的真正形成机制。但这一点似乎难以构成对道德程序解释的一个实质性反驳。试想当今人工智能程序的复杂性，在很大程度上并不比道德情境的复杂性更简单，而大多数普通人不了解人工智能程序这个复杂机制甚至“黑箱”，这一事实并不影响人工智能程序的存在。

上施加电流,李四仍然会形成信念“张三所做的是错误的”。因此,我们可以从张三行为的错误性的角度对李四信念的形成进行程序解释。如果没有这种解释,就会产生解释性贫困,所以这种程序解释在相关意义上是一种最佳解释。这种程序解释的理论进路为我们建构新的道德本质理论来解释随附性提供了启示。

非还原论的自然主义实在论者除了用程序模式来解释随附性之外,还诉诸因果指称理论来解释在道德信念的形成过程中自然主义特性所具有的因果效力。比如,“黄金”所指称的东西是原子序号为 79 的元素,“原子序号为 79 的元素”就是洛克所谓的“实在的本质”(real essence),人们虽然常常用黄色的、闪亮的、金属的、延展的等等这些摹状词来确定“黄金”的指称,但它们只是洛克所说的“名义的本质”(nominal essence)①。虽然黄金与这些摹状词所指称的属性并非同义或还原关系,却可以在因果上有效地解释黄金。道德属性与此类似。非道德属性 N 与“善”之间不构成同义或还原关系,N 却能对“善”提供因果有效的解释。而由于 N 与“善”并非同义或还原关系,所以,就难以提出“x 是 N,那么 x 是善的吗”这一问题,开放问题论证也就无法开始。

这样看来,非还原论的伦理自然主义已经非常强大了。但竞争者们并不善罢甘休。非认知主义者特伦斯·霍根(Terence Horgan)和马克·蒂蒙斯(Mark Timmons)结合普特南的“孪生地球”思想实验,修正了开放问题论证,以反驳非还原自然主义者认为“善”的语义学与“水”和“黄金”之类的自然词汇语义学相似的主张。② 他们认为,无论自然主义者怎样用科学语言去说明道德属性,在道德属性与非道德属性之间总是可以

① 洛克:《人类理解论(下册)》,关文运译,商务印书馆 1981 年版,第 13—14 页。

② Terence Horgan, and Mark Timmons, “New Wave Moral Realism Meets Moral Twin Earth”, *Journal of Philosophical Research*, 1990, Vol.16, pp.447-465. Terence Horgan, and Mark Timmons, “Troubles for New Wave Moral Semantics: The ‘Open Question Argument’ Revived”, *Philosophical Papers*, 1992, Vol.21, No.3, pp.153-175.

找到一种非封闭关系的缺口,由此质疑该说明是对世界的最佳说明。虽然其论证被指责有乞题的嫌疑,但达沃尔、吉伯德和雷尔顿又提供了另一种更加温和、但不会乞题的开放问题论证,即诉诸"好"与行动的关系。

鉴于伦理自然主义始终遭受开放问题论证的困扰及其他某些原因,一些哲学家选择了伦理非自然主义。

三、伦理非自然主义

无论是还原论的自然主义,还是以康奈尔实在论为代表的非还原论的自然主义,都属于伦理自然主义,他们或者认为道德属性可以还原为自然属性,或者认为道德属性本身就是一种自然属性。而伦理非自然主义认为道德属性既不是自然属性,也不可能还原为自然属性,道德属性是独成一类、自成一格的(sui generis)。

伦理非自然主义可以是形而上学意义上的,也可以是语义学的或认识论意义上的。从语义学上来说,伦理非自然主义是指不能用非规范性术语来定义道德术语的一种语义学论点。从认识论上来说,伦理非自然主义典型地表现为直觉主义,即有关基本道德原则与价值判断的知识在某种意义上是不言自明的。[①] 在形而上学上,伦理非自然主义是一种道德实在论,认为道德属性不仅存在而且既不等同于也不能还原为自然属性,这是有关伦理非自然主义最常见的一种观点,也是本书在谈及伦理非自然主义时主要采取的观点。

伦理自然主义主张按照自然科学来塑造伦理学,它将与自然科学相同的发现方法和辩护方法用于道德领域。而伦理非自然主义则认为道德探究不同于任何的自然科学。不过,伦理自然主义者和伦理非自然主义者都是道德实在论者,他们都认为确实存在道德事实和道德属性,而且这些道德事实的存在和这些道德属性的实例化都是独立于人类意见的。

---

① Williams Klaas Frankena, *Ethics*, Prentice-Hall Incorporated, 1963, pp.85-86.

伦理非自然主义的观点可分为新旧两个版本。旧的非自然主义也被称为经典非自然主义,以亨利·西季威克(Henry Sidgwick)、摩尔(G.E. Moore)为代表,主要追随者有约翰·麦克道威尔(John McDowell)、拉斯·沙佛-兰道(Russ Shafer-Landau)、大卫·威金斯(David Wiggins)、罗伯特·奥迪(Robert Audi)、威廉·菲茨帕特里克(William Fitz Patrick)等。还有一类是最近几十年兴起的所谓"新非自然主义",主要代表人物有斯坎伦(T.M.Scanlon)、德里克·帕菲特(Derek Parfit)、菲利普·斯特拉顿—莱克(Philip Stratton-Lake)、布拉德·胡克(Brad Hooker)、罗纳德·德沃金(Ronald Dworkin)、罗杰·克里斯普(Roger Crisp)、乔纳森·丹西(Jonathan Dancy)等。

经典伦理非自然主义的核心观点可以被总结为存在命题和否定命题。① 存在命题指的是,存在着伦理性质的实例。这说明伦理非自然主义是有本体论承诺的,是与虚无主义、道德错论不相容的。存在命题也将经典非自然主义与表达主义、缄默主义(Quietism)②等常常自称是非自然主义的理论(包括上述部分新非自然主义)区别开来。表达主义者(如阿兰·吉伯德)有时声称自己的理论能够更好地使人理解伦理概念在何种

---

① Tristram McPherson, "Ethical Non-Naturalism and the Metaphysics of Supervenience", *Oxford Studies in Metaethics*, Vol.7, Russ Shafer-Landau(ed.), Oxford: Oxford University Press, 2012, pp.205-234.

② 缄默主义(又称"寂静主义")一词最初来自人们对维特根斯坦哲学基本特征的解读,所以又被称为维特根斯坦式缄默主义。它具有反理论化特征,主张"从字面上分析现象",通过概念的综观考察方法来恢复理智生活的宁静;它在语言哲学上支持意义紧缩论的立场,反对意义的实在论或本质主义观点。参见张宇翔:《维特根斯坦与三种"寂静主义"哲学》,山东大学硕士学位论文,2018 年。缄默主义道德实在论则是指最近二十年来的一批新道德实在论者(比如斯坎伦、内格尔、帕菲特、德沃金等)提出的主张。他们声称,道德实在论的主张只能在一阶的道德领域内得到辩护,进而道德实在论者只需应对规范领域之内的问题,无须应对形而上学方面的挑战,这实际上是对"方法论上的自然主义"的一种自觉抵抗。参见魏犇群:《元伦理学中的寂静主义实在论:解释与定位》,《道德与文明》2018 年第 2 期。

意义上是“非自然的”；最近流行的缄默主义在否定表达主义的同时，也和准实在论一样否定对道德实质性形而上学的承认。而经典非自然主义的存在命题则明确强调自己是在形而上学的、非紧缩的意义上肯定道德事实或性质，因而它与表达主义、缄默主义是截然有别的。经典非自然主义的否定命题指的是，伦理性质不同于自然性质，也不能还原为自然性质，与自然性质在形而上学上是不连续的，简言之，伦理性质在形而上学上是自成一类的。

早期的伦理非自然主义者西季威克的伦理学其实是混合的，他融合了利己主义、直觉主义和功利主义。西季威克认为功利主义的原则是建立在理性直觉的基础之上的。这种思想一直影响到当代非自然主义，比如奥迪的伦理学。

摩尔最早提出了自然主义和非自然主义的划分，并将过去几乎所有的伦理学说比如快乐主义、功利主义、幸福论、宗教道德理论、马克思主义伦理学等，都称为“自然主义”加以批判，认为它们都犯了自然主义谬误，因为从关于事物的自然特征的纯粹描述性前提推断不出有关善恶的评价性结论，道德善的性质是非自然的、简单的、不可从自然上分析的①。今天，尽管关于自然主义和非自然主义的区分存在广泛的分歧，但人们几乎普遍认为，摩尔在《伦理学原理》中有关内在善的阐述是一种典型的非自然主义学说，这一理论也深刻影响了20世纪以来的元伦理学。

但在很长时间里，摩尔把善看作一种“非自然的质”的观点都被人轻

① “不可从自然上分析”，并不意味着“不可分析”。虽然在《伦理学原理中》中，摩尔强调内在善是不可分析的，但他后来认为这一点是“相对不重要的”，参见 George Edward Moore，“Is Goodness a Quality?”，in his *Philosophical Papers*. London：Allen & Unwin. 1959，p.98。他承认内在善可以用一些其他规范性概念如正确性来分析，参见 George Edward Moore，“Preface”，in his *Principia Ethica*，Cambridge：Cambridge University Press，1903，pp.14-16。

视,或者干脆被看作一种形而上学上的“奢侈品”(extravagance)①。摩尔的伦理非自然主义之所以声名狼藉,可能是因为它与20世纪中叶的哲学和政治氛围不太协调②,当时有影响力的评论者也没有怀抱同情来对待这个理论。③ 但更多地可能是因为,摩尔未能很好地解释非自然属性和自然属性之间的差异。比如,他说自然属性可以独立于任何实例化它们的对象,而非自然属性不可以,自然属性存在于时空之中,而非自然属性不是,善不是一种可以掌握在我们手中或与其承担者分离的性质,即使借助最微妙的科学工具④。这些对非自然属性的描述都使其难以被理解或被接受。

当代伦理非自然主义的代表人物之一麦克道威尔认为,道德自然主义的最大问题就是抹杀了伦理学和自然科学的界限,必然会犯下摩尔所批评的“自然主义谬误”的错误。在其《价值与第二性的质》一文中,麦克道威尔认为可以借用洛克对“第一性的质”和“第二性的质”的划分来理解道德性质。⑤

洛克认为,第一性的质就是事物本身所固有的属性,它独立于其他存在而存在,不论物体经过了什么变化,不论外面加之于它的力量有多大,它仍然永远保有这些性质⑥,比如体积、形状、重量、运动、数目等;第二性

---

① J.L.Mackie, *Ethics: Inventing Right and Wrong*, Harmondsworth: Penguin, 1977, p.32.

② Michael Huemer, *Ethical Intuitionism*, New York: Palgrave MacMillan, 2005, p.241.

③ 比如,沃诺克当时就对摩尔及其直觉主义给予了非常严苛的批评和指责,认为直觉主义其实是故意不回答任何问题,对“没有任何有意义的话可说”拖延着不表态,这比无助于道德问题的解决更糟糕,因为它是误导性的。参见 G. J. Warnock, *Contemporary Moral Philosophy*, London: MacMillan, 1967, pp.12-17。

④ George Edward Moore, *Principia Ethica*, Cambridge: Cambridge University Press, 1903, pp.41, 110, 124.

⑤ John McDowell, “Values and Secondary Qualities”, in Russ Shafer-Landau, and Terence Cuneo (ed.), *Foundations of Ethics: An Anthology*, Oxford: Blackwell Publishing, 2007, p.138.

⑥ 洛克:《人类理解论(上册)》,关文运译,商务印书馆1958年版,第100—101页。

的质则是第一性的质和主体的认知功能相互作用而建构的属性，比如颜色、气味、声音等。洛克将第二性的质等同于凭借物体第一性的质产生我们的各种感觉的那些能力①，“一个对象是红的”是凭借“对象看起来是红的”而获得的。我们可以通过诉诸观察对象的表面物理特性、光的性质、观察者的神经生物学心理等来解释色觉，也就是说，不用假设对象是有颜色的，就可以说明色觉。对象没有颜色，并不能证明不存在任何颜色事实，只能表明颜色事实不是附加在物理事实和心理事实之上的事实。如果我们可以这样解释色觉，我们就可以得出结论说，颜色事实是可以还原为感知对象的物理特征的事实（比如光的事实）、心理事实和关于感知者感知器官的事实。麦克道威尔认为我们可以考虑采用类似方式，用一些可以帮助解释观察的其他事实来建构道德事实。但这里存在的一个基本问题是，相比颜色视觉差异，我们的道德价值偏好差异要大得多。

虽然我们一般将麦克道威尔的观点看作一种伦理非自然主义，但在他本人看来，他的观点只是一种不同的自然主义，②这可能与伦理非自然主义面临的巨大挑战有关。而随着最近几十年越来越多有影响力的哲学家开始捍卫伦理非自然主义，没有人能够再对伦理非自然主义不屑一顾，甚至有人将伦理非自然主义的显著复兴看作“元伦理学最引人注目的最新发展之一”③。随着伦理非自然主义的复兴，对伦理非自然主义的批评也在相应增多，形成了非常丰富、显著多元化的讨论。对伦理非自然主义的主要批评有以下几类。

---

① 洛克：《人类理解论（上册）》，关文运译，商务印书馆 1958 年版，第 100—101 页。

② John McDowell, “Might There be External Reasons?”, J. E. J. Altham and H. Ross (eds.), *World, Mind and Ethics*, Cambridge: Cambridge University Press, 1995, pp.68-85.

③ Tristram McPherson, “Ethical Non-naturalism and the Metaphysics of Supervenience”, in *Oxford Studies in Metaethics*, Vol. 7, Russ Shafer-Landau (ed.), Oxford: Oxford University Press, 2012, pp.205-234.

(一)来自逻辑实证主义的反驳

早先,艾耶尔曾经站在逻辑实证主义者的立场上,批评伦理非自然主义。根据逻辑实证主义,一个陈述要想有字面意义或者有真假,只能通过两种方式:要么是分析的,要么在经验上可证实。比如"所有单身汉都是未婚的"是有字面意义的,因为"单身汉"大致上是指"到了结婚年龄的未婚男性"。"济南市有50多万单身汉"也有意义,因为它在原则上可以通过调查统计来验证。如果一个给定的陈述既不是分析的,也不是经验上可验证的,它就没有字面意义,不适合评估真假。根据逻辑实证主义者的说法,道德判断属于这一类:它们既不是分析的,也不是经验上可验证的,因此它们并不具有字面意义。

但摩尔既主张道德判断不是分析性的,又主张道德判断具有适真性,即有字面意义。艾耶尔认为这不符合逻辑实证主义关于字面意义的定义。如果摩尔要主张道德判断的适真性,那就必须主张道德判断在经验上是可证实的;但艾耶尔认为这一点不可能得到辩护,因为伦理非自然主义否认道德判断能够还原为经验概念,主张道德陈述不能被观察所掌握而只能通过智力直觉来把握;但直觉是因人而异的,所以,没有丝毫的倾向能够证明道德判断的有效性。

不过,逻辑实证主义的字面意义理论本身可能是有问题的,迈克尔·史密斯(Michael Smith)就曾经举例"在大爆炸之前,宇宙中的所有物体都集中在一个奇点上"来表明:有些陈述既不是分析的,也不是经验上可验证的,但的确是有字面意义的。① 经验上可验证的标准本身既不是分析的,也不是经验上可验证的。

不过,艾耶尔似乎也不想走向道德虚无主义,他认为,虽然道德判断在字面上是无意义的,但它们并不是荒谬的,因为它们具有某种其他意

① 迈克尔·史密斯:《道德问题》,林航译,浙江大学出版社2011年版,第21页。

义，即情感意义。但这样一来，就会有人问，艾耶尔通过什么标准来区分具有情感意义的判断和那些荒谬的判断呢？可见，艾耶尔的批评有一定的道理，但也给自己的理论带来了麻烦。如果对情感进行修正，重建情感与道德判断的关系，或许能够解决这个问题。我将在第三章进行这种尝试。

（二）来自进化揭穿论证的挑战

反对伦理非自然主义的另一个论证是进化揭穿论证（Evolution Debunked Argument），它涉及道德认识论问题。

达尔文曾经指出，动物的社会本能是道德产生的本质基础。进化心理学家迈克尔·托马塞洛（Michael Tomasello）则将人类的伦理学问题与他所做的黑猩猩实验以及儿童实验结合起来，论述了人类的道德观念是如何从高等哺乳动物的互助行为，发展为古人猿的共同意向与共同认同，最终发展到现代智人的习俗和文化中的道德观念的。[①] 但托马塞洛借此想要论证的是道德自然主义的真理性。而进化揭穿论证则据此得出，既然生物的道德信念是自然进化的产物，便与道德事实无关。

莎伦·斯特里特（Sharon Street）在其《价值实在论的达尔文困境》一文中提出的进化揭穿论证是众多版本中最有影响力的一个，其核心观点是：由于进化论能够成为道德信念的理由，所以人们没有理由相信存在着道德事实或道德属性。[②] 这实际上是哈曼式论证的继续。哈曼曾指出，道德事实或者道德属性的存在除了为道德信念提供本体论解释外，什么作用也没有；因而按照奥卡姆的剃刀原则，可以认为道德事实或者道德属性根本不存在。

---

① Michael Tomasello, *A Natural History of Human Morality*, London: Harvard University Press, 2016.

② Sharon Street, "A Darwinian Dilemma for Realist Theories of Value", *Philosophical Studies*, 2006, Vol.127, pp.109-166.

但严格来说,上述进化揭穿论证只是伦理非自然主义所要面临的挑战。如果论证成功的话,我们的道德信念将被揭穿,因为非自然主义者将没有办法解释道德信念的可靠性。但如果伦理自然主义是正确的,即如果道德事实是自然的,那么它就可能成为解释我们道德信念的进化事实之一。比如,如果说善只是为了促进社会合作,那么一种进化论的说法是:只有当事情有利于社会合作时,我们才认为事情是好的,这不会揭穿我们对善的任何信念。相反,这一叙述将为这些信念提供深刻的证明。① 伦理自然主义者可以说,道德事实是我们拥有道德信念的全部或部分原因。这使得他们能够解决道德非自然主义者似乎没有能力回答的各种不同的认知性反对意见。如果进化揭穿论证只针对非自然主义者,那么伦理自然主义者就有充分的理由认为,如果存在道德属性,那么一定是自然属性。

非自然主义者对此的回应依然是借鉴自然主义谬误。比如,菲茨帕特里克指出,伦理是有内部标准的自主性的,以任何其他方式呈现给理性能动者的东西都不可能对它具有先天的规范性。② 同时,他认为这种自主性也不需要接受像新康德建构主义的能动者自治思想(作为道德的自我立法)那样强的东西来理解。以男性调情这一思想案例为例。假设进化心理学家告诉我们,调情是男性人类的一种适应,就像雄性壮丽细尾鹩莺会在繁殖期给雌性送黄色的花一样,二者具有类似的进化理由。根据这种心理学,有哲学家甚至可以说,从自然目的论的角度来看,任何这种适应都有其适当的生物学功能;因此,调情很可能是男性智人在行为层面

---

① 关于进化论伦理学,请参见 Elliott Sober, David Sloan Wilson, *Unto Others: The Evolution and Psychology of Unselfish Behavior*, Cambridge, Mass., and London: Harvard University Press, 2000。亦可以参见迈克尔·托马塞洛:《我们为什么要合作:先天与后天之争的新理论》,苏彦捷译,北京师范大学出版社 2017 年版。

② William FitzPatrick, "Robust Ethical Realism, Non-naturalism, and Normativity", in *Oxford Studies in Metaethics*, Vol. 3, Russ Shafer-Landau (ed.), Oxford: Oxford University Press, 2008, pp.159-205.

上的适当生物学功能的一部分,就像雄性壮丽细尾鹩莺一样;在这种情形中,克制调情如果不是一种缺陷,就是一种错误。菲茨帕特里克指出,即使进化心理学家和这位哲学家所说的一切都是真的,它也显然不可能对一位人类理性能动者具有规范性的力量,因为他总是可以问:“但这是一种值得我生活的方式吗?”①使一个理性能动者完全满意地回答这个问题的唯一方法,是诉诸他对什么是美好生活的理解和经验的道德论证。借此,他可以合理地拒绝调情,理由是,调情不符合他通过经验和道德反思所发现的生活中最重要的善和价值。

再比如,英国伦敦政治经济学院行为科学教授,世界知名的幸福学、行为经济学与公共政策专家保罗·多兰(Paul Dolan)在其著作《叙事改变人生》中指出,学历越高,越不幸福。更准确地说,其相关样本测量的结果显示,教育对生活满意度较低的人产生积极影响,而对生活满意度较高的人有消极影响。② 但如果按照非自然主义,这种没有经过反思的数据并不能促使人们选择低学历,就像是自然科学探究并不能促使人们果断地在快乐的猪和痛苦的苏格拉底之间作出选择,人们依然可能会像密尔所说的那样对此进行反复考量一样。不经过道德反思和经验的东西可能与理性人的要求和形象相去甚远。在此意义上,康妮·罗萨蒂(Connie Rosati)将进化自然主义称为“简单粗暴的自然主义”(brute naturalism)③,也正是在此意义上,威金斯说“道德科学在这里已经吞噬了(swallowed)社会科学”④。

---

① Christine Korsgaard, “Motivation, Metaphysics, and the Value of the Self: A Reply to Ginsborg, Guyer, and Schneewind”, *Ethics*, 1998, Vol. 109, No. 1, p. 62. 或参见 Christine Korsgaard, *The Sources of Normativity*, Cambridge: Cambridge University Press, 1996, p. 93。或参见 Henry E. Allison, *Kant's Theory of Freedom*, Cambridge: Cambridge University Press, 1990。

② 保罗·多兰:《叙事改变人生》,中信出版社 2020 年版。

③ Connie Rosati, “Agency and the Open Question Argument”, *Ethics*. 2003, Vol. 113, No. 3, p. 502.

④ David Wiggins, “A Neglected Position?”, John Haldane and Crispin Wright (eds.), *Reality, Representation, and Projection*, Oxford: Oxford University Press, 1993, p. 335.

与非茨帕特里克等人不同,在应对挑战的过程中,新非自然主义者则是试图借鉴自然主义的优势来进行回应。他们不再将"内在善"作为元伦理学的初始概念,而将焦点转移到对"理由"的讨论上来,认为"理由"范畴本身就涉及自然事实,理由既与应当有关,具有应然性,又与内在善有关,具有价值承载性,①因而是更加具有吸引力的概念。新非自然主义显示出强烈的走向自然主义的融合趋势,也正因此,它被经典的非自然主义者所排斥,被认为根本算不上是一种非自然主义。

(三)基于感知论证的挑战

为了消除摩尔等传统非自然主义在认识论上的神秘性,伦理非自然主义者麦克道威尔和威金斯提出并捍卫了一种感知理论②,认为可以通过综合的先验反思或直觉来了解或"感知"什么事物是内在善的。

但表达主义者或投射主义者认为,这种"感知"模型无法解释道德思考的实际状况,无法说明道德慎思(moral deliberation)的真实过程。因为伦理学涉及的情况不仅是感知的情景,更多涉及想象的或描述的情况。我们并非仅仅在看到忘恩负义的情形时才明白忘恩负义是卑鄙的,伦理学要对我们没有看到的例子进行概括,得出一般的行为标准。但根据伦理非自然主义的"感知"模型,我们似乎无法做到这一点,用布莱克本的话说,"很难想象这些标准是通过知觉来维系的"③。比如,(a)我感知到

① 张洁婷:《德里克·帕菲特非自然主义的认知主义研究》,南京师范大学博士学位论文,2019年。

② 参见 John McDowell,"Projection and Truth in Ethics" in Darwall, Gibbard, and Railton, *Moral Discourse and Practice*, Oxford: Oxford University Press, 1997, pp.215-226。或 John McDowell, "Values and Secondary Qualities", in Darwall, Gibbard, and Railton, *Moral Discourse and Practice*, Oxford: Oxford University Press, 1997, pp.201-214。以及 David Wiggins. "A Sensible Subjectivism?", reprinted in Darwall, Gibbard, and Railton. *Moral Discourse and Practice*, Oxford: Oxford University Press, 1997, pp.227-246。

③ Simon Blackburn, *Essays in Quasi-Realism*, New York: Oxford University Press, 1993, p.170.

张三故意虐猫取乐，并由此感知到张三对猫所做的行为是错误的，(b)我感知到李四故意虐猫取乐，并由此感知到李四对猫所做的行为是错误的。一方面，我们无论做多少这样的经验统计，也无法得到先天命题：任何以故意制造痛苦来取乐的行为都必须受到相同的道德评价；另一方面，即使我们得到这样一个先天命题，也不是“感知”来的，这样的一般性判断或标准更像是通过反思得来的。

借助第二性的质的价值模型，道德感知理论很难避免元伦理学上过度的相对主义，因此缺乏强劲性和稳健性。或许，麦克道威尔可以像威金斯所建议的那样，想办法绕过这种相对主义，比如可以争辩说，“好的”就像“红色”一样。“红色”严格地指定了它在我们实际的颜色感知背景下挑选出来的反射性的质的范围，使得我们可以说，如果我们拥有一个倒置的光谱，我们只会看到红色的东西是蓝色的，而不是非得说，在这种情况下，事物的红色翻转成了蓝色。关于善，我们似乎也可以采取这种方式。[①] 但这并没有改变问题的实质，因为这种价值观点依然允许多重实践；在多重实践中，不同系列的评价性概念和主张是只在与相关感觉及其理由体系的关系中被内在辩护的，而没有什么来表明某个评价性概念和主张比其他概念和主张更加合理。[②] 而一个更客观的辩护则要求对客观价值作出超越任何感觉主观主义的实在论承诺，要求论证一种感觉比另一种感觉更接近于把事情做对，或道德反应发生的某些条件是真正“适当的”条件。这是道德感知理论无法满足的。

对感知理论的更好评价，我认为来自贾斯汀·德阿姆斯(Justin D'

① David Wiggins, “A Sensible Subjectivism?”, Darwall, Gibbard, and Railton, *Moral Discourse and Practice*, Oxford: Oxford University Press, 1997: 227-46，关于反对这种与内在价值或福祉有关的固化做法的论证，见 Peter Railton, “Red, Bitter, and Good”. *Facts, Values and Norms*, Cambridge: Cambridge University Press, 2003, pp.131-147。

② Stephen Darwall, Allan Gibbard and Peter Railton, “Toward Fin de Siécle Ethics: Some Trends”, *Moral Discourse and Practice*, Oxford: Oxford University Press, 1997, pp.3-47.

Arms)和丹尼尔·雅各布森(Daniel Jacobson)。他们讨论了当代表达主义者(布莱克本和吉伯德等)与感知理论倡导者(麦克道威尔和威金斯等)之间的争论,认为这两种观点最好被看作是情感主义(sentimentalism)的一种形式,即评价性概念必须通过诉诸情感(sentiments)来解释。对两种理论的捍卫者提出的"真"和"客观"等概念的复杂解释最终削弱了他们关于价值的"认知主义"和"实在论"的元伦理争论的重要性。两种理论的根本分歧在于道德心理学;它涉及如何最好地理解情感这一情感主义理论必须诉诸的东西。① 这与本书的论证目标不谋而合。

综上,道德实在论所面临的挑战形形色色,不一而足。回应这些挑战,要么需要明确回答道德属性究竟是什么、道德事实是否独立存在,要么需要讲清楚道德事实/属性与自然事实/属性之间的关系(比如是否严格二分,是否有交叉重叠与混合),要么需要解释拥有自然属性的自然事物的道德属性如何被我们认识。其关键依然是要求讲清楚道德的随附性,其本质依然是来自随附性论证的形而上学问题的挑战。因此,有必要构建一种合理的道德本质理论,在对"道德究竟是什么"这一本质问题进行回答的前提下,对随附性问题给予充分合理的论证或说明。我们将在第二章集中讨论围绕随附性问题的相关辩论。在本节的讨论中,我们还看到了非自然主义与自然主义、认知主义与情感主义的某种融合趋向。在第三章阐述新表达主义理论时,我们将进一步发展这种趋向。

第二节　道德实在论的理论竞争者及随附性挑战

与道德实在论相竞争的理论主要是道德建构主义、道德错论和道德

① Justin D' Arms, Daniel Jacobson, "Sensibility Theory and Projectivism", in David Copp, *The Oxford Handbook of Ethical Theory*, 2006, pp.186-218.

表达主义。只有了解了这些理论的核心观点，才能更全面地看清楚道德实在论所处的理论环境、面临的理论挑战以及道德随附性问题在这种挑战中的地位。

一、道德建构主义

道德建构主义认为，道德实在论粗暴无理地假定了一个神秘的道德事实，之所以神秘，是因为它不依赖于人的构想而独立存在。道德建构主义者对道德实在论提出了两个批评。首先，道德实在论对存在道德事实的假定是傲慢的，缺乏理论的谦逊。其次，这种假定是无意义的。因为既然不依赖于构想，它如何与人类的利益、欲望、能力相关，人类为何要关注道德事实王国呢？建构主义者论证说，如果我们将道德事实看作依赖于构想的，这些问题将会消失。如果道德事实是我们心灵态度的一种构想功能，那么，作为理性存在或社会存在，我们能够解释为什么我们应当关心道德。①

道德建构主义的代表人物有，主张道德相对主义的吉尔伯特·哈曼(Gilbert Harman)、主张自主伦理学的克莉丝汀·科斯戈尔德(Christine Korsgaard)、主张理想观察者理论的罗德里克·弗思(Foderick Firth)、主张契约建构论的罗纳德·麦洛(Ronald Milo)，等等。前两个代表人物的观点可以被归类为“非理想化建构主义”立场，后两个代表人物的观点则可被划归为“理想化建构主义”立场。

虽然道德建构主义者的具体理论各不相同，甚至互相竞争，但他们都主张道德性质的存在是依赖于构想的，并认为这一点能相对较好地解释日常道德常识。比如，通常认为，道德论述总的来说是断定的或陈述的，

① 在这一点上，有理由认为，道德建构主义与道德表达主义从根本上是相通的。道德表达主义认为，道德论述是对道德态度的一种表达。道德建构主义认为，道德事实是我们意向性态度的一种功能。

某些道德命题是真的,道德实在在很大程度上是客观的。而道德错论和道德表达主义在解释这些常识方面出现了困难,因为他们要么否定道德论述表征道德实在,要么主张道德论述并不具有表征道德实在的职责。道德建构主义者则认为自己可以做得更好,因为道德性质的存在是依赖于构想的,所以可以较为顺利地得出,道德论述的一个主要功能就是表征这些性质,某些道德论述的内容是真的,道德在一个相当强的意义上是客观的。这也就能够解释道德思想和道德实践的"客观性要求"。

哈曼和科斯戈尔德之所以被认为是"非理想化建构主义"立场,是因为她们都认为道德性质是被实际能动者赋予事物的,只不过哈曼主张道德是社会惯例的产物,是能动者之间"基于含蓄的讨价还价的调和折中"①,科斯戈尔德主张道德是我们作为理性能动者的产物,我们用康德式的反思方式,创造(或者说建构)了道德理由本身。两人的观点所暗示的道德客观性程度是明显不同的。哈曼的道德相对主义所暗示的道德客观性相对更弱,科斯戈尔德的立场则意味着道德在一个相当强的意义上是客观的,因为基本的道德标准不会随着社会一致意见的改变而变化,但它所面对的挑战也是康德式道德理论大多都会面临的,即普遍性挑战。

"理想化建构主义"的重点在于对"什么算作道德正确的行动"作出概念限制并尊而敬之。这样一来,道德的失败归根结底实际上是理性的失败。但"理想化建构主义"面临游叙弗伦式的困境。要想接受理想化的建构主义,必然要假定,理想化能动者会具有或显示出良心、思想开放、诚实、公正地评价他人观点等等各种各样的美德,但这些美德究竟是什么呢?这些美德的存在是一个独立于构想的基本道德事实,还是一个依赖于构想的道德事实,抑或其存在是被依赖于构想的道德事实所解释?如果我们假定一个理想化能动者显示了道德美德,那么我们就没有用建构

① Gilbert Harman, "Moral Relativism Defended", *Philosophical Review*, 1975, Vol.69, p.13.

主义的方式解释美德的存在,如果我们假定一个理想化能动者并不显示道德性质,那么我们就没有尊敬对什么算作一个正确行为的概念限制,进而放弃了最初接受理想化建构主义的主要理由。

在道德实在论者沙佛-兰道看来,不仅“理想化建构主义”中的理想观察者理论,所有的建构主义理论都会面临游叙弗伦问题所带来的困难。根据建构主义,受欢迎能动者(favored agents)的选择或态度对道德真理具有决定性作用,这些选择或态度要么是基于理由,要么不是。“如果它们不是,那么它们是武断的,就不能将他们的反应看作道德主张的通用的真之制造者。如果他们的反应是基于理由,那么这些理由必然要么是道德的,要么是非道德的。如果它们是道德的,那么道德实在论而非建构主义是正确的,因为存在一套非建构的道德真理作为对受欢迎能动者的选择的限制。但是,如果这些约束是非道德的,那么没有理由认为受欢迎能动者的反应会尊重老生常谈(platitudes),后者部分地构成我们对正在调查的道德观念的理解。”①

虽然沙佛-兰道承认这算不上是对道德建构主义的一个击倒式论证,但他认为这预示了建构主义的失败。道德建构主义要说明“依赖于人类构想的”道德事实本身的客观性,避开对其“粗糙的主观主义和相对主义”的指责②,彰显其相对于其他理论的解释优越性,最终绕不开对道德随附性的具体刻画。

二、道德错论

错论并不是一个新兴的理论。洛克早在《人类理解论》中就曾提出

① Russ Shafer-Landau,“Replies to Critics”, *Philosophical Studies*, 2005, Vol. 126, pp.313-329.

② William FitzPatrick,“The Practical Turn in Ethical Theory: Korsgaard's Constructivism, Realism, and the Nature of Normativity”, *Ethics*, 2005, Vol.115, No.4, pp.651-691.

关于第二性的质的错论①，虽然他并没有使用今天错论的语言和表述。根据属性与反事实条件句的关系，洛克将属性分为绝对属性（categorical properties）和倾向属性（dispositonal properties），三角形性就是一种绝对属性，易碎性则属于倾向属性。从概念或现象学的角度来看，我们所具有的红色概念是关于一种绝对属性的概念，既然我们不会认为灭灯后，事物的颜色就变成黑色。但从本体论的角度来看，世界上并不存在红色这种绝对属性。因而颜色是一种错误认知。美国艺术与科学学院院士、纽约大学哲学教授哈特里·菲尔德（Hartry Field）则提出了算术错论，他主张算术的独特对象是不存在的，并因此拒绝（至少是柏拉图式构想的）算术实在论的存在维度，声称人们对数学的需要并不要求数学对象是实在的。②

与此类似，澳大利亚哲学家约翰·麦凯（John L.Mackie）提出著名的道德错论，一方面主张道德语句具有真值条件，而且这些真值条件的实现的确要求存在着客观的、绝对规定性的事实，另一方面否定道德实在论的存在维度，即否定道德事实的存在，因此所有的道德判断都是错的判断。麦凯认为，虽然道德判断往往是真的或假的，而且道德判断如果是正确的，将使我们能够在认知上了解道德事实，但实际上道德判断全是虚假的（are all false）③，这是因为世界上根本不存在能使我们的道德判断正确的道德事实或道德性质。由于麦凯否认存在道德事实或属性，所以他是道德反实在论者。

麦凯认为，应当区分广义的道德和狭义的道德。广义的道德是关于行为的一个一般性的、无所不包的理论（a general，all-inclusive theory of conduct）：一个人所认可的道德就是他最终考虑去引导或决定其行为选

① John Locke, *An Essay on Human Understanding*, Edited by P. H. Nidditch, Oxford: Clarendon Press, 1975.

② 陈波：《逻辑、规范性和合乎理性的可修正性——菲尔德在牛津大学做约翰·洛克讲演》，《世界哲学》2008 年第 6 期。

③ John L. Mackie, *Ethics: Inventing Right and Wrong*, Harmondsworth: Penguin, 1977, p.35.

择的任何原则体系(whatever body of principles)。而狭义的道德则是指对行为的某种特定限制行为体系——其中心任务是保护人的利益而非能动者的利益,而且对能动者而言,道德表现为对自己行为的自然倾向和本能趋势进行检查(check);它允许一个人审慎地说,“我承认道德要求我如此这样做,但我并不打算这样做:对我而言其他考虑在这儿超过了道德考虑”。在麦凯看来,争论这两种道德概念谁更正确其实并没有什么意义,我们只需要区分二者即可,换言之,就是要明白(狭义的)具体道德考虑最终并不必然(在广义上)对我们的行为具有权威性。人类的欲望、需求和利益很容易受到人类缺陷的影响,除了有限的资源、有限的信息、有限的智力、有限的理性等各种因素容易对人类社会事件进程产生影响之外,最容易对事件产生不良影响的其实是有限的同情心(limited sympathy),而狭义的道德就是对抗有限同情心的一种设置。①

如果道德错论是正确的,那么道德哲学还有什么任务呢?麦凯认为,人们可能会去尝试系统性地描述我们的道德意识比如“正义感”,去发现本身被我们十分接受的某种系列原则。与其实践后果和应用一起,我们对详细道德判断的直观会是“反思性平衡”的。我们或许可以从一些明显可接受的一般原则以及大量明显可接受的详细道德判断开始,在二者不完全一致的地方对其中之一进行调整,或对两者都进行调整,直到达成最令人满意的融贯性妥协。这实际上与建构主义者罗尔斯的正义理论有相通之处。但由于实际上并不存在可供发现的客观的道德知识,所以关于正义感似乎也没有什么可供发现的。麦凯指出,道德不是被发现的,而是被制造的(to be made),因此,我们必须决定采取哪种道德观点和道德立场。②

① John L. Mackie, *Ethics: Inventing Right and Wrong*, Harmondsworth: Penguin, 1977, pp.107–108.

② John L. Mackie, *Ethics: Inventing Right and Wrong*, Harmondsworth: Penguin, 1977, pp.105–106.

可见,道德错论既是一种道德反实在论,同时也是一种强认知主义理论。如果说情感表达主义是站在认知主义的外部即非认知主义的立场上反对道德实在论,宣称道德的主观性,那么错论则是站在认知主义的内部反对道德实在论,宣称道德的主观性。①

欧洲主流道德哲学传统肯定客观价值的存在。比如柏拉图、康德、西季威克、亚里士多德、塞缪尔·克拉克(Samuel Clarke)、哈奇森、休谟、理查德·普赖斯(Richard Price)等。价值客观主义不仅是哲学传统的一个特征,在日常思想或道德术语中也有坚实的基础。在这方面,麦凯认为,虽然非认知主义和自然主义都说出了有关道德的部分真理,但它们都没有重视伦理学明显的权威性。非认知主义排除了客观有效性或客观真理,自然主义排除了道德中的定言命令。日常道德语言刻画的是行为本身是否对错,而非对行为的态度如何。日常道德判断包含着对客观性的主张,因而,对任何道德术语的意义分析,都应当能够解释这种客观性、内在性、规定性。② 对此,仅仅语言分析或概念分析是不够的。客观性主张尽管根深蒂固于我们的语言和思想,但它不是自我证成的,它可以也应当被质疑。

---

① 虽然麦凯的错论宣称道德的主观性,但它在两个方面不同于通常意义上的"主观主义"。首先,道德主观主义通常是认为道德判断是对说话人自己感情和态度的报告,这是一种肯定性学说,但错论的核心是否定性的,它认为不存在客观价值或要求。其次,道德主观主义更多是一种语言学论题或概念性论题,而道德怀疑论是一种本体论命题,它不是关于道德陈述的意义的某种观点。虽然道德主观主义常以道德怀疑论为前提,但道德怀疑论并不蕴含主观主义。有些人认为麦凯的错论也是一种道德主观主义,但麦凯强调,要将错论与主观主义尤其是表达主义区分开来。

② 虽然道德实在论者批评麦凯对道德实在论的描绘只是一种夸张讽刺性的漫画,因为他在描述中把"客观价值"比作具有神秘强制力的超验的柏拉图式形式,这在道德实在论者看来显然过于极端化了;但大多数实在论者都肯定了麦凯对道德实在论的另一主张的刻画,即客观规定性——道德判断表达或意味着绝对理由。参见 FitzPatrick, William, "Robust Ethical Realism, Non-naturalism, and Normativity", *Oxford Studies in Metaethics*, Vol.3, Russ Shafer-Landau(ed.), Oxford: Oxford University Press, 2008, p.160, No.3.

在其著作《伦理学:发明对与错》当中,麦凯开篇便提出“没有任何客观的价值”①这一核心观点。他称自己的观点属于道德怀疑论。道德怀疑论可以是一阶的,即表面上拒绝所有道德,而实际上只是拒绝某种特定道德。但麦凯讨论的是二阶观点,即道德价值和道德评价如何符合世界。比如,残暴行为和善良行为不同,这是一个事实,我们在实践中也能很好地区分它们,能够清晰地使用“残暴的”和“善良的”一词的描述性含义。但是残暴行为在描述意义上应当被谴责也是如此确定的一种事实吗?如果价值不是客观的,我们就不能这么说。

麦凯指出,人们之所以主张道德的客观性,有两大原因。首先,人们主张道德价值客观化具有外部源泉,一方面,从起源上来说,道德态度本身部分地是由社会建构的;另一方面,存在支持客观化的动机,因为我们需要用道德来规范化人际关系,控制人们对待彼此的方式。其次,主张道德客观性是有神论的一种后遗症。所以麦凯主张,道德判断虽然不能满足真理的评价标准,但是可以将其目的看作是为了确保社会合作的利益。②

以上是麦凯有关道德本质的论述。那么,麦凯是如何论证自己的错论的呢?麦凯对错论的论证主要有两种,一种是诉诸相对性论证,一种是诉诸奇异的论证。诉诸相对性论证是这样的:自然科学分歧是由于不充分证据的推测推理或解释性假设,那么,道德分歧是由于什么?麦凯认为是由于有不同的生活方式,而非由于对客观价值的感知分歧。道德法则的实际变化更容易被“道德反映生活方式”这一假设所解释,而不容易被“道德表达对客观价值的感知”所解释,因此,客观价值不存在。

① John L. Mackie, *Ethics: Inventing Right and Wrong*, Harmondsworth: Penguin, 1977, p.15.

② John L. Mackie, *Ethics: Inventing Right and Wrong*, Harmondsworth: Penguin, 1977, pp.105-124.

或许有人会对诉诸相对性论证进行反驳:客观有效的东西并不是具体的道德规则或准则,而是所有社会中至少某种程度上被清晰认识的非常概括的基本原则,比如西季威克的可普遍化原则,或者某种功利主义原则。但麦凯认为这种反驳不彻底。因为这样一来,道德客观主义只能停留在非常概括的原则上,其他道德判断仅仅是派生的或偶然的。更何况,连这些概括的原则(如可普遍化、功利主义原则等)也不能构成日常道德思想的整体基础。因此,没有什么客观的道德理由,道德感或直觉是相比理由更合理的一种描述,相对性依然存在,诉诸相对性的论证依然有力。

相比诉诸相对性论证,诉诸奇异的论证(argument from queerness)更重要且被应用得更广泛。麦凯指出,虽然价值客观主义是传统哲学的一个特征,而且在日常思想和道德术语的含义中也有其坚实基础,但实际上,并不存在任何客观的价值。诉诸奇异的论证有两层意思,在形而上学上,"如果存在客观价值或道德,它们在本体论上会是一种非常奇怪的实体、品质或关系",与世界上的其他任何东西都完全不同,道德具有一种力量,不仅给所有人以命令式的行动理由,而且给欣赏这一理由的人以追求这种行动的动机,这种关于事实和规范的特殊混合物是种奇怪的东西;在认识论上,"如果我们意识到这种客观价值,一定是通过某种特殊的道德感知或直觉能力,而这种方式完全不同于我们通常认识其他所有事情的经验主义方式"①,这太奇怪了,以至于我们难以接受它。由于这种所谓的客观价值带来的形而上学图景和认识论图景都太奇异了,以至于我们用通常的认识方式完全无法理解或把握,所以它一定是错误的。

对诉诸奇异的论证的回应,通常是寻找有相同问题的伙伴即"共犯"进行类比性反驳。比如,理性主义者理查德·普赖斯论证说,诸如洛克和休谟之类的经验主义不仅不能说明道德知识,而且不能说明数、同一性、

---

① John L. Mackie, *Ethics: Inventing Right and Wrong*, Harmondsworth: Penguin, 1977, p.38.

多样性、固体性、惯性、物质、时空的必然存在、力和运动的知识等，对这些相关真理的理解力最终也是一种直接感知对错的力量。① 麦凯对这一反驳进行了回应，他指出，对大多数有关数、同一性、物质、时空等这些东西，都可以用经验的术语给出令人满意的说明，如果不能这么做，就应当和客观价值一起作为诉诸奇异论证的目标而拒绝之。

麦凯奇异性论证的核心炮弹仍然对准了随附性。他指出，道德的奇异性还表现在，所谓的道德品质如何与自然特征相连？说“为取乐而制造残暴是错误的”，这里的错误在某种程度上是“结果的”（consequential）或“随附的”（supervenient）：这是错的，因为它是残暴的事情。但“因为”表示的是“这个世界中的”什么关系？我们又如何知道它表示的是哪种关系？性质“错误”对其他性质的这种随附是什么？我们如何能够辨识它呢？相对于诉诸相对性论证，诉诸奇异的论证是更有力的。在诉诸奇异的论证中，相对于上段中的类比性反驳，此处的随附性论证是更有力的。因而可以说，随附性论证是道德错论最有力的部分。想要从正面有力地回应道德错论，就必须对道德随附性提供详细的解释。

另一种道德错论是理查德·乔伊斯（Richard Joyce）在其著作《道德的神话》中提出的虚构主义②。他声称，如果有道德要求的话，道德要求必须是在内在本质上提供理由的；但这是不可能的，因为要么不存在提供理由的内在因素，要么存在的内在因素（例如，自我利益）不是道德规范的基础；所以不存在道德要求。道德是一种虚构。这实际上仍是囿于休谟的动机主义理论来理解理由的内在因素，没有合理处置理性与情感、欲望的关系。要对道德理由提供一种合理的解释，有必要重新理解动机与欲望、情感、理性的关系。

① D.Daiches Raphael, *The Moral Sense*, London: Oxford University Press, 1947.

② Richard Joyce, *The Myth of Morality*, Cambridge: Cambridge Press, 2001.

三、道德非认知主义

道德非认知主义既不同意强认知主义,也不同意弱认知主义,而是彻底否定道德判断的适真性,并对此从道德心理学方面进行了论证。道德认知主义认为,道德判断表达意指(或表征)道德事实的道德命题。而根据休谟的动机理论,动机状态由判断和欲望组成,判断本身既不是欲望也不产生欲望,判断和欲望是“分离的存在”或“模态上可分的”。这样一来,道德认知主义就面临动机内在主义的挑战。动机内在主义大概指的是,如果一个道德能动者真诚地判断行动 X 在道德上是正确的,那么从道德心理上来讲,他就内在地必然地被激励去追求行动 X。但如果像认知主义一样,认为道德判断仅仅表达日常信念,而信念在本质上又不是驱动性的,那么就难以解释道德动机和道德行动了。所以道德非认知主义认为,“一个有道德承诺的人的基本心灵状态”最好还是被看作一种“立场”(stance)①而非一种信念,因为道德承诺与反应、行动和选择有关,而不是和信息有关。因此,道德判断不表达信念,从而也就不具有适真性。②

道德判断不表达信念,那它表达什么呢?道德判断表达说话人的情感、感觉、态度、意向,或更一般地说,表达规范和价值。其中,有代表性的三种非认知主义版本分别是:阿尔弗雷德·朱勒斯·艾耶尔(A.J.Ayer)的情感主义,认为道德判断表达情感,或者赞同、不赞同的情绪;西蒙·布莱克本(Simon Blackburn)的准实在论,认为道德判断表达了我们形成赞同或不赞同情绪的倾向;阿兰·吉伯德(Allan Gibbard)的规范表达主义,

① Simon Blackburn, "How to Be an Ethical Antirealist", in Stephen Darwall et al.eds. *Moral Discourse and Practice: Some Philosophical Approaches*, New York: Oxford University Press, 1997, pp.167-178.

② 迈克尔·史密斯:《道德问题》,林航译,浙江大学出版社 2011 年版,第 9—12 页。

认为我们的道德判断表达我们对某一规范的接受。

道德非认知主义是在摩尔开放问题论证的影响下逐渐出现,并在应对各种挑战中发展演变的。开放问题论证严重挑战了道德自然主义,但摩尔提出的道德直觉主义又具有明显的缺陷,所以有些哲学家开始跳出认知主义的范围,到非认知主义领域寻求对道德更合理的解释。道德非认知主义主要抓住道德话语的"动态特征",认为这是道德话语不同于科学话语的核心特征。

早期非认知主义者艾耶尔是一名逻辑实证主义者。根据逻辑实证主义的语言意义标准,"一个语句在字面上是有意义的,当且仅当它所表达的命题或者是分析的,或者是经验上可以证实的。"①但伦理学的陈述既不是分析的,又无法从经验上被证实,因而,艾耶尔认为道德命题不是具有陈述意义的命题,而仅仅是一种情感表达,没有真假。这种情感主义不是主观主义。艾耶尔明确反对主观主义:"我们拒绝这种主观主义的观点,认为……一件事是好的,是说它是普遍认可的,因为断言某些……被普遍认可的事物是不好的并不自相矛盾。我们也拒绝另一种主观主义的观点,即一个人声称某一件事是好的是说他自己赞成它,理由是一个人承认他有时赞成坏的或错的东西并不会自相矛盾。"②情感主义所主张的是,当我做道德判断的时候,我没有说任何东西:我只是在表达或表明我的赞成或不赞成,就像一个人在疼痛中的哇哇乱叫一样。但这种观点明显不能令人满意地解释道德分歧。因为如果道德分歧仅仅是对同一件事情的不同情感表达,那么解决分歧的途径就只有相互谩骂,这显然是追求用理性解决问题的绝大多数人所不愿意接受的。

---

① A.J.Ayer, *Language, Truth and Logic*, London: Gollancz, 1946, p.5.

② A.J.艾耶尔:《语言、真理与逻辑》,尹大贻译,上海译文出版社 2015 年版,第 84 页。此处翻译参考英文版,有改动。A.J.Ayer, *Language, Truth and Logic*, London: Penguin, 1946, pp.106-107.

对非认知主义构成更大挑战的是如何解释道德推理的问题，代表性的就是所谓的弗雷格—吉奇问题①。例如，根据情感主义的观点，判断撒谎是错误的实际上就像是高喊“嘘，撒谎！”当我喊“嘘”的时候，我正在表明我的不赞同；我没有试图描述什么。但是，“如果撒谎是错误的，那么小孩儿撒谎是错误的”在表达什么呢？这句话是有含义的，但根据情感主义的解释，它没有含义，只是表达一种不同意的情感态度。但它究竟表达的是对什么的不同意呢？在这里，非认知主义遇到了难题。为了解决这一难题，非认知主义越来越向实在论靠拢，试图发展出一套模仿实在论的解释性话语。

在《准实在论论文集》一书中，布莱克本先指出，道德判断的真假不能用真理符合论来理解，因为道德判断有一些独特的特征；紧接着，他提出了自己的道德准实在论，其目的就是要解释我们如何能够合法地说话，就好像我们有权假设有一个独特的道德实在，虽然我们并没有权利假设。② 这种道德准实在论也是一种投射主义。根据布莱克本，投射主义主张评价性质是对我们自己情感的一种投射；准实在论则主要是解释，如果投射主义为真的话，为什么我们的话语有其所是的样貌，尤其是像对待其他谓词一样对待评价性谓词。③

投射主义通常被认为比认知主义在形而上学和认识论方面承诺更少、成本和负担更小、更为经济，因为认知主义必须假设有一个独特的道德事实领域，并要解释认识道德事实的具体机制，而投射主义这种非认知

① 吉奇在20世纪60年代提出了这一问题作为对非认知主义的反对意见，但他将其归功于弗雷格在内容和语旨力之间所做的区分，所以该问题又被称为弗雷格—吉奇问题。

② Simon Blackburn, *Essays in Quasi-Realism*, New York: Oxford University Press, 1993, pp.175-176.

③ 关于道德准实在论与投射主义的关系，参见 Simon Blackburn, *Spread the Word*, Oxford: Oxford University Press, 1984, p.180。

主义无须如此。[①] 除此之外，非认知主义还有很多优势，但与此同时，它也面临诸多挑战。如何合理地利用这一理论资源，我将在第三章对其展开详细分析。

四、弱认知主义的道德非实在论

道德实在论和反实在论（比如错论）都支持一种强认知主义，后者认为，道德判断具有适真性，即适合于用真和假来进行评价，而且道德判断是对事实认知性地了解的结果。与此相反，艾耶尔的道德情感主义和布莱克本的道德准实在论都是一种非认知主义。除此之外，还有一种弱认知主义，其典型代表是“反应—依赖”（response-dependence）理论，其代表人物主要有马克·约翰斯顿（Mark Johnston），菲利普·佩蒂特（Philip Pettit）、克里斯平·赖特（Crispin Wright）和拉尔夫·韦奇伍德（Ralph Wedgwood）等。

从德谟克利特以来，哲学家们就有一种粗糙的直觉观念，即颜色、味道或价值比形状、质量或运动更不客观。非认知主义、取消主义（eliminativism）、主观主义的还原论都试图将这一直觉发展为一种更精确的理论，但在反应—依赖理论家们看来，这三种理论都不够吸引人。如果价值不是完全客观的，那么仅凭“对象本身如何”而将该对象描述为“好的”的语句就不可能为真。非认知主义者和取消主义者都认为价值判断根本不为真（根据非认知主义，价值判断虽然有意义，但既不为真，也不为假；根据取消主义，价值判断要么为假，要么毫无意义）。而根据反应—依赖进路，一些价值判断实际上为真，且这种真依赖于判断对象与我们的关系。在此意义上，反应—依赖理论是一种弱认知主义理论的道德非实在论。

① 布莱克本不太喜欢“非认知主义”的标签。非认知主义是一种认为道德判断不表达信念的观点，而他的准实在论者虽然一开始假设道德判断表达了欲望般的状态，最后在辩护中却又说道德判断确实表达了信念。

在反应—依赖理论家看来,"好的"和"红色"很像。当一个对象是红色或好的,它凭借与我们主观反应的某种关系而是红色或好的。但反应—依赖进路又不试图用这种主观反应来给出"好的"的非循环的严格充要条件,因此它又不同于主观主义的还原论。

马克·约翰斯顿专注于他所说的"反应—倾向性概念"①,用一般公式表示为:x 是 F,当且仅当,在情况 C 下,x 倾向于在主体 S 中引起主观反应 R。但这里存在的问题是,并非所有的"反应"都必须用"倾向"来刻画。

菲利普·佩蒂特则持有认知谦卑(epistemic servility)和本体中立(ontic neutrality)的观点②。认知谦卑是指,在探索某个领域的知识时,必须尽力和独立于自己的实在保持一致。虽然我们对比如"红色"的感知依赖于我们的主观结构,但事物以某种方式向我们显现的这种事实是不依赖于我们的,换言之,它们"可以跨过不同的文化和传统,甚至跨过不同的物种",因而在此意义上事物是本体中立的③。他后来称"反应—依赖"为"反应—授权"(response-authorizing)④,一个概念是"反应—授权"的,如果存在一个先验的保证(给定一定的适当条件),使得一个对象属于这个概念当且仅当我们倾向于以某种方式对对象作出反应。但问题在于,佩蒂特的"反应—授权"概念并没有对客观性质和主观性质的形而上学区别提供一种详细的说明。

克里斯平·赖特认为,道德判断具有适真性,但它不是对道德事实、

---

① Mark Johnston,"Objectivity Refigured: Pragmatism without Verificationism", in John Haldane and Crispin Wright (eds.), *Reality, Representation and Projection*, New York: Oxford University Press, 1993, pp.103-111.

② 因而严格来说,佩蒂特并不能被算作道德非实在论者。

③ Philip Pettit,"Realism and Response-Dependence", *Mind*. 1991, Vol.100, p.611.

④ Philip Pettit, *The Common Mind: An Essay on Psychology, Society and Politics*, New York: Oxford University Press, 1993, pp.115, 196, 200.

道德属性进行认知的结果，恰恰相反，道德谓词的外延是由我们对道德的最佳判断所决定。赖特区分了两类概念，一类是我们的"最佳意见"（best opinion）参与确定概念外延的那种概念，另一类是这些最佳意见仅反映独立确定的外延的概念。① 有些概念比如游叙弗伦对"虔诚"的定义明显属于第一种概念，即"虔诚"的外延是由关于虔诚的最佳观点，也就是由众神的观点决定的。道德判断是对某事物最佳意见的一种解释，是主观的。显然，这种观点拒绝道德实在论，但不是通过否认道德事实的存在（如错论那样），而是通过否认这些事实独立于人类意见。

拉尔夫·韦奇伍德认为，约翰斯顿、佩蒂特和赖特的反应—依赖理论都没能很好地解释人们对更客观与更不客观的直觉差异性，尤其是未能对反应—依赖式属性进行本体论说明，而只是对反应—依赖式的概念进行了说明。他提出了自己基于反应—依赖观点的新进路。② 鉴于"倾向"一词存在的争议性③，韦奇伍德将自己的反应—依赖观点表述为：x 是 F，当且仅当 $A(x,R)$。其中，R 是一种反应，代表思维主体，它本质上涉及对"某物是 F"的某种表征或认识。④ 这里关键的问题是："反应"究竟是主观的还是客观的？吉迪恩·罗森（Gideon Rosen）认为，在某些情况下，一个对象倾向于引起什么主观反应完全是一个客观的心理问题⑤。但韦奇

① Crispin Wright, *Truth and Objectivity*, Cambridge: Harvard University Press, 1992, pp.111-139.

② Ralph Wedgwood, "The Essence of Response-Dependence". *European Review of Philosophy*, 1997, Vol.3, pp.31-54.

③ 关于争议的具体内容，参见 Simon Blackburn, "Circles, Smells, Finks and Biconditionals", *Philosophical Perspectives*, 1993, Vol.7, pp.259-279. 以及 Mark Johnston, "How to Speak of the Colors", *Philosophical Studies*, 1992, Vol.68, No.3, pp.228-234。

④ Ralph Wedgwood, "The Essence of Response-Dependence", *European Review of Philosophy*, 1997, Vol.3, pp.31-54.

⑤ Gideon Rosen, "Objectivity and Modern Idealism: What is the Question?", in Michaelis Michael and John O'Leary-Hawthorne (eds.), *Philosophy in Mind*. Dordrecht: Kluwer Academic Publishers, 1994, pp.289-297.

伍德认为发生什么反应的一个前提是，主体要对对象的某个特征产生某种特定的识别（recognition）或表征，因而“反应”并非完全客观的。

但问题在于，我们在这里找不到柏拉图建议我们在分类时要“尝试在关节处切开，而非在骨头中切割”①所依据的关节（joint），这是造成颜色、价值等反应—依赖属性比形状、质量等非反应—依赖属性更不客观的原因。

更重要的问题是，根据反应—依赖发生的过程，我们只能说具体的、特定的语言共同体决定了道德真理的标准，除此之外我们就没必要、也不可能说出有关道德真理标准的什么东西来了。但就道德的本质问题来讲，我们所要探寻的并非某个话语体系的什么规范、通过怎样的程序决定了某个信念的真，而是那些规范本身是怎么得来的。② 韦奇伍德的反应—依赖理论并没有回答这一根本问题。

总之，道德实在论的竞争者们各有千秋。道德建构主义揭示了道德事实与人类构想之间的某种关系，但要在此框架下来说明道德的客观性，道德建构主义又需要实现与道德实在论的联姻。道德错论对道德实在论的批评所彰显的内在主义道路具有重要的启发价值，也促使道德实在论者通过深化道德随附性研究来回应道德怀疑论、道德虚构主义、道德虚无主义。道德非认知主义在说明道德动机和道德实践方面有先天优势，但其面临的内部困难也促使自身不断推陈出新，最终与道德实在论之间的鸿沟越来越小，而对其原本不构成威胁的道德随附性问题也成为最新版表达主义所要解释的内容。试图走中间道路的弱认知主义道德非实在论在实在论与反实在论之间徘徊，最终没有实现对规范性来源的彻底解释。

① 柏拉图：《斐德罗篇》，365e，《柏拉图全集》（第二卷），人民出版社 2018 年版。

② 类似的批评性意见，参见徐向东：《道德实在性与道德真理》，《清华西方哲学研究》，2017 年夏季卷，第 3 卷第 1 期。

五、道德实在论面临的核心挑战:随附性问题

前述几个竞争性理论对道德实在论构成的挑战可以从道德解释、道德分歧、道德知识、道德随附性、道德动机、道德理由等几个方面来概括。但从总体上来看,基于道德动机、道德理由的挑战属于道德实践论挑战,基于道德分歧、道德知识、道德解释的挑战则属于道德认识论挑战,而基于道德随附性的挑战可归于本体论挑战。在这三大类挑战的关系上,道德认识论挑战和道德实践论挑战最终都与道德随附性问题这个更深层的本体论挑战密切相关。

(一)道德实在论面临的认识论挑战

道德实在论面临的认识论挑战主要是:我们是怎样获得有关道德事实的知识的?如果存在道德事实,又该如何解释众多的道德分歧?道德解释的地位是怎样的?

在伦理学中,有两个众所周知的反对道德实在论的经典论证,它们分别围绕道德命题的两个特征来展开,一个是有关我们的行动,一个是有关我们的态度。前者属于实践论领域,后者属于认识论领域,但都伤害到道德实在论的本体论。基于态度而反对道德实在论的论证格式可以概括为:

P1:相信一件事是好的,意味着对它持有某种态度。

P2:相信一件事进入某种事态,并不意味着对它持有某种态度。

C:因此,相信一件事是好的,并非相信它进入了某种事态,必须区分道德命题与具有实在的成真条件的命题。

该论证的结论表明,道德命题不具有实在的成真条件,换言之,道德事实是不存在的。这个表面上的认识论论证本质上仍是一个本体论论证。

这一论证的特点是,它似乎能够说明道德领域为什么存在那么多分歧。不过,在自然科学领域似乎也存在许多分歧。基于此,道德反实在论者就可以提出一个基于道德分歧的比较性论证:伦理学中的分歧比其他我们认为存在客观真理的领域中的分歧要多得多(不仅关于何种观点为真或为假,而且关于发现和辩护真理的方法论也存在更多的分歧),解决伦理问题的这种更大的困难表明,道德判断很可能不是在客观上为真的。这一论证结论的后果是多样的。比如,可以像麦凯那样声称道德判断都不为真,或者像霍根、蒂蒙斯等表达主义者那样声称道德判断在极小的意义上可能为真,或者像哈曼那样的相对主义者声称在相对于某种特定共识的意义上道德判断为真。但无论如何,他们的意思都是说,就我们目前掌握的信息或证据而言,难以支持伦理学广泛的客观性。

道德分歧为何存在?麦凯认为错论能够对此提供最佳解释:道德分歧的各方都意图陈述客观真理,但既然不存在客观真理,所以各方的陈述都是错的。极端情感主义者艾耶尔则否认存在着任何道德分歧,认为所有明显的分歧实际上是都是关于非道德事实的分歧。史蒂文森在艾耶尔的基础上又引入一种非常有益的态度分歧概念,将分歧看作冲突性情感而非冲突性信念的表达。遗憾的是,这些观点都否定了道德实在的存在。

更根本的认识论挑战在于,即使真的有道德事实和道德真理,我们如何发现它们呢?想要确定道德信念的真假似乎是不可能的。幸好不确定性并不足以消除道德知识,因为人类现在所有的知识都有某种意义上的不确定性,包括自然科学知识。想想笛卡尔的“恶魔”和普特南的“缸中之脑”就能确定这一点。但在自然科学中似乎有这样一个原则,已有的知识之所以被认为是真理,是因为它已经战胜了其他相关的竞争性观点。而在伦理学中,一个道德观点如何战胜其他竞争性观点而成为道德真理呢?似乎看不到希望。根据源自古代怀疑论的一种后退论证,一个道德信念被正当辩护,必须受到其他的道德信念或非道德信念的支持。这种支持性信念不可能是道德信念，否则会陷入无限后退。这种支持性信念也不可能是非道德信念，因为从“是”中推不出“应当”。

为了避免后退论证，基础主义者们（Foundationalists）提出，有些道德信念是基本信念，不需要其他信念的支持。比如直觉主义就认为善是一种基本性质，有关善的知识是自明的，是不需要其他信念提供支持的。[①]直觉主义很有吸引力，当一个人在辩论中对自己的某个道德信念无话可说时，他可以说，这是基本信念，不需要再寻求其他信念的支持。但我们如何知道这究竟是否为真呢？怀疑论者认为，最终，直觉主义的所谓基本信念只是无法辩护的个人偏见的表达，只是由于难以辩护而被放在“基本信念”这个特殊的范畴里，以避免受到质疑，而这样做显然是不恰当的。

这里更深层的问题是，当直觉主义者摩尔说，善是一种简单的、不能（被自然地）分析的非自然性质时，这种道德性质究竟是如何被人所认识的呢？摩尔的追随者们将认识道德性质的能力界定为直觉[②]。人们对直觉常常有两种解释，一种是正确进行道德判断的能力，一种是不同于感觉直觉的一种认知能力。但这两种解释都行不通。如果采取第一种解释，那么，正确的道德判断能够接近道德事实，是因为它们是形成正确判断的能力练习的结果，这样的说法完全没有解释性。如果采取第二种解释，将直觉等同于在某些方面像是感觉直觉，而直觉的对象即道德性质又是感官感觉不到的东西，这等于将直觉推向了神秘主义或蒙昧主义。二者都无法对道德知识提供一个合理的道德认识论解释，也就难建立有权威性的道德知识论。

① Robert Audi, "Intuitionism, Pluralism, and the Foundations of Ethics", *Moral Knowledge and Ethical Character*, New York: Oxford University Press, 1997, pp.40-80.

② Jonathan Dancy, "Intuitionism", Peter Singer (ed.), *A Companion to Ethics*, Oxford: Blackwell, 1991, pp.411-415.

(二)道德实在论面临的实践论挑战

除了认识论挑战,道德实在论还面临着基于道德动机、道德理由的实践论挑战,它涉及的问题主要包括:道德事实与道德行动的关系如何?道德理由在我们的道德实践中的作用或权威是怎样的?有关道德事实的道德信念、道德判断或道德理由与道德动机之间的关系是怎样的?

道德表达主义通常假定在道德判断和道德动机之间存在一种非常紧密的连接。既然道德表达主义者们认为道德判断只是"正面态度"(pro-attitude)①或欲望的表达,那么,他们就可以毫无困难地说明道德判断和动机之间的紧密关系。相比之下,实在论对于这种紧密联系很难有合理的解释,因为,根据实在论观点,道德判断仅仅表达日常信念,而信念在本质上不是驱动性的。

前面提到过反对道德实在论的两个经典论证,其中之一就是:道德信念与道德意愿是相关的,而道德实在论无法解释道德意愿,因而是错误的。首先,如果道德实在论是对的,道德信念和道德意愿就是简单一致的,但实际情况并非如此。一个人很可能在道德上愿意去做他自认为道德错误的事情。其次,如果道德实在论是对的,悔恨或内疚就只是一种特定的道德信念:我意识到,我已经作出那个行为,而且那个行为是错的。但实际上,懊悔或内疚并不只是这样,或者说,意识到这两点的人并不总是懊悔内疚的。懊悔内疚与道德意愿密切相关,而道德实在论没能识别或强调这一点。

或许,道德实在论者可以反驳说,道德信念并不必然与道德意愿相关,或者说,道德信念并不必然包含道德意愿。说一个信念与一项决定相关,在分析意义上就是说,如果该决定是正确的,就应该考虑到该信念。仅此而已。因此,这个反对实在论的论证是有问题的。如果将主张道德

① 又译为"同意的态度"。

判断和动机之间存在着内在的或概念上的必然联系的观点称作内在主义，那么道德实在论者就可以提出外在主义来回应反驳，即主张判断和动机之间的联系只是外部的和偶然的。雷尔顿和布林克就借助外在主义为道德实在论进行了辩护。但道德外在主义又面临道德随附性的解释难题。

不仅道德自然主义很难对道德事实与道德动机之间的关系提供说明，而且如前所述，达沃尔等人的开放问题论证也对道德非自然主义构成了一定的杀伤力，因为，如果我们用"独特的、简单的、非自然的性质 Q"来代替"自然主义的性质 R"，那么"似乎不容易看出，如何从逻辑上确保其与动机或行动的适当联系"①。因此，非自然主义者面临着与自然主义者相同的紧迫问题，即难以解释道德判断与动机之间的内在联系。

（三）道德实在论面临的本体论挑战

在本体论上，传统的道德实在论在某种意义上导致了道德怀疑论，因为道德不可能是由物理科学来描述的、独立于任何人类观点的东西。所以一个可理解的道德实在论的真正可能性就在于，我们是否能够合理地设想一种非物理的实在。但这将陷入道德直觉主义者所面临的困境，即道德成为某种神秘的冗余。如果想要为道德思想和道德理由辩护，就需要解释道德的事实或属性是怎样的，以及道德的方面凭借什么与我们世界其他的方面相关。错论对此的回答全部是否定的，即道德不会凭借任何东西与我们世界其他方面相关，因为根本不存在道德事实、道德王国。

虽然远在柏拉图的《斐多篇》中就有关于道德事实是某种原因的论述，但当代反实在论者比如哈曼对此明确否定：道德事实是解释性多余的，因为它们并未扮演一种必不可少的(requisite)解释性角色。当我们看到云层里有蒸汽尾巴时，会立刻判断"有质子飞过"，在此，观察对于此

---

① Stephen Darwall, Allan Gibbard and Peter Railton, "Toward *fin de siècle* Ethics: Some Trends", *Philosophical Review*, 1992, Vol.101, p.118.

判断的形成而言扮演着一种必不可少的解释性角色；而当我们看到小孩儿点燃汽油烧猫时，虽然也会判断“这种烧猫的行为是错的”，但我们的观察对于该判断的形成而言并不扮演一种必不可少的解释性角色，道德判断的形成基于我们先前的心理认知训练，换言之，这种行为的错误性并不是我们“看到”的。这个论证用公式描述就是：

P1：我们有理由相信道德事实存在，仅当这类事实扮演必不可少的解释性角色。

P2：道德事实的必不可少的解释性角色是，它们最佳解释了我们道德判断的形成。

P3：道德事实并不最佳解释我们道德判断的形成。

C：所以，我们的确没有理由相信存在道德事实。

道德非实在论者也基于道德解释的缘故不愿承诺道德实在论。比如，克里斯平·赖特提出，如果道德事实要为真，至少以下必定为真：这类事实将不得不解释一个足够宽系列种类的非道德事实的存在。比如“岩石是湿的”这一事实可以解释事实“我感知到岩石是湿的”、“我滑倒了”、“岩石上长着很多绿藻”等等。而道德事实做不到这一点，它缺乏“宽的宇宙论角色”（wide cosmological role），所以我们难以承认道德事实的存在。① 道德非实在论者对道德实在论提出的这种挑战直接与道德本体论密切相关。

面对来自各方的挑战，沙佛-兰道在其著作《道德实在论：一种辩护》中指出，存在着独立于任何先见视角而得到的道德事实，即主张一种立场独立性（stance-independence）②。这种独立性不能被理解为“道德不依赖于心灵”，因为这样的表达很容易让人对道德实在论产生误解。如果道德从不涉

① Crispin Wright, *Truth and Objectivity*, Cambridge: Harvard University Press, 1992, pp.191-199.

② Russ Shafer-Landau, *Moral Realism: A Defense*. Oxford: Oxford University Press, 2003, p.15.

及人的心灵、动机或者行为，人们就难以进行道德评论，也不可能承诺存在任何道德事实。任何合理的道德理论都应该对道德的心理依赖性有所承认。那么，究竟什么是道德实在论，如果它也承认心理依赖性的话，它如何与其他理论相区分。沙佛-兰道认为，如果非要给道德实在论下个定义的话，毋宁说，道德实在论主张，存在人们的对错判断所要表征的道德实在。在这一点上，道德实在论与道德虚无主义绝对对立，后者否认道德领域的实在性。从道德实在论的定义来看，道德实在是先于且独立于道德真理的。

但我们是如何得知道德事实的存在的？道德实在论者最终可能只能像沙佛-兰道一样主张（而非论证），我们必须接受粗暴的道德事实的存在，并类比说，任何被认为是实在的领域都必须承认粗暴事实的存在，而且这些事实不允许任何更根本的解释。例如，如果一个人是有神论者，没有什么能解释上帝的存在或完美。如果一个人是无神论者，没有什么能解释物理学的基本定律。

有人可能会反驳说，怀疑论的关注是专门针对道德的，并且是由于道德判断的规范性才产生的，用其他领域来作类比并不合适。但实际上，在哲学领域内实在论者所要面对的道德怀疑论主要是基于论证的，比如道德错论者在论证中经常使用类比论证。基于此，沙佛-兰道采用类比论证似乎也可以接受。但如果怀疑论者被描述为这样一个人，他的立场不依赖于论证，那么任何论证都不能将这个人从其怀疑论中拉出来。比如，道德自然主义致力于提供对道德要求的一系列描述性标准，这可能有助于确定哪些道德要求是存在的，但这对那些已经不相信存在这种事情的人毫无作用。沙佛-兰道针对此进行了辩解：任何论证都不足以说服一个彻底的道德虚无主义者相信道德真理的存在，无论这种道德真理是否被实在论地解释。这是哲学家们不得不忍受的一个限制。① 但沙佛-兰

① Russ Shafer-Landau, "Replies to Critics", *Philosophical Studies*, 2005, Vol. 126, pp.313-329.

道指出,考虑到在非道德世界中,我们也不能使一个绝对的怀疑论者相信外部世界的存在,那么,当我们面对一个道德怀疑论者时,我们会遇到同样的障碍,这应该也不算尴尬的事情。一个具有“不存在道德真理”这样的底层信念的人,的确不会被建构主义的观点或道德实在论的观点所打动,但仅凭这一点并不足以推翻其中任何一种观点。

从总体上看,道德实在论似乎只能这样回应。但相关理论问题及相应而来的现实实践问题依旧存在。道德实在论依然面临严重的本体论挑战,主要表现为,怎样才能在科学的世界观中说明道德事实的存在,尤其是怎样解释道德事实与非道德事实之间的关系问题。人们普遍的一种常识是,道德的随附于非道德的,或者,规范的随附于非规范的。那么,道德实在论如何解释随附性现象?在当代元伦理学领域,随附性问题自然而然地成为道德实在论面临的最主要的本体论挑战。

(四)随附性论证构成对道德实在论的主要反驳

前已述及,关于道德形而上学本质的理论主要有道德实在论、道德反实在论、道德准实在论等。道德反实在论者和准实在论者都认为,道德实在论在解释道德特征和自然特征之间的随附关系时遇到了不能克服的困难。他们从关于世界的自然主义图画出发,对道德实在论提出了三个形而上学担忧。

对道德实在论的第一个形而上学担忧是本书第二节已述及的、麦凯提出的“诉诸奇异的论证”①。对道德实在论的第二个形而上学反对意见是“诉诸随附性的论证”,即认为道德实在论在解释道德特征和自然特征之间的随附关系时遇到了不能克服的困难。道德实在论者认为,事物凭

① John L. Mackie, “The Subjectivity of Values”, in Russ Shafer-Landau & Terence Cuneo (ed.), *Foundations of Ethics: An Anthology*, Oxford: Blackwell Publishing, 2007, pp.22-31.

借他们的自然特性才拥有道德特性;但他们无法解释这种凭借关系究竟是如何实现的。这种解释上的失败有两种表现形式,集中体现在非认知主义者布莱克本提出的两个随附性论证①当中:第一个随附性论证指的是,道德实在论者不能解释为什么道德领域在总体上随附于非道德领域,所以道德实在论是不可取的;第二个随附性论证指的是,即使道德实在论者可以回答第一个随附性论证,他们仍很难解释,为什么特定种类的道德事实会随附于特定种类的描述性事实,所以道德实在论必须被放弃。

对道德实在论的第三个形而上学反对意见是"诉诸因果效力论证"。以哈曼为代表的极端科学实在论者指出,对本体论承诺的检验是因果效力检验,我们相信实体存在是因为它们在可观察的因果现象中发挥作用;而道德事实不能引起任何东西,不能在因果现象中发挥作用,所以我们对自然主义图景有信心的理由也就成了拒绝道德性质或事实存在的理由。这显然是具有唯科学主义色彩的一种论证。

实际上,在这三种形而上学的反对意见中,最重要的是随附性担忧。第一种担忧(奇异性担忧)可以归结为第二种担忧(随附性担忧)。用麦凯的话来说,"另一种表达这种奇异性的方式是问,任何假定具有某种客观道德品质的东西是如何与其自然特征相连的?""错误性质对其他性质的这种附属是什么,以及我们如何能够辨识它呢?"②第三种因果性担忧依然是涉及本体论的,如果能解释清楚随附的具体机制和宏观图景,那么或许就能找到道德实在存在的合理证据。

总之,无论要回应从经验主义角度提出的"诉诸奇异性的论证",还

① Simon Blackburn, *Essays in Quasi-Reality*, Oxford: Oxford University Press, 1993, pp.111-148.

② John L. Mackie, "The Subjectivity of Values", in Russ Shafer-Landau & Terence Cuneo(ed.), *Foundations of Ethics: An Anthology*, Oxford: Blackwell Publishing, 2007, p.29.

是要反击从唯科学主义角度提出的“因果效力论证”,道德实在论者都需要解释清楚道德事实与非道德事实的关系问题。道德实在论要抵御道德怀疑论、道德虚无主义的攻击,最根本的依然是要从本体论上解释道德的如何与非道德的相关、道德属性如何随附于非道德属性这一随附现象或命题。

第二章　道德随附性:元伦理学理论竞争的重要议题

道德随附性是道德实在论与反实在论、准实在论等的争论的重点之一。那么,什么是随附性? 在斯坦福哲学百科全书大词典中,随附性(Supervenience)被解释为:一组属性 A 随附于另一组属性 B,仅当不存在两件事物可以在 A 属性上不同而在 B 属性上没有区别。以口号的形式来讲,就是“不能存在没有 B-差异的 A-差异”①。这里的“不能存在”不同于“不存在”,它表明随附性要求是具有模态力的。模态力的种类可以有变化,不同的随附性主张可能会将不同的必然性归属于 B-属性和 A-属性之间的联系,甚至某些随附性主张可能指的并非属性之间的关系。

第一节　道德随附性研究概况

哲学界对随附性概念的相关研究并非发端于道德领域,而是在 20 世纪早期萌芽于心灵哲学领域,20 世纪中期才正式出现在伦理学领域,20 世纪 70 年代又兴起于心灵哲学领域,20 世纪末又在伦理学领域中再次被集中讨论。随着相关讨论热度的增加,随附性作为一种被更广泛应用

① Stanford Encyclopedia of Philosophy,“Supervenience”,Jan. 10,2018. https://plato.stanford.edu/entries/supervenience/#pagetopright.

的方法或视角在跨领域研究中逐渐流行了起来。

一、国外哲学界的道德随附性研究概况

在20世纪早期西方“突现进化论”（emergent evolutionism）学说的形成和讨论过程中，“随附”及其衍生词被突现论者及其批评者们作为“突现”一词的变体来使用①。直觉主义的代表人物摩尔虽然没有使用过术语“随附性”，但他在其著作 *Philosophical Studies*（1922）中最早描述了道德性质和非道德性质之间的一种依赖关系②，后来形成所谓的“随附性”。其后，非认知主义者黑尔在 *The Language of Morals*（1952）一书中正式表达了随附性概念。唐纳德·戴维森（Donald Davidson）在其著名的“Mental Events”（1970）一文中，将随附性概念由伦理学扩展到心灵哲学乃至整个分析哲学中，来处理心理物理因果关系。③ 之后黑尔专门撰文“Supervenience”（1984）讨论随附性，比较清晰地阐述了这一概念，④并将其收录进论文集 *Essays in Ethical Theory*（1989）中。⑤

对随附性进行系统论述的是2019年刚刚去世的韩裔美国哲学家金在权（Jaegwon Kim）。金在权以对心身问题和心理因果性的研究著称，他的个人论文集 *Supervenience and Mind*（1993）收录了18篇论文，其中将近

① 参见 C.Lloyd Morgan, *Emergent Evolution*, London: Williams and Norgate, 1923。其他在与突现论有关的意义上使用“随附性”一词的人，包括 Stephen C. Pepper, “Emergence”, *Journal of Philosophy* 1926, Vol.23, pp.241-245；以及 Paul Meehl, Wilfrid Sellars, “The Concept of Emergence”, *Minnesota Studies in the Philosophy of Science*, Vol.1, Herbert Feigl and Michael Scriven (ed.). Minneapolis: University of Minnesota Press, 1956。

② 摩尔：《哲学研究》，杨选译，上海人民出版社2009年版。

③ Donald Davidson, “Mental Events”, Lawrence Foster and J.W.Swanson (ed.), *Experience and Theory*, Amherst, Mass: University of Massachusetts, 1970.

④ R.M. Hare, “Supervenience”, *Proceedings of the Aristotelian Society*, Supplementary Volumes, Vol.58, 1984, pp.1-16.

⑤ R.M. Hare, “Supervenience”, *Essays in Ethical Theory*, Oxford: Oxford University Press, 1989, pp.66-81.

一半篇幅的讨论都是围绕随附性展开,其他围绕精神因果性、非还原的物理主义、身心关系问题等展开的讨论也都与随附性问题有关。金在权正式地定义了随附性,并将随附关系看作与因果关系同等重要的普遍事实,提出道德随附性指的就是"善"和表现这种行为类型和性状特征的事物之间的关系,所有的评价性质系列都随附于自然性质或描述性质系列。金在权还在一般意义上区分了"弱的"、"强的"和"全总的"随附性,并分析了三类随附性之间的关系,奠定了随附性一般类型划分的基石。

一般而言,关于道德随附性的讨论自 1984 年黑尔发表的专题性论文开始。但关于道德世界与非道德世界之间关系的激烈讨论早自 1973 年麦凯正式提出错论就已经展开,而关于道德随附性的讨论大都来自于麦凯提出的一个非常简单的基本哲学问题:道德世界与非道德世界之间是如何相关的?某种行为是错的,或某种情形在道德上是善的,总是依赖于非道德世界中所发生的事情。但这种依赖的本质究竟是什么?某行为是不道德的,因为它包含着某种故意的欺骗,或因为它杀害很多人却不拯救一个人,等等。这里的"因为"指称的是世界中的什么东西呢?麦凯对这一问题的回答是,不存在有关道德和非道德是如何相关的任何解释,因为根本不存在道德事实或道德世界。之后,道德实在论者对这种道德错论式的道德反实在论进行了回应,而这种回应又受到非认知主义的反驳。20 世纪 90 年代,非认知主义者西蒙·布莱克本(Simon Blackburn)在论述自己的投射主义道德准实在论时,提出了两个随附性论证来挑战道德实在论,认为道德实在论由于无法解释道德随附性因而是错误的。① 道德随附性问题就是在道德实在论与道德反实在论、道德准实在论的这种激烈论战中逐渐成为中心论题的。

面对来自错论和非认知主义的双重挑战,道德实在论者必须站出来

① Simon Blackburn, *Essays in Quasi-Realism*. New York: Oxford University Press, 1993, pp.111-148. *Spreading the Word*, Oxford: Oxford University Press, 1984, pp.182-187.

回应。非还原论的伦理自然主义者尼古拉斯·斯德津主张，我们可以一边主张伦理自然主义，一边反对伦理还原论，以避免错用取消主义的还原论攻击道德实在论，在如何解释道德随附性这个关键问题上，斯德津在《道德解释》(1988)一文中诉诸反事实检验来解释道德属性对非道德属性的随附现象①。但这一进路受到吉尔伯特·哈曼等人的反驳，因为反事实检验并没有从正面说明为何会有随附性，而且副现象关系也可以通过反事实检验。在另一条战线上，伦理非自然主义实在论者沙佛-兰道则在其本世纪初的著作《道德实在论：一种辩护》(2003)中对道德实在论进行了非自然主义的辩护，并对布莱克本的两个随附性论证进行了回应，认为如果以他假定的方式来理解伦理非自然主义，那么非自然主义能够很好地解释道德随附性②，但其提出的假定并未得到非自然主义者的普遍认同。

自然主义的功能主义者弗兰克·杰克逊为了弥补斯德津论证的不足，也为了避免对兰道式非自然主义的多元论成分的随附性担忧，采取了调和经典自然主义和多元论的进路。他和菲利普·佩迪特在《程序解释：一个通用视角》(1990)一文中共同提出并发展了“程序解释”来对随附性进行建构性说明。③ 但兰道认为这样做会陷入困境，他解释了为什么非自然主义能够很好地回答随附性论证④。

罗伯特·马布里托(Robert Mabrito)在文章《沙佛-兰道有随附性问题吗?》(2005)及其与迈克尔·里奇(Michael Ridge)合作的《反还原论和

---

① Nicholas Sturgeon, “Moral explanations”, in Geoffrey Sayre-McCord (ed.), *Essays on Moral Realism*, Ithaca, NY: Cornell University Press, 1988, pp.229-255.

② Russ Shafer-Landau, *Moral Realism: A Defense*, Oxford: Oxford University Press, 2003, pp.80-115.

③ Frank Jackson and Philip Pettit, “Program Explanation: A General Perspective”, *Analysis*, 1990, Vol.50, No.2, pp.107-117.

④ Russ Shafer-Landau, *Moral Realism: A Defense*, Oxford: Oxford University Press, 2003, pp.80-115.

随附性》(2007)一文中,对沙佛-兰道的随附性论证进行了批评,并指出,如果非认知主义采取吉伯德的表达主义,可以比非自然主义更好地解释随附性问题。① 崔斯特姆·麦克弗森(Tristram McPherson)在其论文《伦理非自然主义和随附性的形而上学》(2012 年)中也指出,虽然布莱克本的道德随附性论证不适用于所有的道德实在论,但随附性问题的确构成了对非自然主义的挑战,沙佛-兰道使用的寻找"共犯"(companions in guilt)进路是不能自证清白的。②

作为契约论、理由基础主义代表人物的 T.M.斯坎伦(T.M.Scanlon)在其《理由实在论》(2014)一书中,用混合的规范判断来回答非自然主义面临的随附性挑战,认为只有混合的规范判断所对应的规范事实才随附于相关的非规范事实。③ 但这并未说明规范性事实的形而上学必然性。如何应对随附性挑战,对道德实在论者而言仍是未竟的事业。

二、国内哲学界的道德随附性研究概况

国内对随附性的研究主要存在于心灵哲学、科学哲学当中,对道德随附性的专门研究相对较少。

在心灵哲学领域,陈刚教授在其著作《世界层次结构的非还原理论》(2008)中详细考察了随附性,并认为关于随附性的讨论经历了从伦理学中描述伦理属性和非伦理属性两种属性关系到心灵哲学中描述心—物关系的发展历程,最后落脚为整—部关系。通过考察随附性一词的词典学

① Robert Mabrito,"Does Shafer-Landau Have a Problem with Supervenience?",*Philosophical Studie*,2005,126(2),pp.297-311.Michael Ridge,"Anti-Reductionalism and Supervenience",*Journal of Moral Philosophy*,2007,4(3).

② Tristram McPherson,"Ethical Non-Naturalism and the Metaphysics of Supervenience",in *Oxford Studies in Metaethics*,Vol.7,Russ Shafer-Landau(ed.),Oxford:Oxford University Press,2012,pp.205-234.

③ Thomas M.Scanlon,*Being Realistic about Reasons*,Oxford:Oxford University Press,2014,pp.3-40.

含义,结合自己的非还原论立场,陈刚将随附性翻译为"附生性"。他重新讨论了还原性、因果性、共变、多重实现以及物理界因果封闭定律,提出最终观点:应当承认附生关系的多重实现性和物理界的因果封闭定律,拒绝共变性,附生关系既不是因果关系,也不是还原关系,而是因果作用的平行论。在分析了当今流行的几种突现论之后,陈刚主张用突现性概念来指代从原生物中产生附生物的动态历时过程,而用附生性概念来讨论突现发生之后原生物和附生物之间的静态同时关系。① 陈刚对随附性概念的这种哲学史考察有助于让我们避免将随附性当作自然科学的专用术语,深化随附性理论的历史底蕴,更重要的是,他将随附性界定为因果作用的平行论,符合学界对随附性的主流认知,也可以被用来解释道德随附现象。陈晓平在《"随附性"概念及其意蕴》(2010)一文中介绍了金在权对"弱随附性"、"强随附性"、"全总随附性"的区分,并认为全总随附性的典型语境是单世界论域,并且是不可还原的,而弱、强随附性的典型语境是多世界论域,并且是可还原的。② 但在道德随附性讨论中,人们并不这样来划分随附性与还原的对应关系,"是否可还原"实际上与学者的道德本质理论观点有关。柯文勇在其学位论文《副现象论在当代心灵哲学的发展路径及其争鸣》(2014)中梳理了西阿米斯、柏拉图和亚里士多德关于灵魂、身体的关系以追溯副现象论的起源,在那里他提及了古希腊有关随附性的观点的萌芽。③

国内关于"道德随附性"的研究起步更晚一些。何松旭博士在其学位论文《为什么需要道德——一种直觉主义视角的考察》(2011)中论证了自己的道德直觉主义观点,在那里他提到了随附性,并梳理了伦理学中

① 陈刚:《世界层次结构的非还原理论》,华中科技大学出版社 2008 年版。

② 陈晓平:《"随附性"概念及其意蕴》,《科学技术哲学研究》2010 年第 4 期。

③ 柯文涌:《副现象论在当代心灵哲学的发展路径及其争鸣》,华中师范大学硕士学位论文,2014 年。

的随附性概念。① 何松旭认为，自然主义即使从还原论切换到非还原论也难以解决随附性问题，看似占据主流的自然主义实际上总是会面临开放问题论证的挑战，因而直觉主义似乎是不得不接受的选择。但在我看来，这种直觉主义仍然要诉诸相宜性(fittingness)概念，进而诉诸自明的道德理由，走向理性理解和理性反思。最终，这种理性主义的直觉主义只能因过于温和而成为名不符实的直觉主义。

贾佳博士在其《伦理学中的"随附性"问题研究》(2012)一文中曾对道德随附性进行过简要梳理，并得出结论称，非认知主义通过随附性论证并不能证明自己的合法性、有力地否定认知主义，至多只是为非认知主义的发展提供一种可能性，因为可能从认知的立场上也能够解释道德随附性；随附性问题的解决，最终仍然取决于对"是"与"应该"的关系这一休谟问题的解答，它本身只是向我们提供了"可证实原则"之外的一种伦理学图景。② 这一设想与我在本书中的观点具有某种一致性，但对于究竟该如何"从认知的立场上解释道德随附性"，如何具体解答"是"与"应该"问题，以及"可证实原则"之外究竟是怎样有趣的一幅道德图景，贾佳并未给予回答或具体勾画。

杨松教授在其论文《元伦理学的视角："随附性"探析》(2019)中指出，还原论和随附性并不矛盾，随附性不能给非还原论提供支持，却可以为投射主义提供支持。但鉴于赞格威尔(Nick Zangwill)等人的进一步研究，杨松又认为关于随附性的讨论远未结束。③

魏犇群博士也看到了道德随附性对道德本质问题带来的挑战。在

---

① 何松旭：《为什么需要道德——一种直觉主义视角的考察》，浙江大学博士学位论文，2011 年。

② 贾佳：《伦理学中"随附性"问题研究》，《哲学研究》2012 年第 11 期。

③ 杨松：《元伦理学的视角："随附性"探析》，《北京师范大学学报(社会科学版)》2019 年第 3 期。

《斯坎伦解决随附性问题了吗》(2019)一文中,他分析了斯坎伦提出的混合规范性判断策略,认为这一进路并不能解释对非自然主义构成挑战的全局随附,不能"通过将全局随附视为概念真理而取消其中的形而上学问题"①。

由上可见,中国伦理学领域内的随附性研究已开始起步,近十年出版的大量著作中多多少少地谈到随附性问题,但更多只是对某个解决方案的评论。针对随附性问题的较为全面的专门性研究有待于进一步体系化,深入研究其细节,并给出与随附性观点相一致的有关道德本质问题的研究结论。这也为本书的写作提供了理论动机。

第二节　随附性的概念、类型及边界

形而上学和心灵哲学中的随附性争论发展出了一系列理论外貌和内容大小各不相同的随附性观点,这些随附性观点又对伦理学中的随附性讨论产生了影响。因而,为了更好地理解道德随附性的概念,有必要梳理有关随附性概念的相关发展史,对其纵向流变和横向演变过程作以考察。

一、随附性概念溯源

在随附性概念出现之前,随附性观念就已出现。早在古希腊,就已经出现了随附性观念的萌芽。

(一)随附性观念的出现与随附性概念的萌芽

在柏拉图的《斐多篇》中,西阿米斯对苏格拉底"基于灵魂的神性来论证灵魂的不朽"这一实体二元论提出了反驳,他举例说,琴弦俱毁之后,谐和之音不复存在,曲调虽然不是由琴弦的物理状态引起的,但是随

① 魏犇群:《斯坎伦解决随附性问题了吗》,《道德与文明》2019 年第 5 期。

附于它的物理状态①;一种曲调也并非由唯一特定的乐器(组合)产生,不同乐器也能产生相同的曲调,这里已经涉及随附性的多重实现论题。

但西阿米斯的这一观点后来受到柏拉图和亚里士多德的反驳。柏拉图认为,心理事件并不随附于物理事件,因而心理事件不是一种和谐。②当然,这一论证的前提在当今科学界是有很大争议的。

亚里士多德则更有力地论证说,灵魂不可能是一种曲调,因为它是有因果效力的③。这里又提出了随附性与因果性的关系问题。亚里士多德否认灵魂活动可以用生理属性来决定,但他又承认思想是肉体机能的运动④,只不过他认为生理的作用是有限的,还有一些心理状态无法用生理属性来描述和解释。如果用当代心灵哲学的术语,可以说,亚里士多德虽然和柏拉图一样都反对副现象论,但亚里士多德承认了随附性,并因而走向了某种突现论。⑤

亚里士多德也可以算是哲学史上第一个使用过"随附"这一措辞的哲学家。在《尼各马可伦理学》中讨论快乐时,亚里士多德说道,快乐使他所伴随的行为达到完美,不是作为无处不在的永恒状态,而是作为"一种随附的结局,就像美丽使青春年华完美"(as a sort of consequent end, like the bloom on youths)⑥。但亚氏并没有对随附而来的完美给出系统说明,因而,"随附"在那里只是一个偶然的措辞,而非一种哲学术语或理论学说。

---

① 柏拉图:《柏拉图全集(增订版)1》,王晓朝译,人民出版社2015年版,第81页。

② 柏拉图:《柏拉图全集(增订版)1》,王晓朝译,人民出版社2015年版,第87—91页。

③ 亚里士多德:《灵魂论及其他》,吴寿彭译,商务印书馆1999年版,第66页。

④ 亚里士多德:《灵魂论及其他》,吴寿彭译,商务印书馆1999年版,第93—99页。

⑤ 柯文涌:《副现象论在当代心灵哲学的发展路径及其争鸣》,华中师范大学硕士学位论文,2014年,第11—15页。

⑥ Aristotle, *Nicomachean Ethics*, trans.by Terence Irwin, Cambridge: Hackett Publishing Company, 1999, p.159.

我们通常认为随附性是一个典型的哲学概念,因为在哲学文本和哲学讨论之外几乎难以看到它的踪迹。不过在哲学领域之外,随附性却有着悠久的、值得尊敬的历史。随附性相关术语在词典中的第一次出现是在1594年,当时还是以形容词形式"随附的"出现在牛津英语词典中。动词"随附"和名词"随附性"则分别最早出现在1647年和1664年的词典中。当时的"随附"都是表达"伴随"的含义,如"国王被他马鞍的鞍桥挫伤;发烧随之而来(fever supervened),这次受伤的后果是致命的",或者"一场坏的收成随之而来(supervened)。悲伤达到了顶点。"①在当时的日常使用当中,"随附"也包含了时间顺序,随附性事件往往是被随附事件的一个结果。这种含义与随附性当今的哲学意义之间显得关系比较微弱,并不特别重要。

(二)随附性哲学术语的形成

在哲学文本中最早使用术语"随附"的是莱布尼兹。② 莱布尼兹在其著名的关系理论中用随附性来描述关系和主体之间的情形,他曾经写道:关系是一种在多个主体之间的事情;它是主体不发生任何变化而随附于主体的结果;它是当我们同时思考多个事物时把对象思考在一起的可能性。③

从这句话来看,莱布尼兹的关系理论并不是很清晰,但大致可以被解释为:关系随附于其关系要素的固有性质,因而关系判断是非必需的。关系是随附于主体的一种结果,对主体不产生任何变化,用今天的话来说,不产生下向因果。金在权认为莱布尼兹在这种语境中对"随附"的使用是不合适的,它并未减少莱布尼兹关系理论的内部矛盾性、使其更具可接

---

① Charlotte Bronte, *Shirley*(1849), Penguin Books, 1994.

② Jaegwon Kim, "Supervenience as a Philosophical Concept", *Supervenience and Mind*, Cambridge: Cambridge University Press, 1993, pp.135-136.

③ 海德·伊西古罗(Hide Ishiguro)在她的《莱布尼兹的逻辑哲学和语言哲学》(Ithaca: Cornell University Press, 1972.第71页,注释3)中曾经引用这段话。

受性。再加上这是一个孤立的事件——因为自那之后的很长一段时间里,“随附”这个术语都没有在其他地方出现过——所以也就很少有人重视甚至提到莱布尼兹对“随附”一词的使用。

“随附”概念在哲学中的复兴缘起于20世纪早期英国的突现进化论(Emergent evolutionism)。① 在与柏格森争论生命的本质问题时,一批学者想在机械论和活力论之间找到可行的中间立场,因而主张突现进化论。这一理论在20世纪三四十年代曾经非常繁荣和活跃。突现进化论认为,当基本的物理化学过程实现某特定层次的某种复杂性时,完全新鲜的特征比如精神性就作为“突现的”性质出现了。在此意义上,“非还原的物理主义者”也被认为是某种形式的突现进化论者②。在论述其突现学说时,为了避免措辞的单调,突现学派的主要理论家劳埃德·摩根等人曾经偶尔使用“随附”作为“突现”一词的一种风格变体或近义词交替使用,指在一个事物之后或之上有一个新的事物产生或突现出来。③ 尽管“突现”依旧是当时具有哲学地位的官方术语,但突现论者使用“随附”表达的概念却惊奇地接近于今天使用的随附性概念。

(三)伦理学中的随附性概念

伦理学领域当中的随附性概念起源于两个从来没有使用过“随附性”术语的人,即直觉主义的代表人物西季威克和摩尔。西季威克认为,道德属性和非道德属性之间存在必然的共变关系;摩尔则在1922年最早

① Jaegwon Kim,“Supervenience as a Philosophical Concept”,*Supervenience and Mind*, Cambridge:Cambridge University Press,1993,p.134.

② Jaegwon Kim,“The Nonreductivist's Troubles with Mental Causation”,*Supervenience and Mind*,Cambridge:Cambridge University Press,1993,p.344.

③ 参见 C.Lloyd Morgan,*Emergent Evolution*,London:Williams and Norgate,1923。在与突现论有关的意义上使用“随附性”一词的其他人包括 Stephen C.Pepper,“Emergence”,*Journal of Philosophy*,1926,Vol.23,241-245;Paul Meehl,and Wilfrid Sellars,“The Concept of Emergence”,Herbert Feigl and Michael Scriven(ed.),*Minnesota Studies in the Philosophy of Science*,Vol.1,Minneapolis:University of Minnesota Press,1956。

描述了道德性质和非道德性质之间的一种依赖关系:如果给定事物在某种程度上拥有某种内在价值,那么不仅相同的事物都必定在所有情况下在相同程度上拥有它,而且完全像它的任何事物都必定在所有情况下在完全相同的程度上拥有它。[①] 虽然西季威克和摩尔都没有使用过"随附性"这个术语,但他们的这种表述十分接近于后来形成的所谓"随附性"概念。

许多年后,黑尔(R.M.Hare)在著作中正式使用"随附性"一词,并全面清晰地阐述了这一概念,才使得之后"随附性"在哲学领域流行。因而通常认为,黑尔是第一个将术语"随附性"引入当代哲学讨论的人:让我们接受"善"的那个已被称作随附性的特征。假定我们说:"圣·弗朗西斯是一个善人。"并同时坚持认为另外有一个人恰好处在与圣弗朗西斯相同的情况下,他的行为也恰好酷似于圣弗朗西斯,唯一不同的只是这样一个方面,即他不是一个善人,在逻辑上这样说是不可能的。[②] 他在《道德语言》中对"随附性"的这种使用和我们现在对这个术语的用法之间具有实质上的连续性。但另一方面,在黑尔的一篇题为"随附性"[③]的就职演说中,他直言自己想要知道究竟是谁最先在其现行意义上使用了随附性概念。这可以让我们推断,黑尔不是第一个使用该词的人。而且黑尔说他第一次使用该词是在他1950年写的一篇没有发表的论文中,他也不知道在他之前具体是哪位哲学家使用过它。虽然后来黑尔全面清晰地阐述了这一概念[④],不过他对"随附性"的关注并未使该词成为受人追捧的

① 摩尔:《哲学研究》,杨选译,上海人民出版社2009年版,第202—208页,尤其是第203页。此处为作者参考英文版自译。

② 理查德·麦尔文·黑尔:《道德语言》,商务印书馆2005年版,第138页。

③ R.M. Hare, "Supervenience", *Proceedings of the Aristotelian Society*, Supplementary Volumes, Vol.58, 1984, pp.1-16.

④ R.M. Hare, "Supervenience", in *Essays in Ethical Theory*. Oxford: Oxford University Press, 1989, pp.66-81.

热词。在《道德语言》发表之后的二十多年时间里，即便有的道德著作①中单独出现过这个概念，但是它们和黑尔的“随附性”没有任何实际的连续性，也没有多少人注意到该词的重要性。在当时的道德哲学中被大量讨论的是与随附性相关的一个概念——道德判断的“可普遍化”和“一般化”概念。可见，相对于本质、必然、偶然、可能性等概念，当今哲学意义上的随附性概念算是一个相对近期的概念。

（四）当代心灵哲学中的随附性概念

当代随附性理论的兴起源于20世纪70年代早期。自20世纪50年代开始，物理主义逐渐成为心灵哲学的主流。之后，美国哲学家唐纳德·戴维森为了提出和发展一种身心关系方面的非还原物理主义学说，在他很有影响力的论文《心理事件》②中使用了这个术语：心—身随附性是一种共变、依赖和决定的关系，而不是一种还原的关系。他将自己的非还原物理主义总结为AM+P+S，即异态一元论+三原则+随附性。异态一元论（Anomalous Monism）是指心理事件等同于物理事件，但心理命题和物理命题之间不存在严格的规律性定律。三原则（Principles）分别是心理—物理因果互动原则（至少某些心理事件以因果方式与物理事件互相作用）、因果关系的法则特征原则（哪里有因果关系，哪里就有规律）、心理事物的变异性原则（不存在能据以预言心理事件和对之作出说明的决定论的严格规律）。戴维森指出，虽然三个原则表面上是冲突的，但可以通过随附性来消除冲突。

在戴维森将自己理论的合理性诉诸“随附性”一词之后，“随附性”术

---

① Julius Koivich, *The Conception of Morality*, London, 1967, pp.158-159.

② 最初出版是在1970年，后来在戴维森的 *Essays on Actions and Events*（Oxford: Oxford University Press, 1980）中重印。中文版参见戴维森：《真理、意义与方法——戴维森哲学文选》，牟博选编，商务印书馆2012年版。

语迅速流行。特伦斯·霍根(Terence Horgan)、戴维·刘易斯(David Lewis)、金在权(Jaegwon Kim)等专门研究“随附性”概念，并使之成为20世纪英美哲学尤其是心灵哲学中最重要的一个概念。

可以说，是戴维森为了处理心理事件和物理事件之间的因果互动关系，将随附性概念由伦理学扩展到心灵哲学乃至整个分析哲学。

(五)随附性理论的系统化及其影响力

韩裔美国哲学家金在权写作了大量有关随附性的经典著作和文章，堪称随附性理论的奠基人。

金在权认为，自然科学将世界描述为一个具有内在结构且组成部分互相连接着的系统。正是凭借这些或依赖、或决定的关系，世界才可能被理解；也正是通过研究这些关系，我们才能够介入并改变事件进程，使其符合我们的目标。在这些连接关系中，被休谟称为“宇宙水泥”的因果关系是唯一可以被清楚认识并广泛讨论的关系。同时，整体部分间的随附也被认为是一种无处不在的事实。随附关系和因果关系等都代表了对象、性质、事实、事件之间彼此依赖的方式，但问题是：随附关系和其他关系有何不同？它是一种单一的、均质的关系，还是实际上代表两种或更多种的可区分的关系？而且，随附决定是否能够在哲学上替代其他决定关系呢？

金在权将整体部分间的随附看作与因果关系同等重要的普遍事实，认为二者都代表了对象、性质、事实、事件之间彼此依赖的方式①。黑尔将随附性说成术语“善”的一个“特征”，而金在权认为应将伦理学领域中的随附性理解为“善”与指示这种行为类型和性状特征的事物之间的“关系”，确切地说，所有的评价性质系列都随附于所有的自然性质或描述性质系列。当然，一个人也可以就语句、事实、事件、命题、语言来谈随附性，

---

① Jaegwon Kim, *Supervenience and Mind*, Cambridge: Cambridge University Press, 1993, pp.53-54.

但金在权认为，相对于事实随附性、谓词随附性，性质随附性是根本的，而且其他的大部分实体随附性也都可以用性质随附性来解释。① 正是这种明显超出伦理学范围的普遍适用性使得随附性成为一个有吸引力、有前途的概念。

到目前为止，"随附性"术语已在哲学家当中获得了比较具有共识性的内容。当前在哲学著作中常常遇到"随附"及其衍生词，而且常被不加解释地使用，这表明，至少在部分作者看来，可以没有障碍地假定它们的意义是一个常识性的知识问题。

不过，随附性与很多其他哲学概念比如"窄内容"、"共相"等相比，虽然都属于拥有历史背景的哲学概念，但仍有不同，后者拥有具体问题领域和研究主题，而随附性则是一个一般的、方法论式的概念，它不受限于任何具体的哲学问题（比如身心关系问题、语言意义问题）或哲学领域（比如心灵哲学、道德哲学、语言哲学或美学），因而是元哲学研究的对象。

基于此，随附性在当今哲学著作中扮演的角色主要有两种形式。一种是，作为一个元素或环节、策略，"随附性"被应用于哲学理论和哲学论证的构想中，比如有人认为，心理的随附于物理的，或者道德断言都是随附性断言。再如，有的哲学家（如准实在论者布莱克本）通过论证来表明道德性质的随附性会破坏道德实在论的基础，而道德实在论者（如沙佛-兰道）则通过主张道德随附性来表明道德判断最终是客观的。随附性在哲学著作中扮演的另一种角色形式是，随附性本身成为哲学分析的对象和哲学争论的主题之一，比如在金在权等人的著作中即是如此。

我们在本节重点讨论第二种形式，即随附性作为哲学的一个研究主题。在后面我们再转而讨论第一种形式，即伦理学中的随附性策略，以及作为方法的随附性的应用价值和伦理启示。

---

① Jaegwon Kim, *Supervenience and Mind*, Cambridge: Cambridge University Press, 1993, p.55.

二、随附性的类型及其定义

20世纪80年代,不断有哲学家努力地试图廓清"随附性"概念。比如区分各种各样的随附性关系,找出它们的相互关系,分析它们相对于具体哲学目的的适当性。这些活动导致了大量相关著作文献的出现,以至于有哲学家比如戴维·刘易斯开始抱怨,随附性概念的"不幸繁殖"削弱了它的核心意义。① 而金在权则不这么看,他认为大家积极地对随附性概念开展讨论,恰恰给我们提供了估量随附性概念当前地位的一个机会,使我们得以反思其作为一个哲学概念的有用性。

由于在日常语言或科学语言中很好地使用随附性概念的案例非常少,没能造就出一种让人信赖的语言直觉,所以哲学家们很难依靠语言数据或概念数据来检测或审视随附性概念使用者的观点和假设。在金在权看来,"随附性概念是怎样的"最终取决于使用者的目标,对"随附性"概念定义成功的标准就是其哲学上的有用性。② 这显然是一种实用主义的标准。

(一)强随附性、弱随附性及(加强的)全总随附性

金在权区分了"弱的"、"强的"和"全总的"随附性。他指出,我们经常讨论的随附性常常是弱随附性,也就是单一世界中的状况,某些作者则表现得更青睐全总随附性概念,但哲学所需要的恰恰是强随附性。金在权关于随附性的划分和定义现已逐步成为心灵哲学乃至伦理学中人们关于随附性的通用界定。因而本书除了个别的特殊情况外,仍然采用金在权关于随附性的定义。

---

① David Lewis, *On the Plurality of Worlds*, Oxford & New York: Basil Blackwell, 1986, p.14.

② Jaegwon Kim, "Supervenience as a Philosophical Concept", *Supervenience and Mind*. Cambridge: Cambridge University Press, 1993, p.133.

1. 弱随附性

弱随附性(Weak Supervenience)的定义可以有两种表述。一种表述为:A弱随附于B,当且仅当,对任何x和y,如果x和y共享B的所有性质,那么x和y必然共享A的所有性质——即,x和y在B方面的不可分辨性蕴含着它们在A方面的不可分辨性。

第二种表述是:A弱随附于B,必然地,对任意对象X和A中的任意性质F,如果x具有F,那么B中存在一个性质G且x具有G,而且,如果任何y具有G,那么它具有F。

这里,A为随附性家族(supervenient family),B为随附基础(supervenience base),A中的性质为随附性质,B中的性质为基础性质。随附基础家族B中的每个最大性质G连接了随附性家族A中的一个性质F。

但弱随附性太弱了。首先,它只能限定单一世界中的情况,不能跨界适用,因为它不要求,如果在另一个世界,一个对象有与它在这个世界相同的B属性,那么它必定也拥有与它在这个世界相同的A属性。换言之,在一个给定世界中的A属性和B属性之间的具体关系不能被带进另外的世界。其次,弱随附性并不意味着“决定”或“依赖”,后者是有模态力的,是可以表达一种理论上的可能性或未来的实际可能性的。比如就道德性质而言,我们可以在决定的意义上说,一个人拥有B1这种性格特征就意味着他是P+(好人),虽然实际上并没有人拥有B1。我们也可以说,小明是个P-(坏人),当他哪天拥有了B1这种特征,他就将会是一个P+(好人)。显然,在一个人的各种性格特征和“是一个好人”之间的连接肯定多于不同世界的不同实际。而道德性质弱随附于非道德性质并不保证存在道德性质的非道德条件或标准。

举例来说,道德性质弱随附于非道德性质就允许出现以下情况:

①在这个世界中任何勇敢的、仁慈的、诚实的人都是一个好人,

但在另一个可能世界中，没有一个这样的人是好的；事实上，每个这样的人在这另一个世界都是邪恶的。

②在这个世界中，任何有勇气、仁慈和诚实的人都是好的；而在另一个优点分布方面完全与此相同的世界中，没有人是好人。

③另一个可能世界在谁拥有或缺少这些性格特征方面与这个世界刚好相同，但在那里，每个人都是好的。

显然，这种弱随附性满足不了摩尔对道德属性与自然属性的关系要求。因为当摩尔说“善是一种非自然性质”时，他实际上是强调：善是依赖于非道德特征的，即确定了对象的基础性质，就确定了它的随附性质。用摩尔的原话说就是，“如果一个事物是善的（在我的意义上），那么这是从它拥有某种自然的内在性质的事实推出来的，反之从它是善的这个事实推不出它具有这些性质。”①这显然是一种非对称的（单向的）强随附性。而弱随附性只要求任何两个具有相同自然性质的东西必定要么都是好的、要么都是坏的。这当然不足以说，一个事物是好的是从它具有的自然性质中“推出来”的，因此弱随附性不能说明摩尔心目中的“依赖”概念。

在弱随附关系中，随附基础和随附性质更像是一种限制关系，而非决定关系或依赖关系，如果非要用“依赖”一词的话，也可以说是一种部分依赖的关系。这种弱随附性并非毫无意义，而是在某些特定情境中有其独特的作用。比如，（1）弱随附性满足黑尔对道德的“一致性”要求，即“同样情况同样对待”；（2）弱随附性被戴维森用来表明真理的语义和句法之间的关系，语义的真和句法当然不存在“推出来”的关系，但二者却有相互限制的部分依赖关系，我们可以将之看作认识论中的弱随附性；

① George Edward Moore，“A Reply to My Critics”，Paul Schilpp（eds.），*The philosophy of G.E.Moore*，LaSalle III：Open Court，1942，p.588.

(3)戴维森在说明他的心理物理非则主义理论时,使用的或许就是弱随附性:心理的和物理的种类之间不存在类似于规律的连接,因为像规律一样的连接必然在各个可能世界之间是不变的,而心理物理之间的随附性对这种不变的规律是不做规定的;(4)弱随附性还可以被用来给理论建构提供一致性要求,就像它在"道德一致性"要求方面的作用一样,比如,虽然没有一组数据迫使人选择一个特定的解释理论,但是"相关的相似数据"必定被"相关的相似理论"所解释,在这里,弱随附性澄清了数据限制理论的一个准确方式;等等。

尽管弱随附性可以实现一些有趣的应用,但弱随附性无法满足很多人对身心关系、道德—自然关系等的更强的"普遍化"要求,因而金在权又提出了强随附性。

2. 强随附性

强随附性(Strong Supervenience)也可以有两种表述。一种表述是:A 强随附于 B,仅当在 B 中跨世界的不可分辨性蕴含 A 中跨世界的不可分辨性。

第二种表述是:A 强随附于 B,只有符合以下条件:对每一个 x 和 A 中的每一个性质 F 而言,如果 x 具有 F,那么必然有 B 中的一个性质 G,x 具有 G,而且必然如果任何 y 具有 G,则它具有 F。

在这里,"必然"这个模态词很重要,它确保了从一个世界到另一个世界的随附性质与基础性质之间更稳定的连接。如果强的心理物理随附性成立,那么在心灵领域中发生的每个细节都取决于物理领域发生的东西。这种决定性关系是一个客观的事情;它不依赖于某人是否知道与之有关的事情或使用什么样的表达讨论心灵和身体。

但这里依然可能存在某种复杂的情形。以道德随附性为例,"是一个好人"随附于勇敢、仁慈、诚实这样的性格特征,但这三个特征的组合并不需要是基础性质中可以确定"是一个好人"的唯一组合。比如,张三是一个好人，但他拥有的是勇敢和诚实而非仁慈；李四是一个好人，但他拥有的是诚实和仁慈而非勇敢。总之，一个随附性质可以有多个随附基础。勇敢、仁慈、诚实可能是随附性质“是一个好人”的最大基础性质，但我们更加关心的其实是最小基础性质，比如诚实，任何比它更弱的性质都不是一个随附基础。因而可以说，一个随附性质的最大基础性质比我们需要的要多，比清楚明白要少；一个随附性质的最小基础性质实际上更加有用，它使得我们能够使用“凭借”、“在于”、“因为”这样的连接词来准确表达随附性质和基础性质之间的关系，比如张三凭借其诚实而是一个好人，李四是一个好人因为他诚实，等等。显然，强随附性蕴含着弱随附性，但弱随附性并不蕴含强随附性。

无论弱随附性还是强随附性，都属于局部随附性主张。它们的一个问题是，如果随附基础被拓宽得足够远（例如，包括时空位置）的话，随附性的真可能就是微不足道、太过琐碎的。① 因为，没有任何数字上不同的东西可以在所有被随附的方面完全相同。在这种情况下，没有两件事可以在随附性方面不同而在被随附性方面没有不同，这样的随附性就变得微不足道了。因为没有两个真正不同的东西能不在某些被随附的方面有所不同，这是个微不足道的事实。

3. 全总随附性

一些论述心理物理随附性的作者或者物理主义者比如特伦斯·霍根、海于格兰（Haugeland）、戴维·刘易斯等人常常在全总的意义上谈论世界或语言，他们持有另外一种随附性观点——全总随附性（Global Supervenience）。全总随附性可用公式表达为：A 全总随附于 B，仅当在关于 B 的方面不可区分的（简之为“B-不可区分的”）世界也是 A-不可区分的。

---

① Michael Ridge, “Anti-Reductionism and Supervenience”, *Journal of Moral Philosophy*, 2007, Vol.4, No.3, pp.330-348.

显然,一方面,全总随附性侧重于"世界",例如,心理的全总随附于物理的,即是说,物理上不能区分的世界在心理上也是不能区分的,事实上,这些世界是同一世界或相同世界;道德的全总随附于非道德的,即是说,不可能有在各个非道德细节上都不能够被区分的两个世界却在某些道德方面不同。① 另一方面,全总随附性是基于不可分辨性,而非相似性;全总随附性不用承诺性质—性质连接,这使它巧妙地避开了还原主义,进而使得这种依赖关系在实际中更受欢迎。还原、解释等是认识活动;而与还原和定义的情形不同,全总随附性只是一种总体上的本体论概括,这里不涉及还原、定义、解释等认识论问题。或许这就是为什么全总随附性常被用来表述唯物主义学说的原因。陈晓平对金在权三种随附性特征的解读是,全总随附性的典型语境是单世界论域,全总随附性是不可还原的,而弱、强随附性的典型语境是多世界论域,二者都是可还原的。②

全总随附性理论的优点显而易见。全总随附性论点声称,没有两个可能的世界可以在随附性方面有所不同,而在被随附的方面没有不同。相比而言,局部随附性声称,在一个世界和同一个世界中,两个数字上不同的对象不可能在随附性方面不同而在被随附性方面没有不同。

通过用整个可能世界而不是用同一个世界中的个体阐述随附性,全总随附性成功地避开了局部随附性面临的前述问题,使随附性不再是一个微不足道的事情。在全总随附性理论语境中,问题就变成了哪种世界是真正可能的,哪种世界不是真正可能的。因此,许多哲学家通常将随附性理解为一个全总性的论点,以避免这种琐碎性的担忧。③

起初,金在权论证了全总随附性其实等同于强随附性,强于弱随附

① Jaegwon Kim, "Concepts of Supervenience", in *Supervenience and Mind* Cambridge: Cambridge University Press, 1993, pp.53-78.

② 陈晓平:《"随附性"概念及其意蕴》,《科学技术哲学研究》2010 年第 4 期。

③ Michael Ridge, "Anti-Reductionism and Supervenience", *Journal of Moral Philosophy*, 2007, Vol.4, No.3, pp.330-348.

性。但后来金在权又修正了自己的观点。借用布拉德福德·皮特里(Bradford Petrie)的反例,金在权论证了全总随附性并不蕴含强随附性,甚至不蕴含弱随附性。[①] 一方面,弱随附性可以完全与独立自主相容,这是弱随附性的主要吸引力之一;而全总随附性更接近整体—部分随附性,与随附性质的独立自主是不相容的。另一方面,根据强随附性,基础性质完全决定随附性质;而全总随附性中,细节、部分并不能完全决定世界、整体,因为后者大于前者之和。

金在权的概念区分启示我们,我们可以只是承诺道德性质全总随附于自然性质,而不作出具体的随附性承诺;即便道德性质强随附于自然性质,它也可以不是一个像定义命题一样的认识论命题,而是承认自然事物对道德事物具有本体论优先性的形而上学命题,相信道德领域存在随附性关系的信念可以推动我们寻求特定的性质—性质连接,根据这种连接,或许可以详细阐述有启发性的还原和有益的定义。

但这样分析的结果是,全总随附性失去了存在的意义。大部分人都不会反对,弱随附性是性质依赖或性质决定的最小必要条件,是使随附性理论有价值的最低限度。而如果金在权的论点正确,即有的全总随附性案例甚至连弱随附性都不具有,那全总随附性就没有什么价值了。原本大家对全总随附性抱有很高期望,希望它成为"无还原决定"的模型,比如,道德性质对自然性质的随附可以是一种全总随附,进而不必作出具体的承诺。但金在权关于全总随附性与强/弱随附性关系的主张使得这种期望注定会落空,因为他明确指出,没有其他随附性的全总随附性实际上没有什么意义。比如,我们常常会感到,没有局部决定的全总决定是神秘的、难以理解的。而且,有些随附性不仅涉及性质,还涉及关系。比如,许多意向性状态并不是内在于其所属主体的,不是主体所固有的,而是以非

---

① Jaegwon Kim, "'Strong' and 'Global' Supervenience Revisited", *Supervenience and Mind*, Cambridge: Cambridge University Press, 1993, pp.79-91.

常复杂的方式依赖于外部物理因素和社会因素。在这种情形中,我们就必须为它们寻找一个更宽的物理随附性基础,包括关系和关系性质。而相比全总随附性只容纳性质,强随附性和弱随附性是既容纳关系又容纳性质的,用它们对意向性进行说明会更加容易。而且类似"一枚硬币的经济价值"、"个子最高的人"这些性质都需要被理解为关系性质,进而通过强随附性和弱随附性来理解,它们无须全总随附性的解释。一些典型的全总随附性案例如"双胞胎奥斯卡"案例①,实际上仍然需要关系的强随附性或弱随附性来解释,或许这是我们对宏观—还原的一种癖好。但这就意味着,仅仅用全总随附性无法使我们回避道德随附性理论所面临的种种问题和挑战,我们依旧要寻求局部决定或局部依赖的细节。

4. 加强的全总随附性

为了拯救全总随附性概念,金在权又提出来一种加强版的全总随附性(Global Strengthened Supervenience),即以相似性为基础的全总随附性。比如,A 全总随附于 B,仅当任何两个世界在 B-性质方面相似的程度与其在 A-性质方面相似的程度是匹配的。但这样的概念太强了,它还会要求两个 B-不相似的世界也必须是相同的 A-不相似,它不允许比如心理物理随附性方面的多重物理实现,即虽然物理不相似,但心理特征可

① "双胞胎奥斯卡"是金在权在讲述全总随附性的优势时所举的一个案例。假设双胞胎地球和地球一样,只是在双胞胎地球上水到处都被一种观察起来不可分辨的化合物 XYZ 所取代。再考虑奥斯卡和双胞胎地球上奥斯卡的副本,我们可以假定奥斯卡和 T.E.奥斯卡是彼此一个分子、一个分子复制的。尽管奥斯卡和 T.E.奥斯卡在物理上不能区分,但似乎可以合理地认为它们具有不同的信念。例如,奥斯卡相信油和水不相溶,而 T.E.奥斯卡认为油和 XYZ 不相溶。这似乎说明信念并不在总体上强随附于信念所属的人的物理状态。因此,或许我们需要一种能够相容于精神对物理的非局部决定的物理主义,而全总的心理物理随附性似乎恰好就是我们所想要的。因为它肯定了世界的心理状态作为一个总体被它的总体物理状态所决定,而不要求个体的每一个心理状态都被其物理状态所决定。

能是相似的。所以概念可以适当弱化修改为:A 全总随附于 B,仅当在 B-性质方面非常相似的世界在 A-性质方面是非常相似的。这两个以相似性为基础的加强的全总随附性概念都蕴含着以不可分辨性为基础的全总随附性概念,全总随附性是加强全总随附性的一个特例。

的确,相似性很难被公度地测量,但因为加强全总随附性是局部的相似性,所以比全体相似性更清楚、更稳定。但以相似性为基础的全总随附性并不蕴含强随附性。而且,不像以不可分辨性为基础的全总随附性,以相似性为基础的加强全总随附性甚至不被强随附性蕴含,比如,我们可以想象心理特征(虽然与神经状态严格关联)通常对肌肉神经差异非常敏感,且敏感的精密程度很高。但是以相似性为基础的加强全总随附性要求在基础性质方面十分相似的两个世界必须在随附性质方面也十分相似,这符合大多数人对全总随附性的期待。

(二)归因性随附和本体论随附

针对随附性问题后来在元伦理学领域引起的巨大争议,詹姆斯·克莱格(James Klagge)认为,应当区分本体论随附与归因性随附;据此,许多哲学家进一步认为,想要捍卫道德实在论、反对有关道德实在论不适合随附性的指控,可以采取归因性随附的进路。

所谓本体论随附(Ontological Supervenience),指的是,“从形而上学来说,事物不可能在一个(随附的)性质集合的拥有方面不同,除非它们在另一个(基础的)性质集合的拥有方面不同。”①持该观点的代表性人物有 G.E.摩尔、唐纳德·戴维森等。

所谓归因性随附(Ascriptive Supervenience),指的是,“从逻辑上来说,一个人关于某物的某种(随附的)判断不可能不同,除非他关于该事

① James C.Klagge,“Supervenience:Ontological and Ascriptive”,*Australasian Journal of Philosophy*,Vol.66,No.4,1988,p.462.

物的另一种判断不同。”①持该观点的代表性人物有理查德·黑尔(Richard Hare)、柯林·麦克金(Colin McGinn)等。

本体论随附和归因性随附至少存在两点不同。首先,本体论随附是性质集合(例如,道德属性和自然属性)之间的连接,而归因性随附是判断类型(比如,道德判断和自然判断)之间的连接。其次,在本体论随附中,相关连接的必然性是一种形而上学的必然性。在归因性随附中,这种必然性是一种概念要求或逻辑要求。很多论述随附性的人,包括代表性人物金在权,都没能注意到这两种随附概念之间的区别。主张本体论随附的人,一般也会主张随附领域的实在论。但主张随附领域实在论的人不一定主张本体论随附性,比如二元论者。

归因性随附(Ascriptive supervenience)和描述性随附(Descriptive supervenience)也是不同的。后者指的是,“如果一类属性随附于另一类属性,那么,因为真判断反映这个世界,所以,对一个类属性的判断,如果它们为真,就必须随附于对另一类属性的判断。”②描述性随附是本体论随附的派生形式。它与归因性随附的不同至少有三。其一,描述性随附是对任何真判断的一个约束;归因性随附只约束某个既定的人的判断。其二,描述性随附继承本体论随附的相同模态地位,因而也具有形而上学上的必然性;而归因性随附具有的则只是概念必然性或逻辑必然性。其三,描述性随附派生自本体论随附,但归因性随附不是派生的,它是对判断施加的某种限制。不能从归因性随附限制中推导出,世界也是以某种特定的具体方式构成的。因此,反实在论者不是描述性随附论者,但可以是归因性随附论者。

---

① James C.Klagge,“Supervenience:Ontological and Ascriptive”,*Australasian Journal of Philosophy*,Vol.66,No.4,1988,p.462

② James C.Klagge,“Supervenience:Ontological and Ascriptive”,*Australasian Journal of Philosophy*,Vol.66,No.4,1988,p.462.

三、随附性与其相关概念的关系

随附性一般被看作一种依赖关系或决定关系。但究竟是依赖还是决定呢？还是说,随附性的含义根本不能被依赖或决定所涵盖？我们可以将此类问题分解为多个问题:(1)随附性关系与其他关系有何不同？(2)随附性是一个单一均质关系,还是代表两种或多种关系？(3)随附性决定是否可以替代其他决定关系？

(一)随附性与依赖、决定

决定(determination)和依赖(dependence)具有相同的力量,可以被看作意思相近、方向相反的一对概念。金在权曾经这样描述依赖和决定:"决定或依赖被自然地看作带有一定的模态力:如果是一个好人依赖于或取决于某些性格特征,那么拥有这些特征必然确保或保证是一个好人(或者缺少其中的某个特征必然确保一个人不是好人)。"①在强的决定或依赖关系中,还会涉及未来的可能情况,相关判断就需要具有模态力。这显然是强随附性才可能具有的一种关系。

当我们将关系具体地限定在强随附性质与其基础性质之间的关系时,我们能得到的全部就是:基础性质蕴含随附性质。但单独这个并不能保证我们说,随附性质是依赖或取决于基础性质的,或一个对象凭借其具有的基础性质而拥有随附性质。

依赖或决定这类关系是一种强烈的非对称关系连接。比如,摩尔就主张"善"推断于自然性质,虽然他同时主张"善"是一种非自然性质。他曾说过,

我应该从来没有考虑过提议善是"非自然的",除非我已经假定

① Jaegwon Kim, "Concepts of Supervenience", *Supervenience and Mind*. Cambridge: Cambridge University Press, 1993, p.60.

> 它在下述意义上是“派生的”，当一个事物是善的，它的善（用布罗德先生的话说）“依赖于（该事物所拥有的）某种非伦理特征的存在”：我一直假定它的确“依赖”，因为，如果一个事物是善的（在我的意义上），那么这是从它拥有某种自然的内在性质的事实推出来的，反之从它是善的这个事实推不出它具有这些性质。①

在这里，依赖基本等于“从……中推出来”的同义语。

如果对因果性和因果模态逻辑的论述比较熟悉的话就可以知道，因果依赖或决定不是那么容易地能够单独从模态概念中直接获得。随附决定或随附依赖的观点很有可能也是如此。

依赖或决定的观念，无论因果的、随附的，还是其他类型的，都常被人认为是一种更简单且更清楚的术语。实际上，一个随附性质非对称地依赖它的基础性质很可能源自一个综合的、整体的性质体系（性质仅是其中的一个元素）非对称地依赖一个同样综合且体系化的基础性质家族。比方说，假定痛作为一个心理事件的发生依赖于神经系统的一些电化学过程，这很可能归因于整个心理现象家族非对称地随附依赖于物理过程。在这种意义上，随附依赖或随附决定并不是十分简单清楚的术语。

随附性具有不同模态力这一事实很重要。随附关系可以是一种形而上学的必然性，也可以是一种规则上的必然性，甚至可以是某种其他必然性。人们虽然普遍承认随附性的存在，但对随附性的模态力却存有分歧。例如，大家普遍认可心理物理随附性，甚至笛卡尔这样的二元论者也承认这一点。但对于心理物理随附关系是一种形而上学的必然性还是规则上的必然性，存在很大的争议。这使得，虽然人们普遍同意，僵尸在规则上是不可能的——因为它们在物理上与人没有区别，但在心理上却不具有

① George Edward Moore, "A Reply to My Critics", P.A.Schilpp(ed.), *The Philosophy of G.E.Moore*, Chicago and Evanston: Illinois, 1942, p.588.

意识经验——但是一些哲学家比如查尔莫斯(Chalmers)认为,僵尸在形而上学上是可能的①。这里的争议就在于"没有物理差异就不可能存在心理差异"中"不可能"的模态力是怎样的。

金在权强调了"存在"和"对存在的解释"的区别,"解释是一种认识论事务,主张所有的事件都是可以因果地解释是一个认识论命题,或一个方法论学说,并不被单纯的有关宇宙因果的形而上学命题所蕴含。"②因此,主张因果决定并不意味着声称能够认识因果规律。这给我们理解随附性带来了有益的启示:因为基于同样的道理,主张随附决定并不意味着声称能够认识依赖的细节。因果决定论本身并不会清楚地说明我们会如何成功地识别原因或者形成因果解释;它也不会明确地指导我们该如何成功地发现因果规律。与此类似,随附性命题是关于两个领域之间客观存在着的依赖关系的一种形而上学命题;它没有说我们如何会得知依赖关系的细节,以及我们是否能够详细地去还原或定义。

但是本体论和认识论又是相关的。对因果决定的承认,会迫使我们去努力寻求因果解释的方法;对联系的发现、对因果解释的阐述,又反过来奠定了我们相信因果决定论的基础。有关随附关系的本体论和认识论关系与此类似。对随附关系的承认,会迫使我们着手寻求随附性解释方法;反过来,对依赖或共延等关系的发现、对随附性解释的论述,又奠定了我们相信随附性的基础。

(二)随附性与共延

强随附性的主张倾向于认为,对每个随附性质而言,在基础家族中都存在一个必然的共同广延,即随附性质和基础性质是共延的(coextensive)。

---

① David J. Chalmers, *The Conscious Mind*, New York: Oxford University Press, 1996, pp.35-36.

② Jaegwon Kim, "Concepts of Supervenience", *Supervenience and Mind*, Cambridge: Cambridge University Press, 1993, p.76.

从认识论的角度来说,这可能很难实现。比如,摩尔关于善“依赖”自然性质的观点,必然会将其理论导向自然主义认识论而非直觉主义认识论吗?并不会。因为它很可能只是告诉我们,善有必然的自然主义的共同广延,但却不能自然主义地知道这种共同广延是什么。因此强调善与某种自然性质共延的主张依然导致了摩尔的直觉主义认识论。

虽然我们对共延性质的认识比较匮乏,但对局部的共同广延的认识是可期待的。比如,我们可以更合理地期望:自然科学的进步将成功地为心理性质确定越来越多的局部物理共延,即限定在特定领域(比如,具体的生物学物种)的物理的共延;而关于这种局部共延的广泛又充分的体系可以作为心理学理论中局部还原的一个基础。

(三)随附性与共变

戴维森曾经使用弱随附性和共变(co-variation)来共同描述心理物理的随附性:虽然我描述的立场否定存在着心理物理规律,但它与心理特征在某种意义上依赖于或随附于物理特征这一观点是相容的。这种随附可能被拿来表示这样的意思:不可能存在两个事件在物理方面都相似但在一些心理方面却不同(此即弱随附性,笔者注),或一个对象如果没有在一些物理方面的改变就不可能有一些心理方面的改变(此即共变,笔者注)。① 这里,共变侧重于动态的随附,这似乎使得它成为比弱随附性更强的一种随附性。

金在权站在还原论立场上严厉批评戴维森的非还原物理主义时,也提到了共变,他指出,非还原物理主义难以很好地界定两个层次之间的关系。如果承认存在随附关系的两个层次之间具有因果作用,就会导致“过度决定”等理论难题,如果假设两个层次之间是共变的关系,又不得不导致还原。因此必须否定戴维森的非还原论。可见,在金在权看来,共变是必然

① Donald Davidson,“Mental Events”,*Experience and Theory*,ed.by L.Foster and J.W. Swauson.Amherst,Mass:University of Massachusetts, 1979,p.88.

会导致还原的一种关系,而随附尤其是弱随附并不必然导致还原。

(四)随附性与蕴含

随附性关系是不是蕴含关系的一种呢?这两种关系的确在几个方面都很相似。蕴含关系是反身的、可传递的和非对称的,随附性也是如此。

无论强随附性关系还是弱随附性关系都是可传递的、反身的,既不是“对称的”(symmetric),也不是“不对称的”(asymmetric),而是“非对称的”(non-symmetric)。这里的可传递性指的是,如果 A 强/弱随附于 B,B 强/弱随附于 C,则 A 强/弱随附于 C。反身性指的是它可以被写作一组递归函数 y=f(x)和 x=q(y)。我将这里随附性的反身性理解为,如果 y 随附于 x 可以写作 y=f(x),那么总会有 x=q(y),而无论人们是否知道 q 和 f。非对称性更容易理解。比如,虽然许多人声称评价性质随附于非评价性质,但很明显,大家并不主张非评价性质随附于评价性质。相似地,虽然心理物理随附是一个可论证的观点,但如果声称物理的随附于心理的,则明显是不合理的,因为物理上完全不同的东西(比如铅笔与铅笔盒),在精神上却可以完全相同(铅笔与铅笔盒都没有精神属性)。但随附性为何事实上具有非对称性呢?这很可能因为一个综合的、整体的性质不对称地体系化地依赖于一个同样综合且体系化的基础性质家族。所以金在权建议一种整体主义:个体依赖性以所属系统间的依赖为基础,而不是相反。

尽管随附与蕴含有相似之处,但性质 B 蕴含性质 A,这既不是性质 A 随附于性质 B 的必要条件,也不是充分条件。首先,蕴含满足不了随附性。性质 B 蕴含了性质 A,仅当拥有 B 的任何事物也都必然地拥有 A;但这并不意味着 A 随附于 B。假设 A=是同胞,B=是哥哥。再假设,小明有一个姐姐,小华是独生子。拥有性质 B(是哥哥)的人,一定拥有性质 A(是同胞),但是性质 A(是同胞)并不随附于性质 B(是哥哥),因为小明和小华在性质 B 方面相同(都不是哥哥,都不拥有 B),但在性质 A 方面却不同(小明是同胞,小华是独生子)。可见,即使 A 不随附于 B,性质 B 也可以蕴含性质 A。

其次,随附性也满足不了蕴含。一方面,有的随附性概念仅意味着法则方面的必然性,显然不能满足蕴含的条件。比如,电导率性质随附于热导率性质,但热导率性质并不蕴含电导率性质。另一方面,即使随附性概念意指形而上学或逻辑上的必然性,也并不一定满足蕴含的条件。首先,A 逻辑随附于 B,仅意味着“某种事物在 B 方面如何”蕴含“该事物在 A 方面如何”,并不能因此得出每个性质 A 都被性质 B 蕴含,甚至不能得出某些性质 A 被性质 B 蕴含的结论。比如,假设存在负性质,每个性质 A 都逻辑上随附于其互补性质-A。即两个事物如果在“不是性质-A”方面没有区别,它们在“是性质 A”方面就不可能有区别。但很明显,A 并不蕴含-A。[①] 其次,形而上学必然性的随附性也不能必定满足蕴含。比如,假设性质集合 A={P&Q},性质集合 B={P,Q}。A 形而上学必然性地随附于 B。但在这里,B 中没有与 A 性质相关的性质,B 并不蕴含 A。[②] 这就像伯特兰·罗素(Bertrand Russell)曾经指出的那样,“您永远无法通过对无论多么丰富的特定事实的(演绎)推论得出一个普遍事实”[③],但是,一般性质在逻辑上却随附于特定性质,因为显然,不存在两个可能世界可以在没有任何特定事实差异的情况下,在一般事实上有差异[④]。

---

① Brain P. McLaughlin, “Varieties of Supervenience”, Elias E. Savellos and Umit D. Yalcin (eds.), *Supervenience: New Essays*, Cambridge: Cambridge University Press, 1995, pp. 16-59.或参见 Brain P. McLaughlin, “Supervenience, Vagueness, and Determination”, *Noûs*, 2008, Vol.31, pp.209-230。

② 关于性质是否能直接采用合取、析取、否定的方式进行“运算”操作式形成,性质对布尔运算是否封闭,存有争议。参见 D.M. Armstrong, *Universals: An Opinionated Introduction*, Boulder, CO: Westview Press, 1989。

③ Bertrand Russell, “The Philosophy of Logical Atomism”, *The Monist*, 1940, pp.32-63.

④ Brain Skyrms, “Tractarian Nominalism”, *Philosophical Studies*, 1981, Vol. 40, pp. 199-206.还可参见 Phillip Bricker, “The Relation Between General and Particular: Entailment vs.Supervenience”, in Dean Zimmerman (ed.), *Oxford Studies in Metaphysics*, Vol. 2, Oxford: Oxford University Press, 2005。

总之,蕴含与随附性都具有反身性、可传递性和非对称性,但蕴含并不是随附性的必要条件或充分条件,随附性也不是蕴含的必要条件或充分条件。

(五)随附性与副现象

随附性与副现象(epiphenomenon)不同,但二者有一定的联系。

副现象的词典定义通常是"第二征兆"、"第二现象"或"某种附加发生的东西"。在哲学上说某事件是一种"副现象",一般指的是,虽然它是其他事件引发的一个结果,但它自身不具有任何的因果力,它可以不是任何其他事件的原因。典型的副现象案例有:乔纳森·爱德华兹(Jonathan Edwards)的镜面影像案例、韦斯利·撒门(Wesley Salmon)的移动光点案例、疾病的连续症状案例,等等。

以镜面影像案例为例,镜面中的影像是不断更新的,因为新的光线在不断地传送和反射,旧光线传送的影像在不断地消逝,此刻存在的影像并不是源自上一刻的影像,因此,这两个连续的镜面影像虽然满足休谟式因果关系的一般要求,时空临近,且前一个影像出现,则后一个影像出现,但二者之间不是因果关系,而是副现象关系。

金在权认为,宏观(即可见性质或可见事件的)因果性是副现象的,副现象的宏观因果性实际上是随附的。心理因果性与宏观因果性相似,也是副现象的。心理物理的副现象论包括三个基本观点:心理属性由物理属性所决定,但心理属性是不可还原的,而且心理属性是不具有因果效应的。因为副现象的宏观因果性实际上是随附的,所以心理因果性也应被理解为随附的副现象因果性。

为什么副现象的宏观因果性实际上是随附的呢?宏观性质和微观性质之间为何是随附的,而非同一的?如果我们接受整一部随附性,以及微观还原研究策略的有效性的话,我们就会同意可将宏观因果关系还原为微观因果关系。因为,虽然许多科学哲学家主张宏观性质和相应的微观性质之间是同一种性质,但是同一种性质如何既是宏观性质又是微观性质呢?这说不通。此外,宏观和微观之间往往是多重实现的关系,若用同一关系来说明二者,就否定了多重实现。因此,金在权主张,宏观和微观之间最好界定为随附关系。一方面,整一部随附性超越了微观决定论,因为前者要求每个宏观特征都必须基于某种具体的微观特征。另一方面,整一部随附性又和微观决定论十分相近,在某些假设下二者互相蕴含,整一部随附性将世界看作沿着部分—整体的维度被决定,而因果决定论将世界看作沿着时间维度被决定,它们都是微观还原和微观解释方法论的形而上学基础。

(六)随附性、还原与本体论无辜

随附性是还原的必要条件。A 事物或性质能够还原为 B 事物或性质,要求 A 随附于 B,这是被普遍承认的,对于那些认为还原要求性质等同的人而言,这一点尤其明显。根据任何一个合理的还原观点,如果某组性质 A 还原为某组性质 B,那么没有 B-差异就不可能有 A-差异。无论本体论还原还是概念性还原(即概念分析),都是如此。

随附性是不是还原的充分条件?随附性能否满足还原的要求呢?这取决于采取的是哪一种还原。如果还原要求性质等同或蕴含,那么,即使具有逻辑必然性的随附性也无法满足还原。此外,如果还原要求满足某些认知条件,那么具有逻辑必然性的随附性也不满足还原,因为 A 随附于 B 作为一种逻辑必然性的东西并不需要是先验可知的,它可能无法满足认知条件。

实际上,与随附性和还原的关系问题有关的另一个问题是随附性与本体论承诺(commitment)/无辜(innocence)的关系。也就是说,当一个人说 A 随附于 B 时,他是对 A 具有本体论承诺,还是说这里的随附性是本体论无辜的?因为,如果 A 性质在形而上学必然性上随附于 B 性质,那么给定 B 性质,A 性质就会自动出现。借用克里普克(Kripke)的一个比喻的话,“一旦上帝确定了 B 性质,她就完成了”①,她不需要再采取任何进一步的措施即可获得 A 性质。因而似乎不需要对 A 性质具有本体论承诺,随附性可以是本体论无辜的。但也有人反对说,如果 B 性质与 A 性质在量上不同,为什么不对 A 性质进行本体论承诺呢?② 何况,被奠基的实体是一种非基本的实体,对其进行承诺与理论的简单性并不矛盾。③

本体论无辜论题非常重要。比如在心灵哲学中,非还原的物理主义者会主张心理物理随附性的本体论无辜,即认为心理特性与物理特性是不同的,但在物理特性之外并不存在任何东西。还原主义者则坚决认为这是不合理的,他们批评非还原性物理主义者面临因果排他性问题:他们无法解释心理的因果效力,既然他们不认为心理的所有影响都是“双重因果的”(double-caused)。再比如,有一些人会主张整体—部分的本体论无辜:整体随附于部分,但除了部分之外,别无其他。但这样一来,复合物不仅不能被还原,其自身也不存在了,或者活的有机体成为唯一的复合物。无论如何,人们一方面具有“随附性直觉”(比如心理的随附于物理的),另一方面具有“区分的直觉”(比如心理性质不同于物理性质),这使得具有形而上学必然性的随附性是否在“本体论上是无辜的”完全取决于事实情况。在一种情况下,形而上学上必然的随附性可能就会起作用,在另一种情况下,可能就需要蕴含,而在另一种情况下,也许还必须要求量上的等同。

总之,心灵哲学中的随附性概念虽然与伦理学中的不同,但鉴于随附性概念的发展演变史,以及心灵哲学与道德心理学的相通关系,心灵哲学中围绕随附性的思考和讨论会对合理说明道德随附性提供有益的启示。

---

① Saul A. Kripke, *Naming and Necessity*, Cambridge, MA: Harvard University Press, 1972, pp.153-154.

② Jonathan Schaffer, "Grounding in the Image of Causation", *Philosophical Studies*, 2016, Vol.173, pp.49-100.

③ Karen Bennett, *Making Things Up*, Oxford: Oxford University Press, 2018, Chap.8.2.

第三节　基于道德随附性的争论

伦理学领域中的随附性概念表示:道德的(the moral)随附于非道德的(the non-moral),自然属性的同一可以保证道德属性的同一。虽然哲学家们对这种定义仍存有争议,但元伦理学中的随附性概念的确对规范伦理学、美德伦理学、应用伦理学等都具有非常重要的意义。比如,在心灵哲学和自然科学尤其是物理学中,整体部分随附性理论奠基了其微观还原研究策略,反过来,其微观还原研究策略又强化了整体部分随附性信念;相似地,道德的随附于非道德的信念也可以形成道德哲学研究的一些主要假定和任务,比如功利主义、义务论等各种规范伦理学以及美德伦理学,它们都试图寻求对伦理学基本术语的自然主义定义,或者想要发现构成这些术语的基本特征的东西,或多或少地相信存在着对道德性质的非道德标准等。当然,摩尔等人对这种自然主义进路进行了批评,但即使摩尔也对道德性质与非道德性质之间的依赖关系进行了阐述,虽然他没有使用“随附性”一词。

在介绍围绕道德随附性问题展开的伦理学辩论之前,有必要对“道德随附性承诺的普遍性”这一辩论背景或默认前提作一介绍。

道德随附性承诺具有较广的普遍性。虽然伦理学中的争论很多,但有一点却似乎是大家共同承认的,即任何在基础方面相同的两个形而上学上可能的世界,在伦理方面都不可能有任何不同。这种形而上学上的道德随附性被看作是争议颇多的伦理学理论中难得一见的较大共识。首先,随附性应该是道德实在论者的共同信念。正如奥迪所指出的,随附性是各种伦理自然主义都承认的一种宝贵的共识,“在取消主义阵营之外,如果说伦理自然主义还有任何共同框架的话,那么就是随附性框架。”①

① Robert Audi, *Moral Knowledge and Ethical Character*, New York: Oxford University Press, 1997, p.133.

如果自然主义道德实在论为真,那么,伦理性质就是基础性质的一部分,随附性很轻松地被保全。如果非自然主义实在论为真,那么伦理性质就是一种自成一类的性质,而随附性意味着它们随附于一组不同的基础属性之上。尽管二者谁为真我们可能还不确定,但这不影响我们相信随附性是正确的,毕竟,一个违反随附性的非自然主义显然不如非自然主义本身更具有说服力。其次,对于大多数反实在论者而言,道德随附性应该也是可以接受的。因为根据反实在论的观点,没有办法在伦理方面区分两个世界。此外,虽然有些人可能会认为归因的随附性论点比本体论的随附性论点在解释上更加重要①,但这并不构成他们接受随附性的障碍。最后,考虑到有些哲学家会拒绝先验范畴,形而上学意义上的道德随附性会比概念性的、分析的、先验的道德随附性具有更加广泛的接受度。

尽管如此,可能依然有人怀疑道德随附性的普遍性。比如,詹姆斯·格里芬(James Griffin)曾经提出,如果想要主张道德随附性,我们就必须具体指出自然性质的哪个子集是伦理性质的随附性基础,因为某些自然性质从本质上看似乎与道德无关。比如我们好像不能说,卢旺达种族灭绝的伦理意义是与火星上原子的空间位置相关的,因为后者明显与道德无关。但究竟哪些自然性质与道德相关,哪些自然性质与道德无关? 我们难以具体分辨或提出可行性标准,所以格里芬认为道德随附性并不能成为哲学家们的共识。② 但崔斯特姆·麦克弗森(Tristram McPherson)认为,任何具体说明确切相关性质的尝试实际上都将成为实质规范伦理学的尝试,因此很难是没有争议和具有论辩说服力的,而且为了论战,哲学

---

① James C.Klagge."Supervenience:Ontological and Ascriptive",*Australasian Journal of Philosophy*,1988,Vol.66,No.4.

② James Griffin,"Values,Reduction,Supervenience,and Explanation by Ascent",*Reduction,Explanation,and Realism*,Eds.David Charles and Kathleen Lennon.Oxford:Clarendon,1992,p.314.

家们往往不需要那种信息更丰富的随附性主张。①

可能还有人担心,哪种类型的性质是可能的或自成一类的,以及某特定类型的性质是否具有伦理意义,哲学家们在这两个与随附性相关的问题上常常存在激烈的分歧。实际上,上述定义的差异对哲学家们是否接受随附性并无影响,受影响的只是他们所接受的随附性的种类、强度等。即使有些哲学家在形而上学或伦理学上有着截然不同的承诺,伦理随附性依然是哲学家之间的共同点,比如有神论者依然可以认为“善”这一伦理性质随附于“上帝所希望的”这一描述性质。总之,人们通常会倾向于认为,一个否认恰当描述随附性论点的人,会因此被认为不是一个完全胜任的规范性术语使用者。

那么,道德随附性究竟具有什么特点?道德的(the moral)对自然的(the natural)的随附是弱随附的、强随附的还是全总随附的?当我们说道德的X随附于非道德的X时,X指的是什么?虽然道德的(性质/关系/事实/特征/评价……)随附于非道德的(性质/关系/事实/特征/描述……),但不同的元伦理学流派可能对X的刻画各异,并都试图论证自己的理论更能解释道德随附性。

在此背景下,不断有哲学家对伦理随附性进行新的阐述,以消解其多元化的外观。比如,迈克尔·里奇(Michael Ridge)发现,鉴于人们对“何为自然属性”有争议,或者出于如何涵盖宗教伦理学中的随附性的考虑,有的哲学家并不将元伦理学中的随附性定义为道德的随附于自然的,而是将其定义为:规范的随附于非规范的,或者规范性的随附于描述性的。但前一种定义可能无法涵盖描述主义的二元论;后一种定义倒是不会反对描述主义——因为描述主义认为规范的就是描述的,而所有事物都随

① Tristram McPherson, “Ethical Non-Naturalism and the Metaphysics of Supervenience”, *Oxford Studies in Metaethics*, Vol.7, Russ Shafer-Landau (ed.), Oxford: Oxford University Press, 2012, pp.205-234.

附于自身——但它无法涵盖拒绝描述主义进而拒绝规范—描述式划分的观点。因此有哲学家兼顾二者,将随附性定义为:必然地,两个完全的可能世界不可能在规范性质上不同,而在非规范性质或在描述性性质上没有不同。① 据此,我们可以先验地知道,规范性事实在某种程度上完全由非规范性或描述性事实所固定。

一、道德实在论内部的随附性争论

近年来,道德实在论中的伦理非自然主义者经常发表一些捍卫自己观点的新方法、新思路,使得元伦理学中有关伦理非自然主义的讨论比伦理自然主义更多一些。相应地,反对非自然主义的论证也在增多。这种反对意见不仅来自反实在论,常常也来自道德实在论内部,即伦理自然主义。

对伦理非自然主义突出的反对意见之一,是询问道德是如何在自然中产生的。在这方面,围绕随附性问题,伦理自然主义和伦理非自然主义首先展开了论战。如前所述,"道德的随附于非道德的"这一主张被伦理学各类理论所广泛接受,甚至被称作"元伦理学中争议最少的论题";所有的伦理学理论都被认为需要解释这样一个显而易见的事实。

自然主义实在论使用道德随附性来反驳伦理非自然主义实在论。比如迈克尔·史密斯便借用必然真理和偶然真理的区分来指出,道德的随附于自然的,这更像是一个必然真理,或者说逻辑真理、概念真理。对于伦理自然主义者来说,这样的解释很容易提供,道德事实就是自然事实,所以当我们考虑自然世界时,我们当然会考虑到与其相同的道德世界;关于随附性的伦理和被随附的基础之间的关系,也可以诉诸等同、还原或连续性关系来说明,以保证伦理性质和基础性质之间的必要联系。

① Michael Ridge,"Anti-Reductionism and Supervenience",*Journal of Moral Philosophy*, 2007,Vol.4,pp.330-348.

但是对于伦理非自然主义者来说，似乎很难解释道德是如何在自然中产生的。因为用非自然主义的直觉主义的、感知的模型，从经验的例子中只能归纳出一个后验真理，而无法得出先天必然真理。而且，如果规范性属性、非规范性属性和描述性属性在休谟的术语中确实是“不同的存在”，那么很难理解为什么不可能“规范性属性有所不同而非规范性属性没有区别”。而承认道德随附性又是“恰当使用道德概念的一种要求”[①]，所以非自然主义因其对道德随附性的解释无力而受到质疑。关于这个反对意见的论证是否足够强尚存有争议[②]，但如果它成功的话，就提供了支持伦理自然主义的一个很好的理由，即如果存在道德属性，那么一定是自然属性。

既是伦理非自然主义者、又是新解释主义者的罗伯特·奥迪则认为，道德属性与为之提供基础的自然属性之间的关系，与身心关系一样，至少存在着三种可能[③]：(1)还原论的自然主义，即道德属性实际上也是自然属性；(2)取消论，即通过否定道德性质来取消该问题本身，比如非认知主义就是其典型版本；(3)随附性观点。这种分类表明，一方面，奥迪将随附性与还原论自然主义对立起来，认为随附性意味着道德性质和自然性质之间至少是一种非还原的关系，随附性与还原论是不兼容的，否则，随附性与同一性似乎就难以区分。另一方面，奥迪认为随附性意味着非取消论，故而需要在认知主义的范围内谈论随附性。

这样一来，非自然主义者一边赞同说，道德的先天随附于自然的，一边又主张，我们有时可以后天认知性地获得或“感知”涉及非自然的道德属性和事实。那么，非自然主义者如何能解释这两种说法是一致的呢？

---

① Michael Smith, *The Moral Problem*, Oxford: Blackwell, 1994, p.22.

② Alexander Miller, *Contemporary Metaethics: An Introduction*. Cambridge: Polity Press, 2013, chap.3.

③ Robert Audi, *Moral Knowledge and Ethical Character*, New York: Oxford University Press, 1997, p.115.

虽然这只是道德实在论内部的争论,且有夸大非自然主义面临的随附性问题的嫌疑①,但这一问题的确会成为非认知主义反对道德实在论、进行自我辩护的理由。比如,布莱克本就基于道德随附性提出了反对道德实在论尤其是非自然主义的论证。

二、布莱克本基于道德随附性提出的反道德实在论论证

在伦理学中,有两个众所周知的反对道德实在论的经典论证,它们分别围绕道德命题的两个特征来展开,一个是有关我们的态度,一个是有关我们的行动(见第一章第二节第五点)。它们都涉及"同意一个道德命题意味着什么",但这两个论证都有问题,它们都不怎么成功。因此,布莱克本另辟蹊径,从"一个道德命题的真"概念出发,提出了一个反对道德实在论的论证。

道德实在论者强调,"正是事态的存在与否决定着道德判断的真假",而布莱克本则指出,事态存在的逻辑条件与道德真理的逻辑条件是不同的。道德真理有两种性质——随附性和缺少蕴含。

(A)随附性:道德属性随附于非道德属性之上是一个概念真理。

(B)缺少蕴含:不存在道德属性 P 和用纯粹非道德术语所述的描述属性 N,使得"对于所有 x,如果 x 是 N,那么 x 就有道德属性 P"是一个概念真理。②

---

① 史密斯提出的反驳论证中有夸大的嫌疑:非自然主义者必须对道德先天随附于自然给出一些与其直觉主义感性模型一致的解释。但实际上,这种解释不需要出自直觉主义感知模型本身。非自然主义仍然可以找到其他方法来证实有关先天随附的说法。

② 不存在这样一种蕴含论题。这并不是说,没有任何自然主义性质可以成为对一种道德性质进行归因的理由。只是说,即使一些事情可能是另一些事情的理由,但并不意味着前者蕴含后者。比如归纳推理;某些自然性质可能是某些道德性质的理由,但并不意味着自然性质中蕴含道德性质,比如人类利益的某些事实为道德主张提供理由,但这并不等同于,自然命题中蕴含着道德命题。

布莱克本认为，人们对上述两个命题都普遍认可。但是，表达主义或非认知主义者能够对上述两种性质提供令人满意的解释，而道德实在论者在面对二者时，却会遇到“难以克服”的困难：如果善是简单的、不可自然地分析的属性，或者，如果其他属性如自然属性不蕴含道德属性，那么就不清楚为什么善这种道德属性必须随附于其他属性之上。其论证过程简单说来是这样的：

(1)道德随附性是一种逻辑必然性。

(2)道德随附性禁止混合世界。

(3)道德实在论缺少蕴含命题。

(4)道德实在论允许混合世界。

在布莱克本看来，道德随附性是一种逻辑必然性。[①] 对逻辑必然性的一种解释是：陈述 P 必然为真，当它在所有可能世界为真。[②] 道德随附性作为概念上或逻辑上的必然性问题，使得一种事态的道德特征总是随附于它的自然特征。设 N 是对一个行为、事件或情况的所有自然性质的完整描述。道德随附性意味着，如果两个行为、事件或情况都是 N，即如果它们都有相同的完整自然主义描述，那么它们也必须得到相同的道德评价 M。如果有人对两种情况给出了不同的道德评价，但又认为二者之间并不存在一些自然差异，那么他会因此显得缺乏道德观念能力。

在这样的道德随附性概念基础上，布莱克本提出，道德随附性禁止“混合世界”(mixed worlds)。何为混合世界？即在世界中的对象 a 和 b，a 是 N 且 a 是 M，b 是 N 但 b 不是 M(其中，N 为完整自然主义特征，M 为

① Simon Blackburn, “Supervenience Revisited” (1985), in *Essays in Quasi-Realism*, New York: Oxford University Press, 1993, p.137.

② Alexander Miller, Contemporary Metaethics: An Introduction, Cambridge: Polity Press, 2013, chap.4.2.

道德特征）。道德随附性排除了这样的混合世界的可能性。

由布莱克本提出的、与随附性有关的第一个反对道德实在论的挑战是，道德实在论者犯了缺少蕴含命题的错误，即没有非道德描述蕴含道德评价，这样的话，对于同样的非道德事实，就可能有时是好的、有时是坏的，但是随附性告诉我们任何这种“混合世界”都是不可能的。其论证的结论就是，假设我们要求一个道德实在论者描述他的立场，表明它与缺乏蕴含和随附性是相容的，那么道德实在论者将不得不说，道德命题的真在于某种事态的存在（道德实在论）；这种事态的存在不被其他自然主义事实的存在所蕴含（缺乏蕴含）；然而，这些事实的延续蕴含了道德事态如其所是的延续（随附性）。这个结论乍看起来似乎是无害的，也许实际上并不矛盾，但它非常神秘，让人难以理解：自然主义事实的存在并不能在逻辑上保证道德事态，那么为什么它们的延续能给道德事态的延续提供逻辑上的保证呢？

布莱克本强调，道德实在论是真理符合论的一种。真理符合论认为，命题的真假在于事态的存在与否。但道德真理无法满足这一标准。打个比方说，如果 A 具有一些自然主义性质，且 A 也是善的，但它的善并非自然主义性质所蕴含的，而是一个比自然主义事实明显更进一步的事实。如果 B 也具有那些自然主义特征，我们通常可以得出，B 也是善的。但对于实在论者而言这是一个难题，因为根据道德实在论，根本没有得出此结论的理由。如果善是对 A 的一种额外赋予（an ex gratia payment），而并不像 A 的所有自然主义方面那样，是 A 逻辑蕴含的一个东西，那么，虽然善被给予 A，但没有被给予 B，B 只是分享了 A 的自然主义特征却并不蕴含善。这样一来，道德事态的存在不是从自然主义事实的存在中得出的，而其持续却来自自然主义事实的持续，在此，随附性成了一个“不透明的、孤立的逻辑性事实”而得不到任何解释。

在此分析的基础上，布莱克本提出，从认知主义的角度很难解释随附性和混合世界禁令:“这些问题对于实在论者来说尤其困难。因为实在论者有一个实际的道德事态 A 的概念,这种事态或许是、也或许不是以特定的方式分布在事态 B 中。然后随附性成为一个神秘的事实,实在论者将无法对随附性进行任何解释(或没有权利依赖于随附性)。就好像有些人是 B * ,且正在考虑狗,其他人是 B * ,正在考虑他们的姨妈,但有一个禁止他们移动到同一个地方的禁令:完全无法解释(completely inexplicable)。”①

同时,布莱克本认为,投射主义很容易解释随附性和相关的混合世界禁令。“当我们宣称正在投射的 A 承诺时,我们既不是在对道德属性 A 的某一既定分布作出反应,也不是在猜测某一种分布。因此随附性可以被解释为是对恰当投射的一种约束。我们在投射性价值断定中的目的会要求我们尊重随附性。如果我们允许自己有一个像日常评价实践那样的体系(道德说教),但又不受这种约束,那么它将允许我们以道德上不同的方式对待自然上相同的案例……那将不适合从作为实际决策制定的任何导向中进行道德说教(一件事可以被恰当地认为比另一件事更好,尽管它与它分享了与选择或可欲性有关的所有特征)。”②这段话的意思是,我们使用规范话语来推荐行动方针,基于它们的非规范性和描述性属性。我们使用规范判断来决定在任何给定的非规范或描述性环境中该做什么。如果我们在作出这些判断时不遵守随附性约束,那么就难以理解我们是如何根据它们的非规范或描述性特征来推荐行动或决定行动的。

布莱克本认为,道德化只是处理我们关于能力的信念的一种活动,其本质是反实在论的,“在道德情形中,当我们分析地处理可能世界,我们

---

① Simon Blackburn, *Spreading the Word*, Oxford: Oxford University Press, 1984, pp.185-186.

② Simon Blackburn, *Spreading the Word*, Oxford: Oxford University Press, 1984, p.186.

是在处理我们关于能力的信念:在这种情形中,有能力的人将不会轻视随附性。”①换言之,道德活动如果要成功推进,就不得不承认随附性限制,因此用“有能力的人共有的信念”就可以解释混合可能世界禁令,而不需要承诺任何实在的东西。可见,能够最好地解释随附性的,是投射主义理论。

显然,在解释随附性方面,这种将道德仅看作一种投射的、非认知主义的表达主义的确要容易得多,其解释任务不同于认知主义者面临的解释任务。当认知主义者必须解释两个潜在的不同性质集合之间的形而上学关系时,表达主义者只需要解释由随附性约束所控制的规范判断实践的敏感性。

此外,虽然康奈尔实在论(非还原论的自然主义)也能够很容易解释随附性,像我们在第一章所论述的那样,但因为它将伦理属性等同于自然属性,所以很难解释伦理视角对自然属性而言意味着什么,也就是不好说明随附性的重要性。相比之下,表达主义似乎是更成功地解释了随附性。

三、沙佛-兰道对布莱克本随附性论证的反驳

非自然主义道德实在论者沙佛-兰道对布莱克本的随附性论证进行了反驳。② 他认为对道德实在论构成挑战的三大论证——诉诸奇异的论证、诉诸随附性的论证、诉诸因果效力检验的论证,其起点实际上都是相同的,即“世界就是像自然科学描述的那样”。“诉诸奇异的论证”之所以认为道德事实和道德直觉等都是奇异的,是因为它们和自然科学事实、科学实验观察等不同。“诉诸随附性论证”也是用自然科学中的决定性来

---

① Simon Blackburn,“Supervenience Revisited”(1985),in *Essays in Quasi-Realism*, New York:Oxford University Press,1993,p.143.

② Russ Shafer-Landau, *Moral Realism:A Defense*, Oxford:Oxford University Press, 2003,pp.80-115.

想象道德—自然随附性，认为自然主义者无法解释道德随附性，如果非要解释，就会犯自然主义谬误。“诉诸因果效力检验的论证”更是明显地用自然科学观察到的因果效力来要求道德事实必须具有因果效力，否则道德事实就是不存在的。但兰道指出，“世界就是像自然科学描述的那样”这个论证前提本身就是有问题的。因为，这种自然主义图画的流行版本是物理主义，即只有被物理学证明正确的东西才是真的东西，而物理主义本身就不是能被物理学所证明的，所以这个命题实际上是自我反驳的。

沙佛-兰道在回应这三个形而上学担忧给道德实在论带来的挑战时，对道德随附性论证进行了重点反驳。在他看来，在一个随附性失败的世界里，“非道德世界不控制道德世界。而如果那个世界不控制道德世界，那么道德世界就失去了控制。道德评估将是武断的……”①所以，沙佛-兰道并不打算推开随附性，而是意欲将随附性牢牢地发展为道德实在论的盟友。

（一）道德实在论者可以解释随附性

沙佛-兰道认为，道德实在论者可以解释随附性。因为道德实在论并不一定缺少蕴含命题。首先，伦理自然主义当然会坚持存在连接自然主义描述和某种道德主张的一个形而上学蕴含。此外，非自然主义者可能也并不排斥这种蕴含，比如，摩尔就曾说：“如果一个事物是善的（在我的意义上），那么这是从它拥有某种自然的内在性质的事实推出来的，反之从它是善的这个事实推不出它具有这些性质。”②这是一种依赖的非对称关系：一个真的道德断定并不蕴含任何具体的描述断定（这暗示了对道德性质和自然性质同一性的否定）；但一个事物的非道德特征的确会

① Russ Shafer - Landau, *Moral Realism: A Defense*, Oxford: Oxford University Press, 2003, p.78.

② George Edward Moore, “A Reply to My Critics”, Paul Schilpp (eds.), *The philosophy of G.E.Moore*, LaSalle Ⅲ: Open Court, 1942, p.588.

确定它的道德特征。虽然摩尔在此没有明确地提及蕴含,但他说的“推出来”可以被理解为蕴含关系。①

布莱克本注意到了这种回应的可能性,所以他强调,随附性关系不是单纯的形而上学问题,而是逻辑必然性或概念必然性问题。这样一来,没有哪个对道德性质和描述性质之间蕴含关系进行具体化的命题为真,因而道德实在论无法解释道德随附性。

沙佛-兰道进一步对布莱克本的随附性论证进行了反驳。归结起来,这种反驳可以被概括为两种进路。首先,沙佛-兰道等反还原论者经常使用“无辜同伴”(companions in innocence)的进路,或者用反对者的话说,用“共犯”(companions in guilt)的进路来表明:我们在其他领域里也有随附性,而在这些领域,还原论似乎不可信,表达主义似乎也不可信。比如,在心灵哲学中,即使心理不能还原为物理,心理随附于物理也是合理的。而且,几乎没有人会想从此推断出,我们应该是使用心理习语进行会话的表达主义者。因此,在道德领域,我们也不应该是使用道德习语进行会话的表达主义者。

其次,配合这种“共犯”进路,沙佛-兰道还试图展示他如何能将心灵哲学中解释随附性的最有希望的策略成功地传递到规范领域。在心灵哲学中,我们可以通过诉诸一个观点来充分解释随附性,即对随附性质的每一个实例化都是完全由相关的被随附性性质构成或实现的。沙佛-兰道认为,在元伦理学中也是如此:“根据我喜欢的那种伦理非自然主义,一个道德事实随附于描述性事实的一个特定拼接,仅仅因为这些事实实现了所涉的道德属性。道德事实必然与描述性事实共变,因为道德属性总是完全由描述性的事实来实现的。正如关于铅笔品质的事实是由关于其物质构成的事实所固定的,或者关于主观感受的事实是由神经生理学

① Russ Shafer-Landau, *Moral Realism: A Defense*, Oxford: Oxford University Press, 2003, pp.80-115.

(也许是有意向性的)事实所固定的那样,道德事实是由它们的描述性成分所固定和构成的。"①

但有人认为,即使心灵哲学中解释随附性的策略是有效的,它在规范性案例中仍然存在问题,因为两种随附性的情形是有差异的。比如,迈克尔·里奇认为,规范性案例与心灵哲学中的案例之间的一个明显不同是,规范性对非规范性和描述性的随附是先验的,而且实际上是分析性的;相比之下,心理对非心理的随附几乎不是先验的,更不是分析性的。② 在历史各个节点上的大多数人可能都否认了心理对非心理的随附,因为他们当时认同关于精神的某种二元论,比如许多宗教传统中,人们自然会对精神持有这种看法。类似地,在物理学中,宏观随附于微观,宏观物体由亚原子微粒构成,但这种构成关系并不是先验的,更谈不上分析的。罗伯特·马布里托(Robert Mabrito)也认为,与道德随附性不同,心身随附关系并不是一种概念必然性,因为我们无法保证下述命题是一个概念真理:

(M-S):如果 x 具有某种精神属性 P,则存在一串物理属性,使得

(1)x 具有那串属性,

以及

(2)任何(在那个世界上)具有那串物理属性的东西,也必定具有精神属性 P。③

例如,一个物质二元论者认为可能存在物理复制品,而且他认为只有

① Russ Shafer-Landau, *Moral Realism: A Defence*, Oxford: Oxford University Press, 2003, p.77.

② Michael Ridge, "Anti-Reductionism and Supervenience", *Journal of Moral Philosophy*, 2007, Vol.4, No.3, pp.330-348.

③ Robert Mabrito, "Does Shafer-Landau Have a Problem with Supervenience?", *Philosophical Studies*, 2005, Vol.126, p.301.

其中一个具有精神特性。这可能是错误的，但这在概念上并不混乱，我们也不能说这是没能充分掌握精神概念的结果。而这样一个人实际上就是在否认命题（M-S）。

可见，心灵哲学中的随附性不是概念必然性，而道德领域的随附性是概念必然性，这导致使用“共犯”进路进行论证的前提条件无法得以满足，因而在其他领域中完全合理的策略可能不会合理地延续到规范性领域。沙佛-兰道第一步反驳的效果是受到极大限制的。

（二）表达主义并不能很好地解释随附性

借助随附性，沙佛-兰道进一步反驳了布莱克本的非认知主义。布莱克本认为，相比道德实在论，非认知主义的表达主义才能较好地解释随附性。但沙佛-兰道则认为，一方面，道德实在论可以解释随附性；另一方面，即使道德实在论不能解释随附性，或对随附性的解释不被认可，表达主义对随附性也不能给出很好的解释。

对于一个表达主义者来说，要解释为什么随附性是一个概念真理，表达主义者必须解释，为什么如果一个人认为两个在描述上相同的行为、其道德地位可能不同的话，这个人必然是在经历某种概念上的混乱。而根据表达主义，认为一个行为具有某种特定的道德地位，就是对它采取一定的态度。因此，表达主义者必须解释的是，为什么对一对描述性相同的行为采取不同态度的人会遭受某种概念上的混乱。具体来说，“根据非认知主义的立场，随附性就相当于对态度和行动的一种限制，当面对在描述上等同的情况时，人们必须表达同等态度或作出同等行为。”①但是这个“必须”的意思以及效力是什么？

表达主义者可能会给出两种可能的说明。第一种，我们必须示范这

① Russ Shafer－Landau, *Moral Realism: A Defence*, Oxford: Oxford University Press, 2003, p.89.

种一致性,因为这样做会使人的生活更美好。第二种,可以通过定义来主张道德行为要求态度的一致性,如果一个人的行为被当作道德的,那么他必须保持这种一致性去行动。因为我们相信所有有能力的人(competent people)都会同意随附性,①所以如果行为人对在描述方面相似的情形的反应不同,就是一种不道德的行为。

沙佛-兰道认为,非认知主义对随附性的两种可能说明都更难让人理解和接受。第一种说明中,能够保证一致性的好处——即,如果这样做,会使人生活更美好——太“偶然”了,以至于不能为概念上“必然”的命题作辩护。第二种说明中,表达主义的这种说法很可能为真,但这是一种约定(stipulation),而不是解释。总之,在这个问题上非认知主义者没有给出合理的解答。② 最后,沙佛-兰道否定了两种说明,并得出结论说,“道德的”对“描述的”(the descriptive)的随附是要求解释的,在这个问题上,非认知主义者并没有满足这一要求的合理方式。

不过,就像罗伯特·马布里托所认为的那样,沙佛-兰道在这里并没有和复杂的表达主义竞争,而只是考虑了一种简单的表达主义。③ 表达主义可以像吉伯德那样采取一种复杂的“解释的表达主义”(explanatory expressivism)进路来回应。如本书第三章将要详述的那样,解释的表达主义以“计划”(plan)为核心范畴,道德术语的语义功能就是表达计划。这样一来,表达主义关于随附性所要解释的只是,为什么对两个在描述性上相同的行为采取不同计划的人正在遭受某种概念上的混乱。根据吉伯德的主张,一个计划必须凭借行动的描述性属性来区分行动,这意味着计

① Simon Blackburn,“Supervenience Revisited”(1985),in *Essays in Quasi-Realism*, New York:Oxford University Press,1993,p.143.

② Russ Shafer-Landau, *Moral Realism: A Defense*, Oxford: Oxford University Press, 2003,pp.80-115.

③ Robert Mabrito.“Does Shafer-Landau Have a Problem with Supervenience?”,*Philosophical Studies*,2005,Vol.126,pp.297-311.

划的一种随附性。如果行动 X 和 Y 在描述上是相同的，那么计划就无法区分它们，因此，一个排除做 X 又允许做 Y 的计划就是排除并允许相同选项的计划，显然这是一个不融贯的计划，作出这种计划的人是一个不称职的“计划”术语使用者。同时，要在计划中去区分描述上相同的行动，这在概念上是不可能的，“在描述一级没有分别，在计划一级就不可能存在分别。”①

沙佛-兰道后来承认，马布里托的这种说法是正确的，表达主义现在有必要的工具来解释道德随附性；但他认为，这并不一定能将道德实在论置于尴尬境地。布莱克本要求实在论提供的解释似乎并不是道德随附性论题和缺乏蕴含论题如何能同时为真，而是为何其中一个为真时另一个也应为真，其实质就是解释混合世界禁令。一个混合世界就是一个自然属性 N 的实例化有时会支持道德属性 M，而在另一些时候则不会支持道德属性 M。道德随附性理论认为这是不可能发生的。但如果在道德实在论背景下，缺乏蕴含论题也为真的话，为什么不能发生混合世界呢？

沙佛-兰道用“构成”（或“实现”）来解释。根据菲茨帕特里克的批评，这种解释是不成功的。沙佛-兰道认为自己给出的另一种回答是成功的，即这里根本没有多么玄妙的谜题，因为我们有理由像摩尔一样认为，存在连接自然属性实例与道德属性实例的形而上学蕴含，“非自然主义者会否认道德属性是自然的，他们会坚持道德属性的多重可实现性。因此，从道德属性到自然属性将不会有任何概念的或形而上学的蕴含。但如果我和其他人是对的，就会有从自然的到道德的蕴含（形而上学的，而不是概念的）。”②这样一来，道德随附性论题和缺乏蕴含论题在形而上

① Allan Gibbard, *Thinking How to Live*, Cambridge, MA: Harvard University Press, 2003, pp.91-94.

② Russ Shafer-Landau, "Replies to Critics", *Philosophical Studies*, 2005, Vol. 126, pp.313-329.

学必然性的层面上不会都为真。随附性论点将为真,而缺乏蕴涵论点将为假,因为存在“如果 N,那么 M”这种形式的形而上学必然真理。

布莱克本意识到了这一点①,所以才强调道德随附性是一种概念真理。“如果 N,那么 M”这种形而上学蕴含形式显然不是概念真理,因此道德实在论依然没有一个恰当的道德随附性解释。对此,沙佛-兰道回应道:“现在假设道德事实/属性/关系随附性是一个概念真理。因此,问题应该是,有能力说某种语言的人可以想象一个世界,其中奠基特定道德属性的基本属性实际上无法做到这一点。但这里没有什么神秘之处,因为人们可以想象许多在形而上学上是不可能的事情。如果特定基本性质在形而上学上必然化特定的道德性质的存在,那么它们未能这样做的概念可能性只会揭示我们对相关形而上学关系的认识的局限性。在这里不存在难以解决的深刻的解释性难题。”②

沙佛-兰道认为,并非所有的甚至大多数的概念真理都需要解释,比如道德随附性。因为,道德随附性实际上只是莱布尼兹关于不可区分的同一性法则的一个符号变体。莱布尼兹法则的内容是:

L:对于任何东西 X 和 Y,X 等同于 Y,当且仅当 X 和 Y 具有一样的性质。更准确地说,

L*:对于任意东西 X 和 Y,X 等同于 Y,当且仅当,对于任意性质 Z,如果 X 具有 Z 则 Y 具有 Z,如果 Y 具有 Z 则 X 具有 Z。

将这个双条件句拆分成两个条件句,就可得到,

L1(同一物的不可区分性法则):对于任意东西 X 和 Y,如果 X 和 Y 是同一的,那么 X 和 Y 就会具有相同的性质,因此无法被区分。

---

① Simon Blackburn, “Supervenience Revisited” (1985), reprinted in *Essays in Quasi-Realism*, New York: Oxford University Press, 1993, pp.130-148.

② Russ Shafer-Landau, “Replies to Critics”, *Philosophical Studies*, 2005, Vol. 126, pp.313-329.

L2(不可区分物的同一性法则):对于任意东西 X 和 Y,如果 X 和 Y 具有相同的性质,以至于不可区分,那么 X 和 Y 是同一的。

哲学家们通常认为 L1 是逻辑真理,而对 L2 是逻辑真理还是经验真理,存有争议。沙佛-兰道认为,莱布尼兹法则不需要解释,因为它是我们正确地用来限制形而上学思考的基本原则之一。与之类似,道德随附性也不需要解释。不过,沙佛-兰道又补充道,"这并不是说我们根本不能支持它,而是它所得到的任何支持都将采取其处于反思性平衡的形式,而不是从更基本的、更明确合理的形而上学原则中衍生出来。"①

最后,沙佛-兰道更退一步说,即使表达主义有能力解释道德随附性,但这并不会自动地帮它战胜兰道式的实在论,因为沙佛-兰道并不认为对道德随附性的概念必然性本质进行解释是评估元伦理学理论的比较性价值的恰当标准。他再次使用类比论证总结道,即使大多数形而上学实在论者并没有解释为什么莱布尼兹法则是一个概念真理,但这并不能给我们一个很好的理由来假设形而上学反实在论为真。因而他认为,道德实在论即使不解释道德随附性是一个概念真理,表达主义也没有很好的理由假设道德反实在论为真。如果以对道德随附性的解释为标准来评估理论的比较优势的话,有神论反而似乎成了更合理的理论,因为某些有神论者解释了道德真理是其所是的原因就在于上帝命令它们,而一些道德实在论者比如沙佛-兰道对此并没有任何解释,在他们看来基本的道德原则只是一种粗暴的形而上学事实。总之,困扰道德实在论的麻烦并不比表达主义要承担的随附性解释负担更大。

(三)沙佛-兰道对具体随附性论证的回应

除了回应布莱克本提出的随附性论证,沙佛-兰道还回应了第二个

① Russ Shafer-Landau, "Replies to Critics", *Philosophical Studies*, 2005, Vol. 126, pp.313-329.

诉诸随附性的论证。后者要求解释:为什么道德性质随附于它们所随附的具体性质。

通常认为,这种要求只会威胁伦理非自然主义的可信度,因为经典的自然主义者不用谈论随附性。随附性是被用来连接不同的性质的,但自然主义者坚持认为对任何道德性质而言,只存在“实现”它的一种单一的描述性质、一种等同于道德性质的性质,尽管通常用不同的名称或概念指称它。

这种要求对伦理非自然主义的威胁在于,人们认为,非自然主义者们固执于下面的道德性质模型:道德性质 M 被基础性质(系列)N_1、N_2、N_3、…N_n 多重实现,但是,怎么解释这个基础性质列表的内容呢?沙佛-兰道认为,非自然主义者们可以假定道德性质和描述性质是必然共延但不等同的:必然共延性和等同性实际上是不同的性质。比如,三角形和三边形必然共延,但并不等同。沙佛-兰道通过归谬法证明了这一假定为真。但让兰道感到遗憾的是,除了他自己,却几乎没有其他哪个伦理非自然主义者接受这个假定。

实际上,对具体随附性的担忧是对沙佛-兰道式的非自然主义的多元论成分的一种担忧。功能主义的还原论自然主义者弗兰克·杰克逊为了避免这种担忧,调和了经典自然主义和多元论。他赞同说任何给定的道德性质都是被许多描述性质实现的,但他把描述性质一起再拼凑到一个单个析取的保护伞性质——功能性质之下,从而保留经典自然主义。在沙佛-兰道看来,这种改进过的自然主义在回应第二个随附性论证时并不比非自然主义表现得更好。解释难题仍旧会产生:为什么是这个描述性质而不是其他?这个解释性要求只有通过着手实质性的伦理调查研究才可以被满足。对支持任何给定道德性质的描述性质内容的捍卫,都只能诉诸有关我们规定正当、善、美德等等正确标准的规范伦理学才能得以解决。

但或许有人对第二个随附性论证给出另外一种理解，即要求非自然主义者解释什么使得“某种描述性质奠基道德性质”为真。沙佛-兰道认为，实在论者会主张说，不存在对这个问题的可理解的或合理的说明。实际上，对伦理学的根本法则或原则要求某种使其为真的东西，这种坚持恰恰是以道德实在论的虚假为前提的。我们可以想象给物理学这样的一个学科的实在论者提出像正常情形中那样的同样质询。假定我们在编纂物理学的基本规律，我们去问：什么使其为真？而不是问：为什么你有理由相信它们是真的，什么样的内部解释关系和一致性引导理性观察者得出结论说这些就是物理学基本规律？相信对于前者，物理学的实在论者们也只能勉强给出“使物理学规律为真的东西是物理世界的本质”之类没什么启发性的回答。如果担忧的是某个规则的合理性，那么可以通过回答该理论在现实中的比较优势来回答。但如果担忧的是对所有规则的合理性，那实际上只是乞题以反对有关规则的实在论解释，不管它们是物理规则还是道德规则。总之，沙佛-兰道认为非自然主义者可以令人满意地回答随附性论证。

但在非自然主义内部，沙佛-兰道依然受到质疑。比如他为了解释道德随附性，将道德属性和事实解释成完全由自然属性和事实构成或在自然属性和事实中实现。这相当于承认，他在道德形而上学上仍然持自然主义的观点。① 在这方面，他的观点与大卫·布林克(David Brink)的非还原的伦理自然主义是重叠的。② 可见，为了道德随附性，非自然主义理论中也表现出一种与自然主义融合的趋势。

---

① William FitzPatrick, "Robust Ethical Realism, Non-naturalism, and Normativity". In *Oxford Studies in Metaethics*, Vol. 3, Russ Shafer-Landau (ed.), Oxford: Oxford University Press, 2008, p.160.

② David Brink, *Moral Realism and the Foundations of Ethics*, New York: Cambridge University Press, 1989, chaps.6-7. David Brink, "Realism, Naturalism and Moral Semantics", *Social Philosophy and Policy*, 2001, Vol.18, p.157.

第四节　伦理非自然主义能够消除随附性担忧吗?

随附性对非自然主义构成了一个实质性的、虽然不一定是决定性的问题。① 同时,尽管许多著名的哲学家都尝试提供一些新的方法构建伦理非自然主义,但这些策略都难以有效地应对随附性论证带来的挑战,因为伦理非自然主义者承认伦理性质是随附的,同时承诺,伦理随附性是不同性质之间的一种形而上学的必然联系,而根据温和的休谟主义方法论,不同存在之间不可能有必然联系,因而这种必然联系看起来似乎是简单粗暴的(brute),即难以解释的。

一、给道德随附性提供一种伦理的解释:克莱默

伦理非自然主义者可以主张,在非自然主义情形中的道德随附性并不是粗暴的,因为可以对它进行一种伦理的解释。比如,马修·克莱默(Matthew Kramer)认为,"当一个道德实在论者被要求解释随附性现象时……对这一现象的恰当说明是聚焦于现象的伦理原理的一种伦理说明。"②换言之,对一阶的规范伦理学进行恰当的反思、给出合理的说明,就可以使我们相信随附性。

但这更像是一种认识论解释,而非形而上学解释。而且,在形而上学方面,伦理非自然主义是排斥紧缩论的。因而伦理解释进路并不能减轻

---

① Tristram McPherson, "Ethical Non-Naturalism and the Metaphysics of Supervenience", *Oxford Studies in Metaethics*, Vol.7, Russ Shafer-Landau(ed.), Oxford: Oxford University Press, 2012, pp.205-234.

② Matthew Kramer, *Moral Realism as a Moral Doctrine*, Oxford: Blackwell, 2009, pp.252-253.值得注意的是,克莱默并不是一个传统的伦理非自然主义者,而是一个缄默主义者(Quietist)。但缄默主义者像道德准实在论者一样,常常标榜伦理性质是"非自然的"。

伦理非自然主义对“两类不同性质之间存在必然联系”的解释性负担。

二、给道德随附性提供一种概念的解释:克莱格等人

在本章第二节,我们已经介绍过随附性还可分为本体论随附和归因性随附。黑尔是将归因性随附应用于道德判断的典型,他通过说明道德判断与普遍性前提(universal premise)和小前提(subsumptive premise)之间的关系,得出观点:随附性就是道德术语逻辑允许每个人作出什么样的道德判断的问题。这显然是一种概念必然性。黑尔的推理主要基于道德术语的部分含义:涉及道德术语的判断必须随附于自然性质判断,否则它们就是有关偏好的任意表达。

由于归因性随附涉及概念或逻辑必然性,本体论随附涉及形而上学必然性,所以在道德领域,归因性随附似乎与本体论随附处于某种竞争状态。道德实在论者比如摩尔支持本体论随附,道德反实在论者比如黑尔、布莱克本支持归因性随附。布莱克本在 1985 年的《再谈随附性》一文中主张,实在论者和本体论随附倡导者所能提供的必然性形式是形而上学必然性,而道德随附性要求一种比之更严格的形式,即分析的、逻辑的或概念性的必然性。① 对此,詹姆斯·克莱格(James Klagge)也认为,道德实在论在解释道德语言时,对道德语言唯一的限制就是描述性随附,但这是不够的,因为我们的直觉是,涉及道德术语的判断必须随附于自然主义判断,本体论随附只能解释描述性随附性,而对于解释上述直觉是不够的,因而道德实在论对理解这一点也是不够的。②

对于解释道德判断随附性的挑战,道德实在论者可能有两种方式来

① Simon Blackburn, "Supervenience Revisited" (1985), reprinted in *Essays in Quasi-Realism*, New York: Oxford University Press, 1993, p.137.

② James C.Klagge, "Supervenience: Ontological and Ascriptive", *Australasian Journal of Philosophy*, 1988, Vol.66, No.4, p.463.

回应，但这两种方式是相互矛盾的，所以道德实在论者必须二选一。

第一种对策是，主张道德判断对自然主义判断的随附不是道德术语的意义问题，即否定归因性随附。其代表人物是摩尔。对此，克莱格批评道，如果像摩尔那样认为随附性表达的是形而上学的必然性，那么，当一个人违反随附性要求使用道德语言时，他就不是在做道德判断，而只是在表达偏好或一时的兴致。这显然不符合我们的日常直觉。① 但我认为，克莱格的这一反驳并不成立。因为摩尔可以回答说，当一个人违反随附性要求使用道德语言时，他是在作错误的道德判断。这一点根据描述性随附的要求也可以得出。因为描述性随附要求的后半句是"对一个类属性的判断，如果它们为真，就必须随附于对另一类属性的判断"。据此，如果一个人违反随附性的要求使用道德语言，有可能"他是在做错误的道德判断"，而非"他不是在做道德判断"。但克莱格没有注意到这种可能性，或者对这种可能性作了其他解释。

在对本体论随附性进路做了（在我看来实际上是不恰当的）反驳之后，克莱格提出了第二个对策，即认为道德实在论者可以主张归因性随附及其概念必然性，而依然保持道德实在论。克莱格认为这个对策是可取的。

首先，实在论者可以支持归因性随附。理由有二。其一，一方面，本体论随附本身并不意味着基础类事实是随附类事实存在的证据。精神、模态、颜色方面的本体论随附等都是如此。比如，模态事实随附于实际事实，但实际事实不能作为模态事实的证据。而另一方面，道德实在论者主张基础类事实的证据性作用，即对道德判断的限制是"道德判断是真的"，克莱格认为这是一种概念必然性，这样一来，道德实在论者主张道德判断的归因性随附是有一定道理的。总之，归因性随附比本体论随附

① James C.Klagge，"Supervenience：Ontological and Ascriptive"，*Australasian Journal of Philosophy*，1988，Vol.66，No.4，p.464.

更能支持道德实在论的核心主张。其二，道德实在论者并不是接受归因性随附的唯一一种实在论者。心理实在论者也可能会主张心理判断对行为判断（而非大脑判断）的归因性随附。比如，柯林·麦克金、金在权等人对心理随附性的看法即是如此。总之，如果一个道德实在论者接受和提倡归因性随附，那么没办法对他提出任何原则性的反对意见。虽然赞同本体论随附的不一定总是赞同归因性随附。但克莱格认为，归因性随附和本体论随附并不处于竞争关系当中；一个赞同本体论随附的道德实在论者有充分的理由主张归因性随附，这种道德实在论者能够符合我们关于道德语言的直觉。

其次，接受了归因性随附的道德实在论者依然可以坚持道德领域实在论，但后者以及本体论随附不是从归因性随附得出的。归因性随附只是断定了被本体论随附连接的两种类性质之间具有证据性关系。在这方面，道德和精神之间显示出非常有趣的不同。精神在本体论上所随附的东西（即大脑）与我们用作证据的东西（即行为）是不同的。而道德在本体论上的基础和我们用作证据的基础是重合的（即自然事实）。

问题在于，如果道德实在论者一开始就没有权利支持本体论随附，比如他可以支持二元论，那就没办法支持归因性随附。克莱格认为，这的确是个问题，且该问题在心理领域比在道德领域显得还要严峻和紧迫。

金在权曾在心理随附性论证中，基于方法论的一致性，从归因性随附中推断出本体论随附。对此，克莱格首先指出，这种推断是不合法的。心理学理论家无法论证哪种心理假设是对哪组输入—输出连接的最佳解释，也就无法建立起心理的本体论随附。心理学理论家可以建立的只是心理的归因性随附，即在相似情形中设想同样的心理状态作为对这种输入—输出连接的最佳解释。可见，从归因性随附得不出本体论随附。接着，克莱格以黑尔为例，说明赞同归因性随附的人并不一定承诺本体论随附进而承诺道德实在论。黑尔的归因性随附限制的是一个特定的人在作出道德判断时可能在做的事情，而金在权的一致性要求限制的是一个特定的人在设想的心理状态时可能在做的事情。克莱格认为我们可以赞同前者，但无法支持后者。

新的非自然主义者菲利普·斯特拉顿—莱克(Philip Stratton-Lake)和布拉德·胡克(Brad Hooker)也继承了这种概念进路。他们将"理由"作为连接规范属性和其他属性的关键范畴。面对随附性问题——为什么"是个理由"的属性必须随附于其他属性之上，他们回应道，道德随附性理论具有一种"概念的感觉"，"这是一个概念上的真理，如果你有理由关心 A，那么一定有什么东西提供了这个理由。这就是为什么要这么做。如果你必须去散步的理由是它会是愉快的，那么这个理由就随附于散步的愉快……理由随附于其他性质上，因为一定有一些东西提供了理由。这一点没有什么神秘的，这里没有什么需要进一步解释的。"①如果我们接受这种对价值的推诿式说明(buck-passing account)，那么，规范事实对非规范事实的随附就是一个概念真理。

另一种概念进路是由大卫·伊诺克(David Enoch)提出的。伊诺克认为，要解决道德随附性问题并不太难，因为我们可以具有"风险概念引入"(risk conception introduction)的权利。据此，不同性质之间的必然联系可以是一种语言约定，这种明确的约定是合法的语义学实践，只不过这类约定的条件是，如果世界上不存在对必然联系的证明，那么我们进行约定的尝试就将以失败告终，这种风险的确存在。②

① Philip Stratton-Lake, and Brad Hooker, "Scanlon vs. Moore on Goodness", Terence Horgan and Mark Timmons(eds.), *Metaethics after Moore*, Oxford: Clarendon, 2006, p.164.

② David Enoch, "An Outline of an Argument for Robust Metanormative Realism", Russ Shafer-Landau. (ed.) *Oxford Studies in Metaethics*, Vol. 2, Oxford: Oxford University Press, 2007, pp.21-50.

但有些人反对这么做。比如,麦克弗森就反对道,一个给定的所谓分析性关系,总是需要形而上学中有一些东西来解释为什么这种关系是必然的。①（当然,个别的分析性语句可能不需要,比如“我现在在这里”,但这和有关道德实在论的讨论无关。)还原论的自然主义很容易解释这一点,因为伦理性质就是基础性质,所以在伦理性质和基础性质之间存在必然联系。而伦理非自然主义很难解释所谓分析的随附性关系如何会是一种必然关系。

乔纳斯·奥尔森(Jonas Olson)对这种概念解释策略进行了更有针对性的诊断,认为莱克和胡克是犯了“外延谬误”(extensional fallacy)。② 当莱克和胡克将理由作为伦理学的初始概念时,谓词“是个理由”把提供理由的任何自然事实作为其外延,就像摩尔把所有且只是内在善的东西形成谓词“是内在善的”一样。摩尔的想法是,在谓词“是内在善的”的外延中包含的任何东西都具有“本质上为善”的非自然性质。类似地,新的非自然主义者必定认为,在谓词“是个理由”的外延中包含的任何东西都具有“是个理由”的非自然的不可分析的属性。但是,一个人在谈论理由时如果沉浸于“是”这一惯用语,就很容易忽视这一点,而将“是个理由”的属性与“是个理由”的外延混为一谈,本来是要对“是个理由”进行内涵解读的非自然主义滑向了对“是个理由”的外延解读,这样做好像使得规范性不再神秘,但恰恰在这里发生了所谓的外延谬误,使非自然主义错误地滑向了自然主义。

与此类似,用必然化的概念手法似乎也行不通。比如,沙佛-兰道曾

① Tristram McPherson, "Ethical Non-Naturalism and the Metaphysics of Supervenience", in *Oxford Studies in Metaethics*, Vol.7, Russ Shafer-Landau (ed.), Oxford: Oxford University Press, 2012, pp.205-234.

② Jonas Olson, "Reasons and the New Non-naturalism", SimonRobertson (ed.), *Spheres of Reason: New Essays in the Philosophy of Normativity*, New York: Oxford University Press, 2009, pp.164-182.

经表明,“我们通过声称一组适当具体化的非道德属性在形而上学上必然产生某种道德属性来解释混合世界禁令”①,但在麦克弗森看来,这不是在解释伦理性质和基础性质之间的随附性必然联系,而只是在陈述这种粗暴的随附性关系。此外,道德随附性不同于“必然化”(necessitation)概念,伦理非自然主义不能借助“必然化”概念来解释道德随附性。道德随附性是说,在任何可能的世界里,两种行为、事件或情况的完整自然主义描述相同,其道德评价也必然相同。而说自然属性必然化道德属性,是说在任何可能的世界里,所有行为、事件或情况的道德性质都是由其完整的自然主义描述决定的。很明显,必然化概念要比随附性概念更强。随附性要求通常被认为是比较合理的,而必然化要求并不被普遍接受。比如,布莱克本曾经指出,“一个事物的任何特定的总体自然状态都给它某种特定的道德属性,这似乎不是概念或逻辑必然性的一件事情。因为判别哪种道德品质是从给定的自然状态中产生,意味着使用的标准不能仅通过概念手段来显示其正确性。它意味着道德化……”②其次,有些不符合必然化概念的世界,却是随附性概念所允许的。比如只包括一个对象的世界,它可能具有某些自然特征但并不具有相应的道德特征。但它符合随附性的要求,因为随附性只要求两个自然方面相同的对象其道德方面也相同,单一对象世界并没有违背这一点。

总之,伦理非自然主义无法提供对道德随附性的概念性解释,即使有所提供,其所提供的解释也是惰性的、无用的。

三、引入一种新的模态概念来解释:韦奇伍德

作为非自然主义的领袖之一,拉尔夫·韦奇伍德(Ralph Wedgwood)试图用另一种途径来为非自然主义辩护。他提出一种非标准的形而上学

① Russ Shafer-Landau, *Moral Realism: A Defence*. Oxford: Clarendon, 2003, p.85.

② Simon Blackburn, *Spreading the Word*, Oxford: Oxford University Press, 1984, p.184.

模态概念,声称关于现实世界的偶然事实会影响相对于现实世界的可能事物。① 他利用这一概念来论证,他可以既解释规范对自然的随附性,又不损害规范性质的强劲的非还原性本质,从而最终调和非还原论和“强自然主义”②。具体而言,第一步,韦奇伍德先论证了意向性的心理性质本质上是规范性的,不提及规范性的性质和关系,就不可能说明意向性心理性质和关系的本质,因而心理属性在本体论上并不比规范属性更基本。第二步,他站在“自然主义”的角度,阐述还原论的自然主义即功能主义有助于解释具体随附性问题。第三步,引入假设,模态真理“p 在形而上学上是必然的”必然能够全部通过推导自“关于事物本质的基础真理”(fundamental truths concerning the essences of things)来解释。第四步,将该假设推广至所有强随附性情形,特别是,规范性质随附于非规范性质。因此可得出类似结论:规范性质相当于非规范性质,这推导自关于规范性质本质的基本真理。例如,“对于所有能动者 x、时间 t 和命题 p,x 在 t 时刻相信 p,这是合理的,当且仅当,A(x,t,p)”,这个双条件句的右边不包含任何规范性术语。实际上并没有理由认为这种必然等同将构成对相关规范性性质的一种还原,它最多支持这样一种结论:关于相关规范属性的基础基本真理意味着,规范属性必然相当于可以用部分心理术语来定义的一种非规范属性。第五步,结合第一步“心理属性本质上仍是规范

① Ralph Wedgwood, *The Nature of Normativity*, Oxford: Oxford University Press, 2007, chap.9.

② 受到摩尔攻击的传统伦理自然主义,主张伦理事实和属性都可还原为构成“自然科学主题”的事实和属性。韦奇伍德讨论的“自然主义”则不涉及还原论,也不包含“自然科学主题”中的心理事实和属性,它主张所有偶然的规范事实和心理事实本身都是在物理事实中实现的。这种自然主义概念实际上是析取了沙佛-兰道式的非自然主义对随附性的解释。这里的物理性质包括所有非心理性质的因果有效性质以及通过诸如否定、合取等操作可以用物理性质构造的所有性质。相对较强的自然主义意味着,所有偶然的心理事实和规范事实都必然在物理事实中实现。韦奇伍德的目标就是论证非还原论与这种自然主义并不矛盾,而是相容的。

的”，得出结论：这一论证并没有对“规范性质是不可还原的”这一观点施加任何压力。这样看来，“强自然主义”和非还原论并非势不两立。

但在麦克弗森看来，这种进路仍与关于随附性的直觉承诺相冲突。① 与休谟对必然性理解相近的一种直觉性观点认为，不同类型的存在之间不可能有必然的联系。每个人都应该接受这种温和的休谟式论点。据此，韦奇伍德提出的形而上学模态似乎不能是一种必然联系，对于解释随附性关系依然是无力的。韦奇伍德对此的解释是，“这些心理事实和规范事实的构成性本质中的任何东西都不需要确切地确定它们是在哪个事实中实现的。这对每个可能世界而言是由事情如何在那个世界发生而决定的某种东西。”②但难以否认，模态的必然性与可能世界的偶然性之间仍然存在一种需要解释或化解的张力。

四、模仿非还原物理主义的进路：功能主义

非还原物理主义是心灵哲学中非常重要的一个理论流派。这种理论认为，每一种心理性质在形而上学上必然地随附于物理性质；但与还原主义物理主义不同，非还原物理主义还认为，心理性质不等同于物理性质，也不能还原为物理性质，因为心理性质是可多重实现的。

两个主要的伦理非自然主义者沙佛-兰道和韦奇伍德都将自己的观点与这种非还原物理主义作以对比，认为二者之间有非常强烈的相似性。但实际上，在伦理学领域既承认随附性又承认多重实现的非还原论解释范式是功能主义的。一方面，功能主义最适合解释类似输入—输出关系的多重可实现性；另一方面，功能主义可以提供对随附性的一个合理解

① Tristram McPherson, “Unnatural Normativity: Critical Notice of Ralph Wedgwood’s ‘The Nature of Normativity’”, *Philosophical Books*, 2009, Vol.50, No.2, pp.74-78.

② Ralph Wedgwood, *The Nature of Normativity*, Oxford: Oxford University Press, 2007, p.221.

释,即某些物理状态本质上会必然化(necessitate)特定的因果性质。金在权曾用因果作用来定义功能性质,纳迪姆·侯赛因(Nadeem Hussain)借此指出,伦理非自然主义对必然化的这种功能性解释是否合适,取决于非还原物理主义诉诸的是否是因果函数。功能性质的本质是因果的。就像一个购物机,进去8元钱,出来一只小熊,这是一个功能性事实,而购物机就是一种功能型的机器。这种具有因果本质的功能性质在形而上学上与物理性质是连续的。但非自然主义恰恰强调自然和规范是完全不同的、非连续的两类性质。① 换言之,功能主义的非还原物理主义者可能能够提供对物理性质和心理性质之间所谓形而上学必然联系的一个可接受的解释,但这一解释的结构取决于非还原物理主义观点的特征,而这似乎与非自然主义的核心承诺不相容。在伦理学中,功能主义不可能是非自然主义的,而只能是自然主义的,如本书第一章中分类阐述的那样。

金在权的批评进路更彻底。就像部分非自然主义者(比如帕菲特)用自然与规范在直觉上"太不相同"来怀疑自然主义的可能性一样,金在权也直接主张非还原物理主义是不可能的。他提出的反驳性论证就是非常著名的因果排他性论证。② 直到今天,心灵哲学中依然热烈地讨论着排他性论证及其各种变种。③ 如果非还原物理主义是不可能的,伦理非

---

① 比如,大卫·伊诺克认为自然和规范给人的直觉"太不同"(just too different)了。德里克·帕菲特更风趣地说,自然和规范就像河流和十四行诗,我们可以看出它们是完全不同的。参见 David Enoch,"An Outline of an Argument for Robust Metanormative Realism", Russ Shafer-Landau (ed.), *Oxford Studies in Metaethics*, Vol. 2, Oxford: Oxford University Press, 2007, p.44,以及 Derek Parfit, *On What Matters*, Vol.2, Oxford: Oxford University Press, 2011, p.324。

② 因果排他性论证即基于因果排他性原则所进行的论证。因果排他性原则(CEP)指的是,除非在一个真正过度决定(overdetermination)的情况下,否则不可能有任何事件具有两个或两个以上不同的、在任何时刻都同时发生的充足原因。

③ 参见王佳:《论金在权的条件还原主义及其理论困境——基于因果排斥性问题的讨论》,《自然辩证法研究》2014年第2期;王晓阳、王雨程:《心理因果性、排他性论证与非还原物理主义》,《哲学研究》2015年第4期。

自然主义者将非还原物理主义作为典范来解释随附性的努力将注定不会成功。

综上,伦理非自然主义似乎只能将道德随附性当成一个粗暴的必然联系,而难以为之提供一种有力的解释。这对伦理非自然主义成为一种合理的元伦理学理论是非常不利的,虽然该理论在符合人们对道德事实和属性的客观性、稳健性和独特性的直觉方面拥有独特的优势。

五、一种构成性的形而上学解释:麦克弗森对兰道理论的公式化与批评

在本章第一节已经述及,沙佛-兰道用“构成性”来解释道德性质与非道德的基础性质之间的随附性关系,在此不再赘述。但这种路径貌似依然行不通,麦克弗森通过“公式化”对其本质进行了揭示和批评。

麦克弗森用一个构成性的(constitutive)的定义来表现这种形而上学解释,陈述这种随附性关系的本质,即公式“是一个理由=def 具有独特的辩护作用R,并且,被基础性质B实现”。如果这个公式正确的话,伦理随附性就可以通过一个合取命题得以解释,等式的左侧是伦理性质,右侧的一个合取支是基础性质。

麦克弗森指出,虽然这个公式貌似解释了随附性,但它又制造了新的粗暴性关系,即R与B之间的必然关系。这实际上就是构成伦理性质的一个非自然性质和自然性质之间的关系。关于R是如何与B必然地联系在一起的,又成了一个需要解释的沉重负担。①

可见,这种构成性形而上学解释思路只是移动了粗暴联系的出场位置,借用麦克弗森的话说,只是制造了一种粗暴性复仇(bruteness revenge)

① Tristram McPherson,“Ethical Non-Naturalism and the Metaphysics of Supervenience”,in *Oxford Studies in Metaethics*,Vol.7,Russ Shafer-Landau(ed.),Oxford:Oxford University Press,2012,pp.205-234.

现象,但并没有帮助伦理非自然主义者卸下对道德随附性关系进行解释的负担。

六、以标准为基础来解释:菲茨帕特里克对兰道理论的修正

菲茨帕特里克直言自己最偏爱沙佛-兰道式的理论,但他的理论是在对沙佛-兰道理论的批评中展开的。他认为沙佛-兰道并非像他自己标识的那样是一个强的非自然主义者,而更像是一个非还原论的伦理自然主义者。因为在菲茨帕特里克看来,为了解释道德随附性,沙佛-兰道将道德事实和属性看作是完全由自然事实和属性构成的,或者按照沙佛-兰道的原始词汇,道德事实和属性完全是在自然事实和属性中实现的,这实际上是一种伦理自然主义。在菲茨帕特里克看来,这种实在论太弱了。许多人,包括曾经的他自己,都像兰道、布林克一样想要打通伦理学与形而上学自然主义,但这样做就使得道德实在论过于紧缩了,因为用自然属性解释道德属性,就如同用语义学来解释道德实在性、将道德事实或属性转化为其他东西一样,都没有保持道德本身的强劲性。因此,后来菲茨帕特里克放弃了这种做法。

现在的菲茨帕特里克主张一种强劲的或稳健的实在论(robust realism),即不能随便地在对手的攻击面前(比如麦凯错论对道德实在论的批评面前)倒戈或退却的实在论。菲茨帕特里克认为,要不忘初心,即,时刻保持在一开始时所想到的对道德实在的"关切与直觉"①,坚持道德要求的范畴性和内在规范性、道德标准的立场独立性、或道德事实和性质的不可还原的评价性本质。而要达到这种强劲的层次,道德实在论必须是非自然主义的。它既不是麦凯的讽刺性漫画所刻画得过于夸张的极端

① William FitzPatrick,"Robust Ethical Realism, Non-naturalism, and Normativity", in *Oxford Studies in Metaethics*, Vol. 3, Russ Shafer-Landau (ed.), Oxford: Oxford University Press, 2008, p.159.

道德实在论,也不是自然主义道德实在论,而是处于二者之间,具体来说,是一种双面版本(*dual aspect*)①的非自然主义,即有的自然属性或事实本身就是价值荷载的,这是不可还原的道德标准等非自然事实的来源。

这种非自然主义不仅承诺存在独立的道德事实(与建构主义相区分)、道德主张有真假(与非认知主义相区分)且至少存在一些真的道德主张(与道德错论相区分),而且承诺至少存在有关道德标准的事实,它们并非我们道德信念或态度或实践的一个直接功能(与一种还原论的自然主义即功能主义相区分)。但还不止如此。强劲实在论之所以是强劲的,还在于它借鉴沙佛-兰道的解释,承诺了道德实在的立场独立性:一种或一系列实质性的道德观点是正确的,它只是以一种独立于立场的方式是正确的,即它比竞争对手更好地表征道德事实,而不是因为它得到了某种重要的、可独立地具体化的深思熟虑程序的批准。虽然存在真正的道德事实,但它们不能被任何其他非琐碎的一般公式所捕捉到,无论是通过诉诸科学,还是通过诉诸能动性的本质。

这样一来,雷尔顿的理想顾问理论、史密斯的理性主义—性情理论等所谓的伦理自然主义理论都将被排除在强劲的道德实在论之外,因为在

① 这个词汇或想法可能借鉴自心灵哲学中的双面一元论(DM,即 Dual-aspect monism),与之相对的是中立一元论(NM,即 neutral monism)。二者的共同点是:都是一元论,都认为存在论清单中只有一种基础实体(fundamental entity),当然,通常都承诺还存在着派生的存在物。二者的主要区别是:对 NM 来说,基础实体非心非物,但可以构成派生的心灵或物理实体。派生出的心灵实体不是物理实体,物理实体不是心灵实体。这意味着心灵和物理的共通点仅在基本的中性存在物的层面上,而当中性存在物构成了心灵实体或物理实体以后,它们就不同了。而对 DM 来说,基础实体可以被以两种方式把握,或自身可以呈现为两种方式。这意味着我们认知中的所有物理事物都有心灵的方面。也就是说我的桌子也具有一个心灵的方面。比如,DM 的鼻祖斯宾诺莎认为:思想和广延(thought and extension)是唯一基础实体(substance)的两种样式或属性(attributes),人类的能力只能把握这两种样式,而实体原则上可以有无限的样式。任何一个派生的存在物(斯宾诺莎叫它们 modes)也都能在两种不同的样式之下被把握。这两种样式之间存在着平行和同构(isomorphic)的关系。对于任何一个主体(body,即被把握在广延样式之下的存在物)都有一个理念(idea,被把握在思维样式之下的存在物)与之对应。

承诺立场独立性的情形下，理想顾问的反应不会构成道德真理，道德真理的条件可能并不需要参考这样的顾问来确定。其次，根据立场独立性承诺，伯纳德·威廉斯（Bernard Williams）的新休谟式内部理由理论（道德理由与能动者的欲望有关）也要被排除在道德实在论之外，因为虽然内部理由理论与表达主义不同，但与基于价值的外部理由理论相比，后者而非前者显然更应被划入规范性实在论。因此，如果为了遵循惯例和简单起见，可以将不用承诺立场独立性的实在论称作广义实在论，但强劲的实在论需要强调对立场独立性的承诺，因而是一种狭义实在论。

那么，菲茨帕特里克的这种双面非自然主义的强劲道德实在论如何解释随附性呢？首先，菲茨帕特里克认为，一种强劲的实在论不能同沙佛-兰道一样像一个道德自然主义似的承认道德事实是由自然事实"彻底构成的"（exhaustively constituted）①。因为，不仅有一些无法还原的评价性或规范性事实比如 F（"某些形式的道德教养，或一系列情感，比其他形式的教养或情感更好，构成了道德上准确慎思的正确起点"②）或者 G（"一个行为的道德错误是这样一种性质，它不仅会在我们身上引起一种不赞成的感觉，而且会引起应将该行为排除在慎思考虑之外这样一种反应"③）是非自然的，不是由自然事实构成的，而且即使是普通的道德事实也是非自然的，也就是说，至少不是完全由自然事实构成的。虽然沙佛-兰道明确地承认菲茨帕特里克式强劲实在论的核心要素，特别是道德事实和道德标准的立场独立性，以及道德的内在规范性，但这与兰道自

① Russ Shafer-Landau, *Moral Realism: A Defence*, Oxford: Oxford University Press, 2003, pp.74-79.

② William FitzPatrick, "Robust Ethical Realism, Non-naturalism, and Normativity", in *Oxford Studies in Metaethics*, Vol. 3, Russ Shafer-Landau (ed.), Oxford: Oxford University Press, 2008, p.184.

③ William FitzPatrick, "Robust Ethical Realism, Non-naturalism, and Normativity", in *Oxford Studies in Metaethics*, Vol. 3, Russ Shafer-Landau (ed.), Oxford: Oxford University Press, 2008, p.185.

己有关道德事实和属性由自然事实和属性彻底构成的观点似乎是不兼容的。假设有自然事实 E:吸烟导致癌症。元事实 M:E 是戒烟的一个理由。那么,M 是关于 E 的一个规范性事实。如果拒绝对这一规范性事实的一种立场—依赖的自然主义说明,那么要解释元事实 M,就不得不承诺一种非自然主义的形而上学。

其次,为了解释随附性,菲茨帕特里克也承认,道德事实部分是由结果基础中的自然事实构成的,只不过他又强调,道德事实也部分地由像 F 和 G 那样的关于善恶好坏的适当标准的非自然事实构成,而这些非自然事实不是由自然事实构成的。我们只需要对“基于标准的观点”进行扩展,对其添加关于抽象对象的解释力的额外假设,就可以解释强随附性和弱随附性。

沙佛-兰道曾经拒绝解释正确道德标准来源的任何要求:它们就是为真,没有什么能使它们为真。① 但菲茨帕特里克则认为这过早地中断了解释。虽然在菲茨帕特里克看来,关于价值的粗暴事实的确是无法进一步解释的,但关于这些价值是如何建立道德标准、而道德标准反过来又部分地解释特定的道德事实,以及标准本身并不是普遍地基本的,我们仍需给出一个丰富的理论。

虽然菲茨帕特里克的强劲实在论主张,道德标准可以在经验研究时从自然中得出,或者可以用自然科学所掌握的自然属性和自然事实兑现(cash out),但他同时主张,决定正确道德标准的客观价值只不过是这个相同世界的客观、不可还原的评价或规范方面,尽管从经验探究的角度来看它们是不可见的。例如,痛苦的属性是我们通常认为能够进行经验探究的自然属性。疼痛通常是坏的,应当避免或减轻,菲茨帕特里克认为这也是一个评估性和规范性的事实,尽管这一事实和性质没有出现在心理

① Russ Shafer-Landau, *Moral Realism: A Defense*, Oxford: Clarendon Oxford University Press, 2003, pp.47-48, 96-97.

学或神经学实验室。这些事实及其规范含义只能在适当知情的道德反思中才能被恰当把握和具体化。我们在这种反思中所做的部分工作是将这些事实置于价值和规范的综合结构中，这可以被看作是对道德标准——对人类利益、正确行动、作为一个理由的标准等等——的一种表达。在实质性的道德反思中，痛苦的“坏”为正确的道德标准提供了信息，我们才会比如通过制定这些标准来禁止无情和残忍的行为。同样，话语“可能具有欺骗性”的属性是一种能够进行经验调查的自然属性，但在我们的伦理反思中，它也是能够被认为是本质上有问题的东西。这些告诉了我们关于什么是美好生活的概念——我们关于道德良善的具体标准。

菲茨帕特里克修正过的随附性，简单来说就是，道德性质作为随附性质时，其基础性质既包括自然性质，也包括不由自然性质构成、不可还原为自然性质的非自然主义性质；而究竟哪些非自然性质会作为基础性质，是由相关的自然性质来固定（fix）的。菲茨帕特里克认为这种对自然主义部分让步的观点实际上正是捕捉和解释了伦理事实和属性对自然伦理事实和属性的随附性。无论有关道德标准的事实的具体细节如何，个体凭借他们拥有的自然特征而符合或不符合道德标准，正是这种结构解释随附性。其中，作为部分基础性质的自然性质足以解释随附性，这并不会影响另一部分基础性质是非自然性质。菲茨帕特里克认为自己的这种随附性辩护进路与詹姆斯·克莱格的归因性随附论证方法是相同的，并帮助解释一个实在论者如何能够既理解归因性随附性，又理解本体论随附性和描述性随附性。菲茨帕特里克这种混合式随附本体论，具有很强的启发意义。之后，斯坎伦提出的用区分混合规范判断与纯粹规范判断解决随附性问题的进路，就是混合式随附本体论在认识论领域的一种体现。

根据菲茨帕特里克的这种观点，有关人类生活、行为和经验的许多可以作为经验调查主题的事实和特征，也是承载内在价值的，并因此成为善的标准的客观来源。这意味着，我们一直称为“自然的”特征——比如某些东西是痛苦的或欺骗性的——从一开始就不只是自然的。将各种基础特征称为自然特征，仅仅是在它们能够被经验性地调查和把握的范围内关注它们，暂时屏蔽它们可能具有的任何评价或规范方面，这并不是说它们本身是没有价值的。“正是错误地思考它们的方式创造了似乎围绕非自然主义的神秘气氛：我们怎么可能从一系列无价值的自然属性开始，然后以某种方式产生一种具有真正的、非自然的评价性或规范性本质的结果属性？如何才能弥合这一差距？答案是，从一开始就没有真正的形而上学差距。结果基础中的自然特征从一开始就是价值荷载的，这一价值既有助于适当的道德标准，也有助于结果性质或结果事实的评价性质。”①但菲茨帕特里克也承认，这一切是如何发生的，即一个基础特征如何与总体标准联系在一起的问题，将由特定情况下除这个基础特征外的许多其他特征塑造。但究竟是如何塑造的，菲茨帕特里克似乎也没有讲清楚这一问题。

正是在这里，菲茨帕特里克的进路面临较为严重的随附性解释负担。如果像菲茨帕特里克那样认为道德标准本身只是同一个单一实在中固有的一种价值结构的一个函数，就会导致这样一个问题：菲茨帕特里克是否只是通过诉诸某些价值特征与某些自然特征的一种基础关联来转移这个谜团呢？例如他说，痛苦的经验性质也是价值荷载的：痛苦是坏事且通常是要避免或减轻的。菲茨帕特里克认为这是一个基础的形而上学联系：痛苦有这种价值荷载，这只是痛苦的一部分而已。欺骗也与此类似。而这些联系在说明随附性时显然保持着一种神秘的色彩。关于随附性，菲茨帕特里克只能说，鉴于在一个世界内部的、从该世界有关事实和特征的评价性维度得出的一套标准，任何两项在自然属性方面相同的行动，在其伦理属性方面都是相同的，因为它们会同样地满足或违反那些标准。道德标准是从被确定为自然

① William FitzPatrick, “Robust Ethical Realism, Non-naturalism, and Normativity”, *Oxford Studies in Metaethics*, Vol.3, Russ Shafer-Landau (ed.), Oxford: Oxford University Press, 2008, pp.195-196.

属性和事实的一个子集所固有的一系列价值中衍生出来的，这意味着，一旦自然属性和事实被固定，伦理属性和事实也是如此。但这样的伦理属性与自然属性有什么区别？如果二者有区别的话，它们又是如何具体随附的？

对于第一个问题，还原论的伦理自然主义者弗兰克·杰克逊曾经借用等边性和等角性的实例反驳说，伦理属性和自然属性之间的明显区别实际上只是一种表现方式的区别，而不是在属性本身上的区别。虽然存在一个独特的道德词典，但道德术语和自然术语命名的都是世界的相同特征，伦理属性实际上就是一种自然属性。菲茨帕特里克则是虽然承认伦理属性与自然属性必然共延（为了说明随附性），但主张"必然共延"并不意味着"等同"。

杰克逊提供了关于必然共延意味着等同的一些理由，菲茨帕特里克一一拒绝。杰克逊的第一个理由是，语言使用者如何及何时产生"正确"这个词的完整过程是可以描述性地给出的，所以正确就相当于相关纯粹描述性谓词所挑选的属性。菲茨帕特里克认为这个理由站不住脚，但他并没有给出论证，而只是声称追溯语言使用的做法不是强劲实在论的主张，强劲实在论只是通过对自然主义明显不充分性的哲学反思来支持伦理属性不等同于自然属性。菲茨帕特里克的这种回应显然有些简单粗暴甚至乞题了。杰克逊的第二个理由是，主张必然共延不是等同的非自然主义会导致这样一种情形：一个非自然主义者可以说，"我看到这种行动会杀死很多人而不拯救一个人，但这不足以证明我不这样做是合理的；真正重要的是，这种行动有一种只有道德术语才适合挑选的额外性质"①。菲茨帕特里克认为这只是一种讽刺说法，并没有准确地表现非自然主义。菲茨帕特里克的非自然主义认为，基础属性导致道德属性的方式（例如，毁灭生命而不拯救一个人）是通过使行动与人类行动善的标准处于某种特定关系（例如，违反善的标准）实现的，其中有关标准的事实不仅仅是

① Frank Jackson, *From Metaphysics to Ethics*, Oxford: Clarendon Press, 1998, pp.127-128.

自然或经验事实,这意味这种行动所具有的结果性道德性质或事实也不是自然或经验的。但问题的关键在于如何阐释标准事实与自然事实的关系,菲茨帕特里克在这一点上仍然是没有讲清楚的,或者是简单粗暴的。杰克逊的第三个理由是,如果必然共延不是等同,那么,哪些自然性质被道德性质随附,因而就像是"孪生双胞胎"一样,哪些自然性质不被道德性质随附,因而就像是"单胞胎"一样,这里有什么原则性的依据呢?菲茨帕特里克回答说,为什么我们会认为类似"疼痛"或"欺骗性"之类属性是价值荷载的,否认"平坦"或"比太阳大"之类的属性不是价值荷载的,这并不是一个很大的谜团;虽然没有一般的公式来确定自然的哪些方面是价值荷载的,但他建议价值荷载仅限于有感知力和理性经验、能力、交互行为等的领域。这显然是一种比较武断的界定,不过菲茨帕特里克承认这种武断,同时宣称这并不比我们使用道德语言本身更武断,道德语言与"孪生的"自然属性应该是一致的。与菲茨帕特里克对上述第一个理由的反对意见相反,这里,菲茨帕特里克又诉诸我们对语言的使用来论证或说明非自然主义,这在方法论原则上似乎也是不一致的。

对于第二个问题,菲茨帕特里克承认自己确实没有办法清楚解释伦理属性与自然属性的具体随附情形,也没有做任何事情来减少这种神秘。因而,如我们所见,他只能近乎独断地宣称,"世界上的某些元素只是以这种方式价值荷载,作为关于它们的一种基础形而上学事实,哲学在这里可能没有什么可说的了。"不得不说,菲茨帕特里克说明随附性的方法总体上很吸引人,但这里依然存在简单粗暴的问题,或称为"粗暴的复仇",即非自然主义为了反对其他主张的简单粗暴,而提出了一种复杂理论,但这种复杂理论最终也只能诉诸简单粗暴来自圆其说。

以上困难的关键在于,菲茨帕特里克将道德随附性说明最终诉诸有关善的标准的事实与自然事实的随附关系而没有更具体的阐释,但后者恰恰是非自然主义最需要解释清楚以摆脱"神秘性"指控的。所以其"道德标准”在解释随附性中要么是多余的,要么就需要对标准进行进一步的解释。而菲茨帕特里克认为无法对标准进行一种亲自然主义的解释,标准是只有通过对道德经验和品格中的适当起点进行道德反思才能掌握的。但他忽略了,对道德经验和品格的适当起点的反思也是离不开对经验的探究的。在随附性问题上,非自然主义似乎不得不向自然主义靠拢。

第五节　撤退、突围抑或防守?

在道德随附性挑战的步步紧逼之下,非自然主义呈现出不得不与自然主义合流的一种演变趋势,整个道德实在论中还出现了一种推脱随附性解释负担的倾向。

一、伦理非自然主义的随附性担忧有多严重?

菲茨帕特里克认为自己对随附性的考虑与克莱格的方法是一致的,并帮助解释一个实在论者如何能够既理解归因性随附性又理解本体论随附性和描述性随附性。不过,这种乐观主义的回应并没有被广泛接受,如前所述,挑战和争议仍然存在。

而新的非自然主义者们,大多通过缄默主义抖掉了肩头的形而上学负担,将非自然主义降格为以“理由”作为初始概念、只在一阶层面上捍卫道德实在论的一种道德理论。他们否定存在有关道德事实的外部问题,所有有关道德事实的问题都可以通过实质性的道德推理(一阶的道德推理)本身来得以解决,即通过列举与道德观点相关的各种理由或考虑,来为自己的道德主张进行理性辩护,对相关道德议题开展严肃的讨论。比如,张三认为,堕胎在道德上应该被允许,理由是基于男女双方同意的堕胎行为没有伤害到其他人,但李四反对堕胎,认为堕胎的行为当然伤害了其他人,比如辜负了父母的期望从而给父母带来了伤害,比如给胎儿带来了伤害。为了回应李四,张三可能会指出,辜负父母期望的行为并不就等于不道德的行为,即使会给父母带来情感影响或伤害,但这种影响或伤害并不是道德相关的;或者胎儿并不能算作真正意义上的人,所以堕胎伤害了胎儿并不等于伤害了其他人。进而张三可能还会要求李四证明堕胎对父母造成的可能伤害是与道德相关的,等等。这种严肃道德推理所遵循的方法,很像罗尔斯所谓的反思性平衡,在寻找一般道德原则和保持(或修改)已有的道德直觉之间不断往复,实现一种动态平衡的理想状态。

新非自然主义对形而上学问题的后退式"缄默"做法,被经典的非自然主义所批评,正如米勒所表明的那样,"很多反对自然主义认知主义(尤其是各种还原论)和非认知主义(尤其是布莱克本的准实在论)的论证,至少并不像它们乍看起来那么令人信服"①,但这种"回到事物本身"的做法又极具吸引力,在当代理论世界中形成了一股潮流。

二、一些非自然主义者继续在努力

道德非自然主义者对随附性挑战的回答仍在继续。如果规范属性和非规范属性是两类不同的属性,如何解释两者之间的随附关系?托马斯·斯坎伦对这一问题的解决方案近期受到了关注。

斯坎伦对此问题的解答是,应当将混合规范判断和纯粹规范判断作以区分,然后主张,只有混合规范判断所对应的规范性事实才依赖于或随附于(dependent/contingent on)相关的非规范事实,而纯粹的规范判断并不依赖于自然事实或其他事实(如上帝之类的超自然事实)。如前所述,这似乎是受到了菲茨帕特里克的启发。

"对囚犯施以水刑是错的"是一混合的规范判断。"水刑给罪犯带来痛苦"是一个自然事实。"给一个有感觉的存在带来痛苦是错的"是一个

① Alexander Miller, *Contemporary Metaethics: An Introduction*, Cambridge: Polity Press, 2013.

纯粹的规范性判断。在斯坎伦看来，混合规范判断所具有的道德—自然随附性可以用纯粹规范性真理来解释。混合的规范事实依赖于非规范事实，而它们究竟依赖于哪个非规范事实，这本身作为一个规范的事情是被纯粹规范性主张的真理所决定的，即规范性判断是对非规范性事实所具有的规范重要性作出判断。①

规范性和非规范性的这种关系与心理—物理关系非常不同，而是很像数学与物理的关系：混合的数学事实与非数学事实共变，与其共变的具体事实则是由纯粹的数学事实所决定的；混合性规范事实与非规范事实也是共变的，而混合性规范事实依赖于哪些具体的非规范事实则是由纯粹规范性事实决定的。而且，根据凯特·法恩(Kit Fine)和吉迪恩·罗森(Gideon Rosen)的观点，一个真理是必然的，当且仅当它被某种本质真理(essential truths)所蕴含。②

---

① Thomas M.Scanlon, *Being Realistic about Reasons*, Oxford: Oxford University Press, 2014, p.40.

② Kit Fine,"Essense and Modality", James Tomberlin(ed.), *Philosophical Perspectives*, 1994, Vol.8, pp.1-16.这里涉及逻辑与本质主义关系的讨论。按照模态逻辑，"□Fa"的意思是"a 必然具有 F 这种性质"，这样一来，性质 F 就成为 a 的本质，据此，模态逻辑就与本质主义建立起了密切的关系。分析哲学家比如王路认为，亚里士多德的"本质"概念是他对认识的一种说明，亚氏"十范畴"中的第一个范畴就是本质，本质与其他范畴的区别是：其他范畴都和感觉相关，而本质和感觉无关，和理解相关；而奎因坚决批判本质主义，不赞成将逻辑与本质主义联系起来，认为逻辑就是一阶逻辑，一阶逻辑是外延的，与本质的东西无关；除此之外的模态逻辑、归纳逻辑、集合逻辑会引起本质之类麻烦的东西，都不是逻辑。参见王路、阴昭晖：《奎因与逻辑的观念——访清华大学王路教授》，《清华大学学报(哲学社会科学版)》2019 年第 3 期。法恩区分了本质的和必然的：本质的可以是必然的，而必然的不一定是本质的，这里他采取了概念必然性的进路。而在后来的文章"Varieties of Necessities"(Tamer Szabó Gendler, John Hawthorne(eds.) *Conceivability and Possibility*, Oxford University Press, 2002, pp.253-282.)中，法恩区分了必然性的种类，主张新自然主义者认为规范必然性不一定是概念必然性，而倾向于认为它是一种形而上学必然性，参见 James Dreier,"The Supervenience Argument against Moral Realism", *The Southern Journal of Philosophy*, 1992, Vol.30(3), p.15; James Klagge,"An Alleged Difficulty Concerning Moral Properties", *Mind*, 1984, Vol.93, p.378; Ian McFetridge, "Supervenience, Realism, Necessity", *Philosophy Quarterly*, 1985, Vol. 35, pp. 251 - 252; Sydney Shoemaker,"Review of S.Blackburn's 'Spreading the Word'", *Nous*, 1985, Vol.19, p.441; Nick Zangwill, "Moral Supervenience", *Midwest Studies in Philosophy*, 1995, Vol.20, pp.240-262。

本质真理指的是关于相关对象及其关系的本质的真理,后者包括等同关系(identity)、组合关系(composition)、可决定或决定关系(determinable/determinate)、属种关系(genus/species),等等。这样,纯粹规范性判断就与具有随附性的混合规范性判断建立起了联系。混合规范性判断所具有的这种随附性关系也是一种必然关系。

但从总体上来看,斯坎伦并不能解释对非自然主义构成挑战的全局随附,因为他既没有证明纯粹规范事实所具有的形而上学必然性,又无法通过将全局随附视为概念真理而取消其中的形而上学问题。①

那么,纯粹规范性判断与混合规范性判断的联系究竟是怎样的呢?有人提出了另一种解决方式,即诉诸二阶概念②。S 在下述意义上是一个二阶概念,"x 是 S"概念上蕴含"x 具有某个一阶属性 F 并凭借它是 S",比如,形状、颜色、好的、坏的、正义的、美丽的,都是二阶概念。一个事物有形状这种二阶属性,总是凭借它是圆的、方的、梯形的、五角形的、不规则图形的,等等。有些实体(比如,水、幸福)是高阶实体,但相应的概念("水"、"幸福")却不是二阶概念。没有什么东西能平白无故地(barely)是好的或坏的、对的或错的,所以,道德概念是二阶概念。这种解释似乎可以将道德—自然随附性解释为概念真理,而不用持有分析的道德自然主义,避免开放问题论证的挑战;同时,似乎还能在尊重必然性的本质条件的同时,为道德—自然的不可还原留下空间。

---

① 魏犇群:《斯坎伦解决随附性问题了吗》,《道德与文明》2019 年第 5 期。

② 钟磊:《道德领域的随附性问题》,即将发表。本书相关信息来自 2020 年 12 月 5 日钟磊在山东大学人文社会科学青岛研究院国际莱布尼兹研究中心举办的"分析伦理学在线工作坊"上的报告。此外,在心灵哲学上,钟磊赞成法恩和罗森提出的关于真理必然性的条件,因而持有一种没有随附性的物理主义,因为有些心理性质(比如现象学特性)并不涉及物理性质,所以心理—物理关系不具有必然性,心理性质并不随附于(或被必然化于)物理性质,而只是一种"没有必然化的奠基"(grounding without necessitation)关系。参见 Lei Zhong,"Physicalism without Supervenience",*Philosophical Studies*,2020.https://doi.org/10.1007/s11098-020-01494-z。

这的确是从概念上解释随附性的一条途径，但在我看来，这种仅在概念上谈论道德的做法是不够的，它容易将道德紧缩为道德概念，或仅承认紧缩论的道德真理观，它并不能支持道德实在论，反而使其更容易受到道德错论、虚构主义的威胁。而且在其概念分析的内部，如何区分一阶概念和二阶概念也会存在争议，如果不诉诸非概念世界的话。比如，幸福究竟是一阶概念还是二阶概念？

三、争议之下：走向保守

麦克弗森、布莱克本等人都认为伦理非自然主义面临的随附性解释负担是非常大的。大卫·伊诺克则主张伦理非自然主义对随附性进行解释的负担的确存在，但这并不算是非常严重的负担。

一个更基本的问题在于，主张随附性的人需要对随附性本身进行论证吗？比如，柯林·麦克金就将随附性看作一个粗暴的形而上学事实。① 戴维森也曾将随附性称作一个“教条”，在没有任何贬低和嘲讽的意义上。② 就连布莱克本也将随附性看作心理实在论者的一个“形而上学学说”③，虽然他还是坚持要求道德实在论对本体论随附给出解释。但道德随附性和心理随附性有什么巨大的不同，以至于后者可以被轻松地拿来作前提使用，前者却无法豁免论证的责任？实际情况应该更如克莱格所言，“道德随附性和心理随附性似乎在同一条船上。”④

---

① Colin McGinn, "Modal Reality", in Richard Healey (ed.), *Reduction, Time and Reality: Studies in the Philosophy of the Natural Sciences*, Cambridge: Cambridge University Press, 1981, p.176.

② Donald Davidson, "Replies to David Lewis and W.V.Quine", *Synthese*, 1974, Vol.27, No.3, p.345.

③ Simon Blackburn, "Supervenience Revisited" (1985), in *Essays in Quasi-Realism*, New York: Oxford University Press, 1993, p.139.

④ James C.Klagge, "Supervenience: Ontological and Ascriptive", *Australasian Journal of Philosophy*, 1988, Vol.66, No.4, p.469.

面对无休止的随附性争论,有人可能会提议,道德属性与其基础属性系列是等同的;只是由于我们道德上的模糊性和不足,很难具体地说出各种等价物。但这相当于放弃了对具体随附性的说明。而且,如果随附性意味着道德属性和非规范属性之间的一种非对称性的依赖,那么道德属性很可能不能等同于非规范属性。

就连自然主义者也开始批评随附性论证路径。比如,康奈尔实在论者斯德津后来认为,使用随附性作为论辩武器的想法是行不通的,强劲的(robust)随附性或全总的随附性并不是奠基元伦理学的一个辩证性共识。虽然他自己也接受强劲的随附性,但斯德津认为他这样做的理由是局部的(parochial),他接受随附性与他是一个伦理自然主义者这一事实紧密相关,就像有神论者自然会相信超自然性质在伦理上是重要的一样。虽然大多数元伦理学观点可以容纳某种形式的随附性,不同的哲学家似乎共同承诺随附性论点,但没有一种单一的随附性阐述适合所有看似合理的元伦理学观点,对随附性的承诺只是反映了他们的各种局部的承诺。在斯德津看来,伦理的随附性不是对元伦理学观点的一种独立的合理约束,它实际上只是不同论点的一个集合,其中没有一个随附性论点具有更广泛的逻辑论证意义,在这种情况下,一个人认可哪种形式的随附性将取决于一个人的元伦理学背景理论。①

这样一来,非自然主义者可以不乞题而接受的唯一形式的随附性实际上就是他们终究可以解释的一种学说形式。反实在论对非自然主义的随附性论证反驳就会面临失效。不过,虽然斯德津对道德随附性概念提出的问题有一定道理,但他的反对理由主要是基于具体随附性的多样性。而相比局部的、具体的随附性观点,一般随附性的存在显然更具有吸引

---

① Nicholas Sturgeon, "Doubts about the Supervenience of the Evaluative", in *Oxford Studies in Metaethics*, Vol.4, Russ Shafer-Landau (ed.), Oxford: Oxford University Press, 2009, pp.53-57.

力。一般随附性观点具有强大的概括直观性，虽然概括直观性与真理性并没有必然联系，而且我们某些有关没有反例的直观判断也曾被证明是错误的（比如著名的盖梯尔反例），但一般随附性观点仍具有较强的解释力和吸引力。与其解释大量特定的必然联系，不如只解释一个一般的必然联系，这反过来也表明人们希望能够基于相当普遍的伦理特性来解释这种联系。

本章第一节从国外研究、国内研究两个维度简要梳理了道德随附性的研究概况。第二节介绍了道德随附性的概念、类型及与其他概念的关系，对道德随附性的几种类型进行了界定，对随附性与依赖、共延、共变、蕴含、副现象的联系与区别进行了刻画。第三节论述了基于道德随附性的争论。首先论述道德实在论内部的道德随附性争论，得出：相对于伦理自然主义，伦理非自然主义面临的道德随附性挑战更大；其次还论述了道德非认知主义与道德实在论基于随附性问题而展开的相互攻击和各自辩护，展示出两种对立理论的各自优缺点。第四节重点梳理了伦理非自然主义针对道德随附性展开的各种突围式探索与创新路径，这些路径中存在的各种问题为我们思考和解答道德随附性问题提供了有益的经验和教训。第五节表明，在元伦理学各种理论的争论中，为了解决随附性问题，非自然主义与自然主义渐趋融合，虽然这种融合并未从根本上解决随附性难题，但它表明这种融合趋势可能是目前解释力最强的一种道德本体论思路，而且为我们在认识论层面的某种融合提供了条件。

在后面我们会继续看到，着眼于随附性等问题的解决，表达主义和认知主义也需要走向融合。本书也将致力于这种融合，一方面竭力继承表达主义的优势；另一方面尽量比非认知主义更合理地解释我们的道德常识，从而对道德随附性和道德本质问题的解决开启一种新思路。

第三章　新表达主义:解释道德随附性的一种认知主义进路

表达主义和伦理非自然主义以及伦理自然主义的随附性争论,其实质和根源依然是有关道德本质的争论,只有建构一种更具有解释力的道德本质理论,道德随附性问题才有可能得以解决。本章将在阐述表达主义理论的基础上,围绕对"情感"的重新阐释来发展一种新的表达主义——认知主义的表达主义,说明情感本身可能涉及认知—评价性信念和非认知性情绪,而且二者常常是纠缠在一起的,作为情感表达的道德话语既具有描述性成分、评价性成分,也具有心理倾向性成分。这种对情感的解释也可以被称作情感认知—评价主义。结合意向性理论分析可以得出,情感并不都是非理性、非认知性的,情感中包含着理智因素、认知成分,当然也涉及非认知的情绪因素。作为态度或情感表达的道德话语说出了某些关于事实的描述,这是它具有适真性的根本原因,也是它与自然命题有随附性关系的秘密所在。

第一节　非认知主义的表达主义

关于道德的本质,伦理学中长期存在的一种观点是:与自然科学的研究对象不同,道德更多的是一种态度,或一种情感。日常所谓的道德判断或道德评价与描述性语句也不同，其实质不是对信念的陈述，而是对态度或情感的表达。比如，“不能说谎！”这一语句并未断定“说谎是错误的”，其实质上是对一般说谎行为的否定态度的表达，或对某种具体说谎行为的愤怒情感的表达。“我们应该帮助他！”也没有断定什么事实，只是表达了对具体助人行为的赞同，或者表达了对应受助者的同情。

上述观点正在被一种流行的道德哲学流派，即非认知主义的道德表达主义①所论证。经典表达主义的两个论点是：其一，在道德本体论的层次上，不存在像自然事实那样可以被描述的道德事实，因而表达主义也被称作“非描述主义”，这标示了经典表达主义的反实在论立场；其二，在道德话语的层次上，道德语句并不是道德断言或道德命题，而只是表达一种对非道德事实的赞同或不赞同、认可或谴责的态度，这标识了经典表达主义的非认知主义立场。

经典表达主义的这种反实在论立场和非认知主义立场会带来什么样的后果？它使得理论面临什么样的困难？当代表达主义如何回应这种困难？能否自我突破，抑或需要外部启示？此外，表达主义又具有怎样的理论优势？本章将试图借助回答以上问题来说明构建一种更合理的道德表达主义的必要性和可能性。

一、道德表达主义的内部困难及发展演变

道德表达主义可以分为经典的表达主义和解释的表达主义，经典表

① 情感主义、表达主义、非认知主义三个概念既大幅交叉，又不完全等同。一般而言，“非认知主义”是相对最广泛、最全面的一个标签，其中包括艾耶尔、卡尔纳普、斯蒂文森、黑尔、布莱克本、吉伯德等人提出的代表性观点。非认知主义都认为道德术语与描述性术语的意义不同，但有的主张道德语句的作用在于激发情感、创造效果，而有的则主张道德语句的作用是表达情感，还有一种非认知主义采取了非情感主义的形式，比如黑尔的规定主义。在本书中，“表达主义”概念的外延更广，因为在我看来，非认知主义的表达主义只是表达主义的一个分支，笔者试图构造另外一种表达主义，即认知主义的表达主义。

达主义的发展过程又表现为三波浪潮。① 不同的表达主义在其承诺的内容和理论框架上有很大的不同。但其最大的共识就是,道德术语和普通的描述性术语并不具有相同种类的意义。

（一）第一波经典表达主义

第一波道德表达主义在19世纪早期就已出现。情感主义者艾耶尔可被看作道德表达主义最早的代表人物。② 他认为,“你偷那些钱是错误的行为”并不比简单地说“你偷了那些钱”表达更多的内容,而后者又和“偷钱!”是一样的。据此,“你偷那些钱是错误的行为”并非一种认知判断,其所表达的具体的道德不同意,等同于“偷钱!”所表达出来的情感,这里不存在任何事实陈述,甚至没有关于说话人心灵状态的陈述。这是一种典型的道德非认知主义。

以艾耶尔为代表的第一波经典表达主义明显的一个缺陷就是,其观点没有解释为什么道德话语实际上是非断言的,它难以用情感说明道德判断的真假,既然感觉和激情不会有真假。当然,情感主义者可以说,道德判断既不真也不假。虽然这是一种可能的答复,但它的确与哲学家的经验法则冲突,即如果一个哲学理论与日常思考或言说方式相冲突,那么这个理论很可能是有问题的。

更重要的是,艾耶尔的观点很难使我们理解日常道德论证(包括表达主义者们的道德推理)是如何有意义的。典型的案例就是,情感表达主义认为,当我进行一个针对行为的道德判断时,我表达的仅是我对该行

① Russ Shafer-Landau, and Terence Cuneo, *Foundations of Ethics*: *An Anthology*, Malden: Blackwell Publishing, 2007, p.35.

② 表达主义与情感主义并不等同。经典表达主义体现在许多不同的理论观点之中,比如情感主义、规定主义、规则—表达主义、准实在论和断定的非描述主义。参见RussShafer-Landau and Terence Cuneo, *Foundations of Ethics*: *An Anthology*, Malden: Blackwell Publishing, 2007, p.36。

为的赞成或不赞成的态度，并未对此行为进行任何断言。例如，

(P1)说谎是不道德的。

(P2)如果说谎是不道德的，那么让小明说谎是不道德的。

(C)让小明说谎是不道德的。

在我们看来，上述肯定前件式假言推理在直觉上是明显有效的。但根据道德表达主义的观点，在上面的道德陈述中，没有一句话具有断言的性质；而根据逻辑学，非断言的话语没有真假，也就无法构成逻辑有效的推理。那么，道德表达主义如何避免把这一明显有效的肯定前件式假言推理解释为无效论证呢？道德表达主义如何解释有道德语句嵌入的复合句的真值条件？如何解释道德判断与用嵌入道德术语的非断言语句（比如条件句）所表达的其他判断之间的逻辑关系？此即著名的"弗雷格—吉奇"问题。它受到当代英美哲学家的高度关注，甚至被归入当代道德哲学的三大"语义之谜"①。

只要按照前面述及的各种表达主义的共识——道德术语和普通描述性术语并不具有相同种类的意义——来理解表达主义，就很容易理解弗雷格—吉奇问题这一挑战的关键所在。因为实际上，"没有任何语言证据表明道德术语的含义与普通描述性术语的意义不同"②，相反，我们在"红的"这样的描述性谓词上所能进行的一切语法活动，也都可以用"错的"

① 道德表达主义者面临的"弗雷格—吉奇"问题最早由皮特·吉奇和约翰·塞尔相对独立地提出，也被称为吉奇问题或弗雷格—吉奇—塞尔问题，或嵌入性问题。参见 Peter T.Geach，"Ascriptivism"，The *Philosophical Review*，1960，Vol.69，No.2，pp.221-225；Peter T.Geach，"Assertion"，*Philosophical Review*，1965，Vol.74，pp.449-465；John Searle，*Speech Acts*，Cambridge：Cambridge University Press，1969，pp.136-141。它与自然主义道德实在者面临的"开放问题论证"挑战、"道德孪生地球"问题共同构成道德哲学的三大语义之谜。详见 Russ Shafer-Landau and Terence Cuneo，*Foundations of Ethics*：*An Anthology*，Malden：Blackwell Publishing，2007，p.455。

② Mark Schroeder，"What is the Frege-Geach Problem?"，*Philosophy Compass*，2008，Vol.3，No.4，pp.703-720.

这样的道德谓词来进行，换言之，当我们做这些事情时，两种语法活动具有相同的语义效果。因此，从根本上说，弗雷格—吉奇问题就是有关道德术语和描述性术语在复合句中如何具有完全相同的语义属性的问题。

（二）第二波经典表达主义

第二波表达主义浪潮的重点就是对上述困难进行修复。无论是黑尔①，还是布莱克本，他们所主要解决的问题就是：(1)为何道德话语会具有断言式话语才具有的语法和逻辑外表？(2)根据“道德话语主要是一种表达”这个假定，我们如何证明日常行为中“对道德主张进行逻辑真假判断”、“对道德主张进行道德论证”、“声称某种实践行为体现了道德特征”这些都有可能是正确的？

黑尔主张将日常语言分析学派比如约翰·兰肖·奥斯丁(John Langshaw Austin)和赫伯特·保罗·格莱斯(Herbert Paul Grice)的逻辑方法用于道德语言分析，以此来回答上述问题，进而恢复伦理学作为规范性科学的尊严。他认为，伦理学的研究对象不是心理事件，而是具有普遍性的道德语言。道德语言既不像艾耶尔所说的是感叹句，也不像卡尔纳普所说的像命令或是伪装的祈使句(disguised imperatives)，而是属于包含祈使句、价值判断在内的规定性语言家族的一员②，甚至可以说就是一种隐秘的祈使句(crypto-imperatives)③。祈使句可以成为逻辑研究的对象，因为它不是与事实无关的，也不仅仅是混乱情感或强烈语气的表达，如果说

---

① 与兰道将黑尔划入经典表达主义的第二波浪潮不同，马克·施罗德(Mark Schroeder)则将黑尔和艾耶尔、斯蒂文森的道德理论一起，划入经典非认知主义版本系列，而将布莱克本、霍根、蒂蒙斯的道德理论划入非认知主义的当代版本系列，统称为道德表达主义。考虑到霍根和蒂蒙回避“非认知主义”标签，而声称自己采取一种“非描述主义的认知主义”立场，所以此处仍采用兰道的划分。参见 Mark Schroeder, “What is the Frege-Geach Problem?”, *Philosophy Compass*, 2008, Vol.3, No.4, pp.703-720。

② R.M.Hare, *The Language of Morals*, Oxford: Oxford University Press, 1964, p.1.

③ R.M.Hare, “Imperative Sentences”, *Mind*, 1949, Vol.58, No.229, pp.21-39.

陈述句是在描述一些事情是事实，那么祈使句就是借助言语行为而使得一些事情成为事实。祈使句结构的认识论意义就是使得人们能够从祈使性前提推出祈使性结论。当然，如果一组推论的前提中不包含祈使命令，结论中是不可能包含祈使命令的。那么，这种实践三段论推理不还是意味着伦理学要追寻一般性的祈使命令吗？黑尔承认这一点，认为伦理学推理必须追溯到一些不可还原的准则，但他同时强调，这些准则不是可以被描述的，而是在言语行为中被规定的，不可能"从不言而喻的第一原则演绎出具体责任"①。某个道德原则本身并不能产生什么后果，只有人们在某种事态中赞同或反对、遵守或违背了这个道德原则，才会产生相关的道德后果。至于哪些原则是道德思考的"元规则"，黑尔在《道德语言》一书中并未直接回答这个问题，但他提到，只有当道德原则被我们"足够长时间地不加质疑地接受"②时，它才能够获得一种直觉力量，成为所谓的道德金律。但这似乎会不可避免地陷入道德相对主义，这一点被麦金泰尔等人所批评。③

布莱克本对于表达主义面临的前述两个问题有自己的回答。对于问题(1)"为何道德话语会具有断言式话语才具有的语法和逻辑外表？"，布莱克本的回答是，人类的生存使其有必要去修正和协调道德态度，去鼓励某些态度、劝阻另一些态度，正是这种需要，解释并证明了我们道德承诺的命题性表面的合法性。④ 布莱克本区分了语句的表面形式和深层形式，声称虽然道德陈述表面上是命题性或认知性的，但它们的基本作用实际上是深层形式所体现的表达性的。当人们进行道德判断时，表面上是

---

① R.M.Hare, *The Language of Morals*, Oxford: Oxford University Press, 1964, p.39.

② R.M.Hare, *The Language of Morals*, Oxford: Oxford University Press, 1964, p.165.

③ 麦金泰尔：《德性之后》，龚群、戴扬毅等译，中国社会科学出版社 1995 年版，第 142 页。

④ Simon Blackburn, "Securing the Nots", Walter Sinnott-Armstrong and Mark Timmons (eds.), *Moral Knowledge? New Readings in Moral Epistemology*, Oxford: Oxford University Press, 1996, p.84.

对事态进行道德性质(善或恶、正确或错误)的判断,好像事态真的具有这样的性质一样,而实际上只是我们将自己的情绪或情感投射到世界上而已,所以道德表达主义也被看作一种投射主义(projectivism)。那么布莱克本的投射主义面临的问题就成了:在声称道德话语深层形式是表达性的基础上,如何获得对道德话语命题性或认知性表面形式的权利?布莱克本建议将道德假言判断中的“如果……那么……”用“……并且……”代替。这样一来,当我说“如果说谎是不道德的,那么让小明说谎是不道德的”时,我表达的是我对把“对说谎的不赞成”和“对让小明说谎的不赞成”结合在一起的道德情感的赞成态度。语句“如果偷窃是错误的,那么谋杀是错误的”表达的是对既赞成偷窃又不反对谋杀这种状态的不赞成。一句话,嵌入道德语句的条件句表达了对句子各部分所表达的心理状态的高阶态度。

布莱克本又引入了一种想象的语言 E_{ex} 来展示道德语言的深层形式,“它可能包含一个‘hooray!’操作符(H!)和一个‘boo!’操作符(B!)附在对事物的描述上,从而产生态度表达”①。这样一来,

(P1)说谎是不道德的。

(P2)如果说谎是不道德的,那么让小明说谎是不道德的。

(C)让小明说谎是不道德的。

就成了

(P1)B!(说谎)

(P2)H![[B!(说谎)];[B!(让小明说谎)]]

(C)B!(让小明说谎)

如果一个人认可了前提 P1 和 P2,却拒绝结论 C,那么他就是处于一个支离破碎的态度系列之中(a“fractured”set of attitudes)。日常普通的

---

① Simon Blackburn, *Spreading the Word*, Oxford: Oxford University Press, 1984, p.193.

道德语言具有深层形式 E_{ex}，所以日常道德推理的有效性来自于 E_{ex} 的有效性。但因为日常普通语言更容易、更优雅，所以我们并不采用 E_{ex} 来进行日常道德谈论。

但克里斯平·赖特（Crispin Wright）认为布莱克本的这波操作并没有化解危机，因为“任何值得称之为推理有效性的东西都必须存在于，接受其前提而否认其结论的话，会有不一致性”①，这种不一致性是一种逻辑错误。而布莱克本虽然承认在道德肯定前件式推理中如果接受前提但否认结论的话会有态度的不协调（clash of attitudes），但是这里没有矛盾，因为这看起来更像是道德失误，而非逻辑错误。

对此，布莱克本在后期尝试采用承诺理论的语义学（Commitment-Theoretic Semantics）进路来解决②，将道德论证中的承诺进行分析列举，这样，“逻辑不一致性”就可以被非认知主义地解释为：如果一个欲望的满足或实现排除另一个欲望的满足或实现，两种欲望就是不一致的；如果接受并拒绝同样的态度，就是让自己陷入不一致当中。但是，正如鲍勃·霍尔（Bob Hale）所指出的：为什么这种欲望的不一致必然意味着不合逻辑呢？③ 此外，更重要的是，当布莱克本说“承认‘如果 p，那么 q’，就是承诺组合‘要么非 p，要么 q’”时，他暗示了“对于 p 的任何选择，要么接受非 p，要么接受 p。”但实际上，“在信息中立的状态下，对给定的命题 p，我们既不应该接受非 p，也不应该接受 p”④。因此，用承诺理论回应弗雷

① Crispin Wright, "Realism, Antirealism, Irrealism, Quasi-realism", *Midwest Studies in Philosophy*, 1988, Vol.12.

② Simon Blackburn, "Attitudes and Contents", *Ethics*, 1988, Vol.98, Reprinted in *Essays in Quasi-Realism*, New York: Oxford University Press, 1993.亦可参见 Simon Blackburn, *Ruling Passions*, Oxford: Clarendon Press, 1998。

③ Bob Hale, "Can Arboreal Knotwork Help Blackburn Out of Frege's Abyss?", *Philosophy and Phenomenological Research*, 2002, Vol.65.

④ Bob Hale, "Can Arboreal Knotwork Help Blackburn Out of Frege's Abyss?", *Philosophy and Phenomenological Research*, 2002, Vol.65.

格—吉奇问题的尝试并不成功。

这样一来，对于在道德肯定前件式推理中接受前提却否认结论的能动者，我们难以判定其究竟是犯了道德失误还是逻辑错误，必须结合有关能动者精神状态和行动的大量背景信息来进行分析才能得到明确的结果。同时，如果采取米勒的说法和建议，即逻辑错误可以被分为两种：第一种是，该错误在于持有一组不一致的信念；第二种是，该错误被最佳解释为持有逻辑上不一致信念的倾向性特质，那么，准实在论就可以根据第二种逻辑错误的定义来认定相关能动者是犯了逻辑错误。在这样的意义上，赖特的反对意见才可能是比较乏力的。

对于问题(2)，即根据“道德话语主要是一种表达”这个假定，我们如何证明日常行为中很多的相关道德推理和论证都是正确的？布莱克本采用真的紧缩论(The Deflationary Theory of Truth)来进行说明。真的紧缩论主要是针对符合论、融贯论、实用论等传统的真理理论而提出来的，它认为，术语“真”不是一个真正的谓词，或至多是一个逻辑谓词，即便存在它所代表的真的性质，真的性质也没有任何本质，即我们依然无法说真由什么构成，比如，真的性质并不是指命题代表了一种能被理想地证实的相关事实。① 例如，关于算术真理“2+2=4”。它与事实相符合吗？与什么事实相符合呢？如何非要说它与某事实相符合的话，也只能是与2+2=4的事实相符合，如果2+2=4可以被称作事实的话。再比如，“水是热的”是真

---

① 传统的真之紧缩论，其主要形态有：弗雷格、兰姆赛(Ramsey)、斯特劳森、威廉斯的真之冗余论及其变体；格罗弗(Grover)、贝尔纳普(Belnap)和坎普(Camp)的代语句理论；艾耶尔、奎因、里兹(Leeds)所提倡的去引号论的说明；索姆斯(Soames)为一般紧缩观点的精妙辩护；菲尔德(Field)的“纯去引号的真”；等等。其共同点是认为：真没有一个固定不变的本质，甚至不是一个具有规范性的性质。亦可参见中文资料，彭媚娟、胡泽洪：《真之收缩论述评》，《世界哲学》2010年第3期。陈晓平：《真之收缩论与真之膨胀论——从塔斯基的“真”理论谈起》，《哲学研究》2013年第12期。较近的紧缩论代表是霍里奇(Paul Horwich)的极小主义紧缩论，参见 Paul Horwich, *Truth*, Oxford: Clarendon Press, 2005. Paul Horwich, *Meaning*, Oxford: Oxford Press, 1998。

的,当且仅当这句话符合事实。换言之,“水是热的”为真,当且仅当,水是热的。相似地,S 是真的,当且仅当 S。无论替代 S 的句子是表达一个事实信念还是算术信念,这一原则都是有效的,哪怕句子表达一种道德态度。“虐待老人是错的”是真的,当且仅当,虐待老人是错的。如果你说虐待老人是错的,而我说“这是真的”,我不是说你的话符合事实,我只是在同意你而已。换言之,S 是真的并不比 S 多说了什么。根据这种极小主义的(minimalist)真理理论,情感主义者可以说明我们为何在道德判断上有使用“真”或“假”的倾向。在此意义上,丹尼尔·斯托尔贾尔(Daniel Stoljar)主张①,表达主义虽然不具有膨胀的真值条件,但具有紧缩的真值条件。

由此,第二波表达主义者们发现,通过真理紧缩论,他们无须承诺某种道德事实就可以证明我们日常“主张某些道德判断是真的”的这种实践活动是正确的。如果我们是真的紧缩论者,那么就可以随意谈论道德真理。极小主义真理论的代表人物保罗·霍里奇(Paul Horwich)为此声称,一旦正确理解了有关真的极小主义,弗雷格—吉奇问题就消失了。②

但这样做也不是没有问题的。首先,紧缩论的真理观并不能很好地揭示日常话语的特征,在日常生活以及自然科学领域,传统真理观依然占据着真理理论的核心,完全依赖紧缩论真理观会降低表达主义的解释力和被接受度。

其次,真理的极小主义紧缩论即使在日常非规范性话语中被接受,其在规范性话语中的应用仍然受到挑战。吉米·德雷尔(James Dreier)就批评了真理极小主义理论家族中最重要的三个家庭成员——替代极小主义③、断言

---

① Daniel Stoljar, “Emotivism and Truth Conditions”, *Philosophical Studies*, 1993, Vol. 70, pp.81-101.

② Paul Horwich, “Gibbard's Theory of Norms”, *Philosophy and Public Affairs*, 1993, Vol.22, pp.67-78.

③ 替代极小主义,即,任何形式的“S 是真的”的句子通常都可以被 S 本身所取代,在意义上没有任何损益。

极小主义①和保罗·霍里奇(Paul Horwich)图式极小主义②。德雷尔认为图式极小主义在解决嵌入问题,尤其是在嵌入道德语句的复杂句的真值条件问题方面是无用的,因为图式极小主义"告诉我们,要把真理解为对规范性语句的断定,我们只需要起草由具有规范性谓词的句子组成的图式的实例的子列表。但这些实例中的每一个都是嵌入规范性语句的一个真值函数复合句。正如我将要解释的,只要嵌入问题被解决,极小主义的图式版本可能会对表达主义非常有吸引力。但在嵌入问题解决之前它是无法被接受的"③。替代极小主义无法理解类似"如果死刑是错误的,那么堕胎是错误的"这种条件句的真值函数解释。根据逻辑学,条件句的真值函数解释是:一个条件句是正确的,当且仅当它的前件为假或后件为真。结合给定实例,也就是说,给定的条件句为真,当且仅当"死刑是错误的"为假或"堕胎是错误的"为真。但因为替代极小主义只是说,对"真"的理解就是句子的引号名称与表达式"is true"的连接可以替换成句子本身,所以仅凭此,我们无法理解道德语句是如何嵌入到真值函数语境的。斯蒂文森和艾耶尔支持的断言极小主义本身是一种归属主义(Ascriptivism)。就像塞尔在讨论言语行为谬误时指出的那样,这种主张实际上也缺少对有关真的断定如何嵌入真值函数语境的一个解释。所以,无论极小主义真理紧缩论本身如何,它都无助于使表达主义能够给出有关道德语句嵌入真值函数语句的合理解释。

最后,即使表达主义者可以用真理紧缩论解释道德事实和道德真理,但他不会假定这些事实和真理是自然秩序的必不可少的部分,也不会假

---

① 断言极小主义,即,把一个句子称为真,就是断言或肯定那个句子。

② 图式极小主义,即,有关真是什么的全部东西就是图式 T["S"为真,当且仅当 S*]的全部实例。

③ James Dreier, "Expressivist Embeddings and Minimalist Truth", *Philosophical Studies*, 1996, Vol.83, No.1, pp.29-51.

定存在有关这类事实的知识。[①] 所以表达主义沿着这条路依然会走向道德虚无主义。而即便是承认存在着道德事实而否认可以知道它们的最温和的虚无主义,也会完全破坏我们日常思考的道德,使道德最终沦落为一个空洞虚幻、毫无意义的概念。

(三)第三波经典表达主义

对前两波表达主义所遇到的困难,第三波表达主义试图给出了不同的解决方案。在与表达主义的争论中,道德实在论坚持以下三个假定,其一,"语义假定":道德断言的内容以表现道德实在为目标;其二,"语义统一论题":话语的语法和逻辑外表是话语的真实语义学表现;其三,"经验论题":道德话语实际上彰显了断言式话语的语法和逻辑外表。[②] 在这三个假定中,表达主义者至少必须拒绝一个假定才能名副其实地自称"表达主义",以与道德实在论相区分。以艾耶尔为代表的第一波表达主义者拒绝了第三个假定,但与人们的道德经验冲突严重。以黑尔和布莱克本为代表的第二波表达主义者借助真的紧缩论拒绝了第二个假定,即认为道德话语并不揭示而是掩盖了深刻的表达结构。

之后的第三波表达主义者则认为可以合理地拒绝语义假定,保留语义统一论题和经验论题,即主张道德断言的内容并不必须表现道德实在。比如霍根和蒂蒙斯就引入了关于信念的不同类型的区分——有表征内容的信念和无表征内容的信念,认为道德判断表达了真诚的信念,但不是那种具有表征内容的信念。[③] 霍根和蒂蒙斯主张的是一种"非描述主义的认知主义",他们认为,虽然道德主张表达了真正的信念,但它们是非描

---

① Gilbert Harman, *The Nature of Morality*, New York: Oxford University Press, 1977, p.34.

② Mark Timmons, *Morality without Foundations: A Defense of Ethical Contextualism*, New York: Oxford University Press, 1999, p.130.

③ Terry Horgan and Mark Timmons, "Nondescriptivist Cognitivism: Framework for a New Metaethic", *Philosophical Papers*, 2000, Vol.29, No.2, pp.121–153.

述性的。但这种主张与我们对信念的日常理解是不相符的。而且这种道德语境论式的观点仍被认为落入了道德主观主义的陷阱。①

（四）解释的（或规范的）表达主义

为了克服表达主义自身的理论困难，阿兰·吉伯德发展出一种不同于前三种经典表达主义的“解释的表达主义”，后者将“计划”（plan）作为自己的核心范畴。在吉伯德看来，一个计划适用于能动者在各种选项中面临选择的情况。计划可以在某一情况下排除一种选择或者允许这种选择。任何融贯的计划都不能既允许又排除相同的选择。计划判断是认为某些选项是被禁止的或某些选项是被允许的一种判断。作出计划判断，例如，某一选项 F 是被禁止的，只是采用一个排除 F 的计划作为总体计划的部分。此外，在吉伯德看来，采用一个排除 F 的计划并不是要相信有关 F 的任何东西——比如它有一些“禁止性”的属性——而仅仅是对 F 采取某种特定态度的问题。这就是为什么吉伯德的理论是对计划判断的一个表达主义的说明。②

吉巴德的解释的表达主义是一种混合型理论。首先，它是一种表达主义，因为它主张道德判断表达了不同的计划或心灵状态。其次，它吸纳了非自然主义，因为它主张不同的道德理由构造不同的计划，主张存在一个原因空间之外的理由空间，如其书名 *Thinking How to Live* 所说的，这个理由空间就是关于怎样生活的问题。此外，解释的表达主义也混有自然主义或外部主义因素，因为它主张道德理由就是有关我们如何生活的问题，而我们是自然界的一部分，因而道德判断指称自然性质和关系。吉伯德自称自己“作为一个关于人性和人类思考与计划的自然主义者开始，

---

① 殷杰、陈嘉鸿：《道德语境论探析》，《西北师范大学学报（社会科学版）》2015 年第 1 期。

② Allan Gibbard, *Thinking how to live*, Cambridge, MA: Harvard University Press, 2003, pp.41–111.

但在某种意义上最终以一个有关应当（oughts）的非自然主义者结束。非自然学家说的很大部分都是正确的——但这对任何自然主义者来说都不必是神秘的"①。

解释的表达主义与经典表达主义的区分有两个。首先，解释的表达主义认为表达主义并不是关于"当我们从事道德思考和谈论时，我们正在做什么"的一种立场，也不是对"我们该如何修正这种思考和讨论"的一个建议，而是解释"规范性概念如何起作用"的一个策略。吉伯德将自己的这种表达主义立场称为一个假设，认为我们不应该把道德判断描述为打算表现道德事实的真诚信念，而应当描述为"心理学上的情感或态度……或计划的状态"②。这样，从假定"道德主张并不打算表现规范性实在"出发，解释性的表达主义者试图发展出一个"规范性主张渐进式模仿真正信念"的程序。因而这种解释的表达主义也被称作"规范的表达主义"。其次，解释的表达主义者并不打算证明一种与道德实在论不兼容的立场。吉伯德甚至声称，正是解释性的表达主义对实在论观点的模仿如此接近于实在论，以致无法与实在论相区分。

吉伯德的规范表达主义与布莱克本的准实在论在微观上既有相似之处，又有不同。规范表达主义和准实在论都从一开始就不使用"伦理性质"或"规范性质"等术语，自认为有权利像实在论者那样谈论道德。不过，准实在论坚持一种自然主义，而规范表达主义则自认为融合了自然主义和非自然主义，它通过区分概念和性质，继承了摩尔的非自然主义，主张虽然所有的性质都是自然的，但是一些关于性质的概念并不是描述性的、自然主义的。其次，准实在论只承认道德在道德判断具有适真性的意

---

① Allan Gibbard, *Thinking how to live*, Cambridge, MA: Harvard University Press, 2003, pp.xi-xii.

② Allan Gibbard, *Thinking how to live*, Cambridge, MA. Harvard University Press, 2003, p.181.

义上是实在的，不承诺道德在形而上学上的实在性；规范表达主义虽然也是只在极小主义的意义上主张存在道德事实，存在道德判断的真假，而在本体论意义上不做相关承诺①，但它承诺了道德判断表征心灵状态，比如在做不同的计划时，必须能够改变之前的心灵状态，因而其在“道德的随附于自然的”方面具有更加浓厚的形而上学实在论色彩。

可见，道德表达主义为了克服自身的困难，在从反实在论走向准实在论后，又继续向道德实在论靠拢，表现出明显的调和、折中的趋势。

二、道德表达主义的当前困境和未来走向

道德表达主义在以往理论困境的突围中不断修正自身的边缘，但其中心论点仍然是明确的。表达主义者的核心主张可以被归为三点：(1)道德语句没有真值；(2)道德判断不是对世界的描述；(3)道德判断表达的是情感、态度或意欲等非认知状态。这三点主张在逻辑上是相互独立的。但最重要或最核心的是哪一个呢?

杜克大学哲学系的实用伦理学教授瓦尔特·辛诺特—阿姆斯特朗(Walter Sinnott-Armstrong)认为，第一个主张即语义学意义上的主张是最核心的，因为它不仅是语义学主张，而且是否定性的，最能代表表达主义的怀疑论立场。第二个主张虽然也是否定性的，但它是语用学意义上的主张，并不能导出怀疑论。比如，道德判断虽然不描述物理世界，但可以描述道德事实。根据第三个主张，即“道德判断表达非认知状态”这一语用学的主张，并不能得出，道德判断不表达信念性的认知状态或者不进行描述性的言语行为，考虑到一个判断并非同时只能进行一个言语行为的话。根据这一分析，阿姆斯特朗得出结论说，“道德语句没有真值”是表

① Allan Gibbard, *Thinking how to live*, Cambridge, MA: Harvard University Press, 2003, p.x.

达主义最核心的观点。①

无论道德表达主义如何发展,只要其上述核心观点不变,道德表达主义就会一直面临来自如下问题的挑战。

(一)道德表达主义对道德语言的解释困境

与自然主义道德实在论相比,吉伯德的“解释的表达主义”的确以一种更可取的方式解释了道德领域的某些特征。比如,一方面,解释的表达主义“解释了被非自然主义视为未解释的规范性事实的现象”;另一方面,它“解释了我们为什么不能没有规范性概念”。②

但无论经典的表达主义,还是解释的表达主义,都是要努力抓住道德思考和实践的实在论外观的表面,尝试模仿日常真值函项逻辑,发展出一种表达主义逻辑。这些尝试的细节或有不同,但都经受着各种批评。这些批评的共同点在于,认为表达主义面临一种两难困境:一方面,如果像表达主义者所说,道德语句并不表达道德命题,而是表达道德态度,那么,表达主义逻辑并不能充分模仿日常的真值函项逻辑;另一方面,如果表达主义逻辑充分模仿日常真值涵项逻辑,那么它就不是一种真正的表达主义观点,因为它不能基于表达主义立场本身,来解释为何道德语句像日常断言那样发生作用。③

(二)道德表达主义隐含错误的问题

前已述及,道德表达主义是一种投射主义。布莱克本曾这样解释“投射”:当我们说话和思考时,我们把一种态度、习惯或其他不属于描述

① Walter Sinnott Armstrong, *Moral Skepticism*, Oxford University Press, 2006, pp.18-19.

② Allan Gibbard, *Thinking how to live*, Cambridge, MA: Harvard University Press, 2003, pp.191-244.

③ Russ Shafer-Landau, and Terence Cuneo, *Foundations of Ethics: An Anthology*, Malden: Blackwell Publishing, 2007, p.458.

的承诺投射到世界上，就好像存在我们的话语所描述的事物属性，而且关于它，我们可以推理、知道、犯错，等等。投射是休谟在谈到“用从内部情感中借用的颜色对所有自然物体进行镀金和染色”时所指称的东西，或者心灵“将自己扩展到世界上”①。但这样理解的话，道德就是根本不具有客观性和普遍性的东西。就像麦金泰尔批评情感主义时所指出的那样，“情感主义论断的核心部分是：宣称客观的和非个人的道德标准存在的任何主张，都没有也不能得到任何正当合理的论证，因此，也就没有这样一类标准。……在所有文化中都没有巫婆，自称的巫婆也许有，但真正的巫婆不可能有，因为本来就没有。情感主义也是如是说：自称的合理论证也许有，但真正的合理论证不可能有，因为本来就没有。”②

因而，对道德表达主义而言，有一个重要的任务就是要解释投射本身：这种有关价值的投射是一种错误或失误吗？如果不是错误，投射还能是什么呢？如果是错误，那么我们理性的反应就应该是取消或者修正我们道德化的实践以避免错误，而道德表达主义显然并不想承担道德取消主义的后果。

当使用投影仪时，我们可以毫无负担地说，实际上墙上并没有文字或图片。投影仪的投射只是让人的工作生活更方便，而且没有什么害处。但当我们说道德判断是一种投射时，谁能确保这不是一种错误呢？正如米勒所言，“怎样才能成为一个关于道德品质的投射主义者，同时又避免把道德品质归为总是使我们陷入错误的东西？”③

---

① Simon Blackburn, *Spreading the Word*, Oxford: Oxford University Press, 1984, pp.170-171.

② 麦金泰尔：《德性之后》，龚群、戴扬毅等译，中国社会科学出版社 1995 年版，第 25—26 页。

③ Alexander Miller, *Contemporary Metaethics: An Introduction*, Cambridge: Polity Press, 2013, chap.3.

(三)道德表达主义所涉的分裂态度问题

道德表达主义主张我们道德判断中的正确或错误都只是自己情感或态度的投射。但如果这是真的,我们还需要认真对待对错吗？还能够认真对待对错吗?

布莱克本已经意识到了这一点。他说,“投射主义者能认真对待诸如义务、责任、‘上帝之声的严峻女儿’①之类的事情吗？如果他否认这些代表外部的、独立的、权威的要求,他怎么能认真对待呢？在某种意义上,他难道不应该对自己的道德承诺持分裂的态度——持有它们,但也坚认为它们是没有理由基础的吗？……一贯的投射主义者真的能避免以法国黑帮道德来结束吗?”②

这个问题本质上就是道德虚无主义问题。因为,按照表达主义的观点,“偷窃是一种美德”和“偷窃是一种邪恶”不可能表达不兼容的命题,因为它们根本就不表达命题或断言,没有对任何事实进行断定,而只是表达了说话人的情感,这种观点在本体论上极易导向道德反实在论、道德主观主义甚至道德虚无主义,即否认存在着道德事实、道德真理和道德知识。如果承认了艾耶尔式的道德表达主义,主张不存在道德断言,一切道德话语不过是情感表达,与道德事实无关,自然就否定了道德事实和道德真理的存在,道德虚无主义也就顺理成章了。

然而,道德教育所追求的积极向上的价值方向必然要求对道德怀疑论、道德虚无主义进行反驳。③ 道德表达主义自己也在试图避免道

---

① 英国浪漫主义诗歌巨擘、“湖畔诗人”代表华兹华斯在其诗歌《责任颂》中强调人对自然的责任,赞颂责任是“上帝之声的严峻女儿”,“是指路的明灯”,“是防范或惩罚过错的荆条”。参见华兹华斯:《外国经典诗歌珍藏丛书:华兹华斯诗选》,杨德豫等译,时代文艺出版社 2020 年版,第 306—309 页。

② Simon Blackburn, *Spreading the Word*, Oxford: Oxford University Press, 1984, p.197.

③ 桑志坚:《道德虚无主义和道德教育的可为空间》,《教育学术月刊》2011 年第 12 期。

德虚无主义，比如艾耶尔就一边继承对传统形而上学的取消主义观点，一边又拒绝接受道德虚无主义，但这两种立场明显是不一致的。

（四）道德表达主义的心灵依赖问题

道德表达主义者坚持区分事实和价值。在他们看来，价值不是在世界中被发现的，不需要凭借所谓的道德事实，仅按照内在于我们的理由，就能进行道德判断。

如果道德判断的正确和错误不涉及任何有关客观世界的信念，而纯粹是情感或情绪的表达，而情感又只是一种彻底非认知性的东西，那么道德表达就成了完全依赖我们情绪的东西了。如果我们的情绪改变，道德的对错也会跟着改变。就像投射的幻灯片内容改变，墙上显示的内容跟着改变一样。如果我们的情绪消失，道德的对错也跟着消失。而且，道德主张本质上是评价性、规定性和行动导向的，因此必定仅属于人类心灵。[①] 这种对心灵完全的、彻底的依赖显然是有问题的，至少是不令人满意的。

（五）道德表达主义隐含的道德取消主义问题

这是道德表达主义面临的最严重的问题。虽然道德表达主义主张道德判断不表达信念，而表达非认知性的情感、情绪或感觉，但这种非认知性的情感、情绪或感觉究竟指的是什么呢？道德表达主义并没有给出具体的说明，而只能用“一种特殊的道德感”（a special ethical feeling）[②]来笼统指代。

这种“特殊的道德感”究竟是什么呢？如果将其定义为道德判断所

---

① 徐向东：《道德知识与伦理客观性》，《云南大学学报（社会科学版）》2012年第1期。

② A.J.Ayer, *Language, Truth and Logic*, London: Gollancz, 1946, p.107.

表达的一种不能分析、不可还原的、独特的道德感觉，那么就会陷入循环定义的死胡同。因为，什么是道德判断？只能是，表达独特道德感觉的判断。什么是道德感觉？只能是，道德判断表达的那种道德感觉。何况这种定义也不符合艾耶尔所主张的实证主义和行为主义原则，因为无法清楚地说明哪种可观察的行为中将会包含这种独特的道德感觉。而且用道德判断解释道德感觉是行不通的，因为情感表达主义的本意是要用道德感觉来说明道德判断。

如果将"独特的道德感"界定为可以用非道德感觉和情感来分析的一种普通感觉，那么它和味觉、听觉、审美感觉又如何区分呢？比如，如何区分以下四种判断所表达的情感："杀害无辜者是一种邪恶"、"臭豆腐太难吃了"、"歌曲《惊雷》糟糕透了"、"杜尚的《小便池》真令人无语"。在前述定义的基础上，情感表达主义只能承认这些判断表达的都是厌恶之情，除了程度有所差别，没有质的不同。但这相当于变相地否认了存在道德判断，或者说是在建议用一个替代品来代替道德判断语句，而这不符合我们实际道德语言的惯例。

如果表达主义者想在承认这四种判断表达相同感情的同时，依然强调第一个判断是一个道德判断，那么，究竟是什么使得它成为道德判断而非味觉判断、听觉判断、审美判断的呢？

如果说是四种判断表达情感的理由不同而使得第一个判断成为道德判断的，那么，这与情感表达主义本身是不一致的，因为道德情感主义强调我们道德判断表达的是情感而不是信念，前者是没有理性基础的，也就无所谓理由。艾耶尔对此曾十分肯定地说："因为当我们处理有别于事实问题的纯粹价值问题时，理屈词穷，论证无法进行，我们最后只得乞助于谩骂。"①

---

① A.J.艾耶尔：《语言、真理与逻辑》，尹大贻译，上海译文出版社 2015 年版，第 92 页。

如果说是四种判断表达情感的原因不同而使得第一个判断成为道德判断的,那么,这依然会背叛情感表达主义本身。因为如果某种情感是道德情感,是因为它由某类事态引起的,那么这些事态就不会只是道德事态。这种解释将走向认知主义道路,最终背离非认知主义的表达主义。

除此之外,还有一个微妙的细节会反对将道德情感等同于普通的情感、情绪,即道德判断与其他审美判断、味觉判断的一个很大不同在于,当人做道德判断时,往往包含着推荐、共享态度的动机。当张三跟李四说“偷东西是坏的”时,张三倾向于让李四与他分享这种态度,如果李四说“偷东西并不是坏的”,两个人极容易发生争论。而当张三跟王五说“榴莲很好吃”时,他在表达自己对榴莲味道的偏好,但并不一定要求或强烈希望王五也说“榴莲很好吃”,那可能并不是他很关心的事情。道德分歧与其他分歧的这种不同,也说明了道德情感与其他态度是有区别的。总之,道德表达主义不好解释道德情感的独特性。

(六)道德表达主义容易导致对社会基本道德原则的漠不关心

任何一种道德哲学都以某种社会学为前提,其对道德能动者的意图、动机、理由的概念化分析都会在现实社会中有所体现,或者至少能够在现实社会中有所体现。① 比如在康德主义看来,考虑道德的人际关系和不考虑道德的人际关系的区别就在于,是将他人作为目的还是手段,在具体情境中,如何选择才是把他人当作目的、如何选择是把他人当作手段,做这些判断的过程是一个社会学和心理学的过程。

但情感表达主义似乎无法做这种区分。因为在情感表达主义看来,评价性话语除了表达自己的情感与态度、改变他人的情感与态度之外,似乎没有其他的意义和作用。人们不能诉诸普遍性的标准,因为在情感主

① 麦金泰尔:《德性之后》,龚群、戴扬毅等译,中国社会科学出版社 1995 年版,第 31—32 页。

义看来,根本不存在这样的标准。当然,有的人可能会自认为在诉诸普遍的标准,但实际上根本不是。情感表达主义认为,不同的道德论述在本质上都是希望将他人不同的情感、态度、偏好或选择变得与自己的趋于一致,“论证不能逼使任何人承认一种他本人不赞同的价值”[①],价值是由人的决定创造的,是纯粹由主观性来证明其合理性的选择。这样一来,不仅“论证”本身,连道德教育都是不可能或无意义的了。这种否认普遍价值的情感主义,对社会道德进步有什么作用呢?

投射主义的情感主义用投射隐喻来引导人们理解评价反应的对错,但它似乎不足以尊重我们的评价性承诺,因为既然它鼓励人们将价值理解为我们感情的虚构,那么它对社会基本道德原则的漠视,就不得不最终产生破坏道德实践的后果。

(七)未来走向

道德情感或态度究竟是什么?表达主义并未给出令人满意的答案。而造成上述种种困难的根本原因就在于,表达主义从一开始就坚持认为作为情感或态度表达的道德话语是与事实、真理、陈述、认知等无关的,类似于一种完全非理性的情绪,甚至是生理性的感觉[②],这种对情感或态度表达的狭隘理解,严重偏离了日常道德话语的外观和作用方式。

如前所述,只要其核心观点不变,道德表达主义就会一直面临诸多挑战的纠缠。那么,什么是其核心观点?根据前述的辛诺特—阿姆斯特朗的主张,道德语句没有真值是传统表达主义最核心的主张。[③] 但这个主

---

① R.阿隆:《社会学主要思潮》,葛智强、胡秉诚、王沪宁译,上海译文出版社 2013 年版,第 494 页。

② 艾耶尔曾言,“伦理符号……发生在句子中,这些句子简单地表达了对某种行为或情况的伦理感觉”。参见 A.J.Ayer,*Language,Truth and Logic*,London:Gollancz,1946,p.108。

③ Walter Sinnott Armstrong,*Moral Skepticism*,Oxford University Press,2006,pp.18-19.

张实质上不仅仅是对“道德表达了一种态度或情感而非信念”的坚持，更是对“态度或情感与信念完全无关”的强调。

所以，未来表达主义理论发展的关键在于，是否能够发展出一种包括了赞同或不赞同态度、情绪在内的有关情感的更加合理的逻辑，使得以表达主义方式理解的道德判断能够充分解释日常的道德命题。我将在第二节沿此方向对“态度”或“情感”本身进行更深入的分析。

三、道德表达主义的优势

道德表达主义虽然面临上述诸多挑战，但其学说的关键词“情感”在道德理论中的地位却不容忽视，这也使得道德的情感表达主义具有明显的理论优点。

道德话语表达情感，表达主义的这个主张与人们的常识并不冲突，其对情感的肯定早就得到休谟等情感主义伦理学家的赞同，甚至和某些道德理性主义者的观点也是兼容的。虽然道德实在论者对道德的情感表达主义这种非认知主义理论心怀担忧，似乎它构成了对道德的一种巨大威胁或挑战。但从哲学史上来看，哲学家们对情感在道德中的作用并不讳言。

休谟曾鲜明地提出，人类的道德实践以快乐和痛苦、愉快和不愉快为基础，“德的本质就在于产生快乐，而恶的本质在于给人痛苦”①，这种情感主义道德观是个人主义的，但不是自私自利的，因为除了趋乐避苦之外，还有两个重要的伦理原则：“同情原则”和“比较原则”。在休谟看来，同情就是把关于他人的感觉印象转变为关于自己的感觉印象的联想，它是人性的一种自然力量，相当于孟子所说的“恻隐之心”，人类的“正义原则”就是建立在这一原则之上的。而同情之所以有差异，是因为人们对

① 休谟：《人性论》，关文运译，商务印书馆2016年版，第326—327页。

事物伦理价值的判断很少根据事物本身的内在价值(即它们所能造成的快乐或痛苦的感觉),而是通过它们与其他观念、印象的比较来判断的,此即所谓的“比较原则”。根据这一原则,即使某事物能让人产生快乐,但若同时让人产生羞耻、卑贱的观念,就不能是善;即使某个事物给人带来痛苦,但若同时让人产生高尚、光荣的观念,就不能算作恶。这相当于孟子所说的“羞恶之心”,它满足了为公众的、长期的利益而牺牲个人的、暂时的利益的日常伦理要求。后来,叔本华否定了同情的差异性特点,认为同情是不分种族、地域的一种人类共同情感①,据此,人类可以拥有普遍的伦理学。

即便是强调道德依赖于理性而非情感的康德,也承认情感在道德心理学中的作用。在其伦理思想发展的早期,康德受哈奇森道德情感论②的影响,曾经批判性地引入“道德情感”(moral feeling)概念来说明人的道德意识的来源和道德判断的可能性,虽然这种折中主义式的理论探索最终并未成功,但却在一定程度上预示了康德伦理思想的未来发展走向。③后来,他明确地主张道德情感“作为对道德义务概念的易感性的主观条件……为道德奠定基础”④,而且认为我们“一切道德上的所谓兴趣都仅仅在于对法则的敬重”,只不过康德强调,敬重“不是一种通过影响而接受的情感,而是通过一个理性概念而自己造成的情感”⑤,运用理性自由的人将道德情感作为唯一动力去践行道德法则的过程就是依道德准则行

---

① 孟培元:《漫谈情感哲学(上)》,《新视野》2001年第1期。

② 弗朗西斯·哈奇森:《道德哲学体系》,江畅、舒红跃、宋伟译,浙江大学出版社2010年版。

③ 朱毅、梁乐睿:《重审早期康德最初引入“道德情感”的内在理由——以1762年“获奖论文”为核心》,《上海交通大学学报(哲学社会科学版)》2018年第5期。

④ 康德:《道德形而上学》,张荣、李秋零译注,中国人民大学出版社2013年版,第182页。

⑤ 康德:《道德形而上学的奠基》,李秋零译注,中国人民大学出版社2013年版,第17页。

事,如果这种实践结果符合道德法则,这种道德准则就可以上升为道德法则。换言之,"道德情感是一种尊重理性自律而产生的对道德法则敬重的情感,"是"最伟大的情感"①。

此外,康德虽然认为作为心理的、经验的道德情感不能成为道德形而上学的基础,但在美学领域,情感则起决定作用,"美者是无须概念而被表现为一种普遍的愉悦之客体的东西"②,愉快或不愉快的情感才是判定美或不美的最后根据。审美鉴赏只能由情感决定,我们"不把我们的判断建立在概念上,而是仅仅建立在我们的情感之上,因此,我们不是把这种情感作为私人的情感,而是作为一种共同的情感奠定为基础的"③。而基于共通感的审美鉴赏又和道德相关,"对于建立鉴赏来说的真正预科就是发展道德理念和培养道德情感;因为只有当感性与道德情感达到一致时,纯正的鉴赏才能获得一种确定的、不变的形式。"④在这里,通过情感,审美领域和道德领域被联系在了一起,美学与伦理不再无关。

既然情感在道德理论中的地位不容忽视。那么,概括起来讲,道德的情感表达主义理论究竟有哪些理论优势呢?

(一)道德表达主义的认识论优势

在元伦理学中,表达主义与非自然主义竞争激烈。摩尔的非自然主义使其面临认识论方面的困难,即它难以给出关于我们如何获得道德知识的一个合理解释,因为非自然主义无法合理解释我们的道德判断是如何与其基础——非自然事实相关联的。而道德表达主义似乎可以避免这样的认识论困境。因为表达主义不承诺存在任何道德事实,也不认为道

---

① 傅永军、尚文华:《道德情感与心灵改善》,《山东大学学报(哲学社会科学版)》2012 年第 5 期。

② 康德:《判断力批判》,李秋零译注,中国人民大学出版社 2010 年版,第 40 页。

③ 康德:《判断力批判》,李秋零译注,中国人民大学出版社 2010 年版,第 68 页。

④ 康德:《判断力批判》,李秋零译注,中国人民大学出版社 2010 年版,第 176 页。

德判断起着陈述事实的作用，因此表达主义没有必要说明人们究竟是以何种方式与带来道德知识的道德事实相联系的。当然，这种认识论上的低成本优势是冒着道德虚无主义的风险换来的。

此外，道德表达主义也能够对道德分歧提供一个合理的说明。按照布莱克本的说法，“投射论的目的是询问我们从世界上所知道的有的东西——事物的普通特征，这些特征是我们对其作出决定——比如喜欢或不喜欢它们、恐惧而避开它们、渴望而寻找它们——的基础。它所询问的只是：一个自然的世界，以及对它的反应模式”①。道德分歧是一种反应态度上的分歧。一个人喜欢某事，另一个人讨厌某事。而且，某些道德分歧或争论是不可解决的，分歧双方可以不断地争论，十分理性和平静，但不能达成一致。“情感主义者可以通过假定争论双方拥有不同的基本价值来解释这一点。”②

（二）道德表达主义的本体论优势

认知主义，无论是自然主义或非自然主义的，都主张存在一个道德事实的领域，以及一个解释我们对这些事实的认识机制。而道德表达主义③在本体论方面的优势就是它作出了最少、最简单、最经济的本体论承诺，它几乎不用对道德实再作出任何承诺。

非认知主义者通常都认为要在人性中去探寻道德的根源，只不过在“道德的最根本源泉究竟是在人性的哪个部分（理性还是态度，情感还是

---

① Simon Blackburn, *Spreading the Word*, Oxford: Oxford University Press, 1984, p.182.

② Gilbert Harman, *The Nature of Morality*, New York: Oxford University Press, 1977, p.33.

③ 一般而言，道德表达主义是非认知主义的，但也并不总是如此。比如，布莱克本就更喜欢远离“非认知主义”的标签。非认知主义主张道德判断不表达信念，而布莱克本提出的准实在论对此则并不一贯坚持，虽然他一开始假设道德判断表达了欲望般的非认知性状态，但最后也承认了道德判断确实表达信念。详见 Simon Blackburn, “Securing the Nots”, in Walter Sinnott-Armstrong, and Mark Timmons (eds.), *Moral Knowledge? New Readings in Moral Epistemology*, Oxford: Oxford University Press, 1996。

欲望)”这个问题上他们有所不同而已。但无论怎样,这种道德根源不外在于人,对其的相关承诺及其认识论不会使表达主义陷入神秘主义。

(三)道德表达主义的实践论优势

首先,道德的情感表达主义能够方便地说明道德问题在我们生活中的重要性,以及道德信念以何种方式与我们的行动紧密相关:喜欢某事就是想要它发生,反对某事就是不想要它发生,总之,你想要的事情会影响你所做的事情。思考你应当作某事就是被驱动去做某事。思考做某事是错的就是被驱动不要做某事。情感主义可以解释道德信念与激情、行动之间的这种联系。正如艾耶尔所说,道德语词不仅能够表达情感,“并且能够唤起情感而刺激行动。”①自然主义也可以解释道德行动,但只能通过假定一个自然法则来实现,比如声称每个人都不同意引人痛苦的行为。而这种解释是专设的,不像情感主义解释那么具有根本性、那么稳妥,因为情感主义不用假设任何自然法则。

其次,更重要也更明显的是,道德表达主义与对道德动机的最佳描述更加匹配。一般认为,休谟动机理论是对道德动机的最佳阐释。休谟式动机理论认为,对理性行动的动机总是要通过诉诸信念和欲望来解释。比如,张三承认自己旷课。如果我们像道德表达主义者那样,认为道德判断比如“张三判断撒谎是错误的”表达的是某种非认知性的东西,比如欲望“张三不想要撒谎”,那么如果要解释张三的诚实行为的话,根据休谟的动机理论,我们就需要引用张三的某个信念作为补充;在实际中,我们发现对张三说出旷课实情的动机解释的确需要引用张三的信念——隐瞒旷课实情是一种撒谎行为。而采用完全认知主义的方式理解道德判断则不能出现这样的效果。在道德认知主义理论下,道德能动者真诚地判断他应当作某事与他并不被这个判断驱动做某事是可能的。由此可见,道

① A.J.艾耶尔:《语言、真理与逻辑》,尹大贻译,上海译文出版社2015年版,第88页。

德表达主义貌似更加适合于休谟式动机理论。

综上，用情感解释道德判断或道德话语，虽然会遇到各种挑战，但与传统道德实在论以及其他竞争性理论比如道德错论等相比，其独特的优势不容小觑。如何对该理论进行改进和完善，成为表达主义者未来面临的主要任务。如果我们在分析道德表达主义理论的困难或缺陷时，不是简单地批评，而是换个视角来审视，肯定和保留其优点，或许不仅能帮助道德表达主义回应各种挑战，保留道德表达主义理论的合理性，避免其走向道德虚无主义，而且能融合认知主义的优势，创造性地为道德随附性提供更加合理的解释，夯实道德的基础和道德教育的基石。

第二节　表达主义：从非认知主义到认知主义

当代哲学家如卡尔纳普、艾耶尔等逻辑实证主义者用情感解释道德，认为道德完全是由情感决定的，而情感又是纯粹主观的、私人的，因而无论将道德看作个人的偏好兴趣，还是将其看作纯粹的语言问题，道德都不具有客观的普遍性，这样，对道德的说明就走向了感性化、私人化的极端。① 而与此同时，道德话语表达了情感或态度，道德与情感或态度之间具有某种联系，这是日常道德话语明显表现出来的特点，也是哲学家们难以否认的。那么关键点就在于，如何理解情感或态度？

本节将通过对情感的认知—评价性解释，来为表达主义的认知主义转化奠定理论基础；同时，将情感的认知—评价理论与斯洛特的移情关怀伦理学、吉伯德的"解释的表达主义"、史密斯的"理性主义—性情"理论进行一一比较，阐明情感的认知—评价观点的理论优势，以及本书建构一种新表达主义的必要性和可能性。

---

① 孟培元：《漫谈情感哲学(上)》，《新视野》2001 年第 2 期。

一、非认知主义者视角下的情感和态度

我们在本章第一节分析道德表达主义的困境时提到,情感主义对态度的分析是不令人满意的,那么布莱克本的准实在论对情感又是如何分析的呢?

(一)道德话语表达一种非私人化的情感吗?

布莱克本在《支配激情》一书中写道:“假设你对某人的行为感到气愤。我可能会因为你气愤而变得气愤,我可以通过说这不关你的事来表达这个。或许这可能是私事。无论如何,这不是一个道德问题。另一方面,假设我感觉到你的气愤,或者感觉到与你‘合一’,因为你作出了如此的反应。它可能到此为止。但我也可能强烈地感到倾向于鼓励其他人都有同样的气愤。到那时,我显然把这件事当作公众关心的问题,就像一个道德问题一样。”①

在这里,布莱克本将道德判断表达的情感看作一种非私人化的复杂的普通情感。如果用H!(x)代表认可,用B!(x)代表不认可,那么布莱克本在此的观点很可能就是,道德判断“谋杀是错误的”所表达的情感B!(谋杀)= df B!(谋杀)&H!(每个人都有态度B!(谋杀))。考虑到能动者在此所期望其他人分享的态度并非一种审美态度或味觉态度,而应该是道德态度,所以,更准确地说,B!M(谋杀)= df B!(谋杀)&H!(每个人都有态度B!M(谋杀))。但为了避免循环定义,这个公式就不可避免地会变成一个无限倒退式:B!M(谋杀)= B!(谋杀)&H!(每个人都有这样的态度:B!(谋杀)&H!(每个人都有这样的态度:B!(谋杀(&H!(每个人……)))。这是让人无法接受的一种恶无限。所以,道德判断表达的不能是一种复杂情感。布莱克本试图将艾耶尔私人化的情感

① Simon Blackburn, *Ruling Passions*, Oxford: Clarendon Press, 1998, p.9.

上升为非私人化的复杂情感的进路是行不通的。

（二）道德话语表达一种二阶态度吗？

鉴于黑尔曾经认为规范性术语“错误的”就是表达所谓“不赞成”的一种否定性态度，那么，准实在论者是否可以将道德判断表达的道德态度看作是一种二阶的态度呢？虽然布莱克本并没有这样的明确主张，但我们可以设想如此。比如，可以把道德判断“撒谎是错误的”看作是对不赞成撒谎的态度的一种赞成态度。这样是否可行呢？

首先，这种做法可能犯了“无限还原倒退”的错误。“为什么将价值评价等同于二阶欲望？为什么不是三阶，四阶，或者……？对于建议还原的那些人来说，这个问题确实是一个困难的问题。因为每一个这样的定义看起来都像其他任何定义一样可信。而如果每个定义都像其他任何定义一样可信，那么所有这些定义都同样不可信。因为任何定义都要求在层次之间作出任意选择。因此，根本没有任何合理的还原是有效的。”① 换言之，无法确定道德判断所表达的态度的层级。当然，如果考虑到人作为一种经验性的存在物所能表达的态度层级是有限的，所以在众多层级中选择二阶态度作为道德判断表达的态度似乎是有一定的合理性的，至少不是完全随意的。但即便如此，依然有反驳将二阶态度作为道德判断所表达的态度的理由，即这样做并没有把握住道德价值判断区别于其他判断的独特特征，而且还会受到开放问题论证的攻击。所以道德判断“x是好的”，也不能用表达式 H！（[H！（x）]）来分析。

其次，根据马克·范·罗詹（Mark van Roojen）的观点②，布莱克本的高阶态度观点已经“被判了死刑”。范·罗詹的核心观点主要是通过比

① Michael Smith, *The Moral Problem*, Oxford: Blackwell, 1994, p.146.

② Mark van Roojen, “Expressivism and Irrationality”, *The Philosophical Review*, 1996, Vol.105, No.3, pp.311-335.

较以下两个论证进行的：

论证一：

P1 偷窃是错误的。

P2 如果偷窃是错误的，那么谋杀就是错误的。

C 谋杀是错误的。

论证二：

P1′偷窃是错误的。

P2′既不赞成偷窃，也不反对谋杀，这是错误的。

C′谋杀是错误的。

在布莱克本看来，句子 P2 和 P2′表达了同样的态度——对既不赞成偷窃又不反对谋杀的反对状态。所以如果他对道德语句的高阶态度说明足以解释为什么前一个论证是有效的，那么，它也足以解释为什么后一个论证是有效的。但从直觉上看，后一个论证不是有效的，因此可以说，布莱克本的高阶态度进路过度地生成了有效性。布莱克本的高阶态度解释所产生的这种理性的不融贯，并不是具有不一致的信念或具有一种信念而没有得出其结论的不融贯，而是既认为谋杀是错误的又无论如何也要谋杀的一种不融贯思维。如果表达主义者要解释有效性，他们就需要诉诸一种比布莱克本最初诉诸的这种宽泛的不融贯类型更具体的态度不融贯，即，与既相信 p 又相信非 p 中涉及的不融贯同种类型的态度不融贯。

20 世纪 90 年代中期之前，表达主义及其反对者都将焦点集中在对条件句的表达主义解释如何可能上。到了 90 年代中期之后，大家对否定句给予了更多的直接关注。原因是，大家发现，要解释为什么含有条件句的一个肯定前件式论证有效，就相当于解释为什么 $\{P、P \rightarrow Q、\sim Q\}$ 是一组不融贯的句子。而表达主义要解释后者，就不仅要有自己的条件句语义学，还要有自己的否定句语义学，此外还要有对句子间不融贯性的表达主义解释。表达主义自身决定了，不能直接诉诸真值条件或满足条件与否来说明句子的不一致，因为表达主义语义学不涉及真值条件，只涉及心灵状态。据此，大量的表达主义研究都采用了一种相对保守的策略，即首先获得一个充分的否定句语义学，先解释{P、~P}为何是一组不融贯的句子。比如，先解释{"偷窃是错误的"、"偷窃不是错误的"}是一组不融贯的句子。

在这方面，吉伯德为心灵状态的相互冲突创造了一个特殊的技术性术语——分歧（disagreement），来解释表达心灵状态的句子之间的不一致。他借鉴了史蒂文森的想法，指出，相互冲突的心灵状态是意图之间的理性冲突，就像是信念之间的理性冲突那样。信念"雪是白的是正确的"和"雪是白的是错误的"之所以矛盾、不一致，是因为两者分别表达了对"雪是白的"和"雪不是白的"两种矛盾内容的相同心灵状态。在这里，信念内容的不一致决定了信念的不一致。假设意图与信念在这里具有相似的属性。比如，如果"偷窃是错误的"表示不赞成偷窃，而"偷窃不是错误的"表示不赞成不偷窃，那么我们对"偷窃是错误的"和"偷窃不是错误的"的不一致的表达主义解释就可以是二者表达了两个彼此分歧的心灵状态。但问题在于，即使不赞成偷窃和不赞成不偷窃是两个彼此分歧的心灵状态，但后者实际上不是"偷窃不是错误的"所表达的态度，而是"不偷窃是错误的"所表达的态度。这意味着，借助这种方式，表达主义者并没有说明"偷窃不是错误的"表达的精神状态是什么，而且也不存在我们可以分配给它的心灵状态。因而态度分歧不能模拟信念分歧的解释方式以获得一种表达主义的解释方式。原子语句"偷窃是错误的"和原子语句的否定式"偷窃不是错误的"不能表达相同种类的态度，只能表达不同的态度。在此，表达主义者就需要诉诸一种不同于不赞成的态度来表达对包含"错误"的原子句子的否定。

更麻烦的是，这个问题不仅存在于否定句，而且存在于每一个复杂句的结构中。基于相同的原因,原子语句的合取也表达一种新的态度,原子语句的否定的合取也表达一种新的态度,合取的合取也是如此。类似地,原子语句的否定表达一种新的态度,合取的否定也是如此。因此,明确倡导态度等级理论的人,比如霍根和蒂蒙斯便不得不用成千上万种不同的态度来表达并不十分复杂的道德语句。表达主义者可能会认为所有理论面对道德语句时都会如此复杂。但表达主义的批评者施罗德论证说,描述性句子都表达了相同种类的态度,而不是无限地表达了许多不同的态度。①

如何分析道德态度、回应道德态度方面的挑战,对表达主义而言是一个非常重要的问题。布莱克本曾称之为一个“多汁的问题”(juicy issue),一个“需要建立投射主义”解决方案来解决的问题②,后来直接称之为“道德形而上学的中心剩余任务”③。但在尝试了多种定义的努力之后,他也不得不放弃对道德态度的严格定义:“分析哲学家要求定义,但我不认为在这里寻求严格的道德态度的‘定义’有什么好处。实践生活有很多种味道,在楼梯上没有一个地方能确定一个精确的点,来标记在此之前我们不在伦理领域,在它之后我们就处在伦理领域。”④

而实际情况更加不容乐观:关键不是我们对道德态度的概念缺少“严格”的定义,而是我们根本没有对道德态度概念的任何定义;关键不是对道德和非道德态度之间的界限有一种模糊的感觉,而是关于二者的界限是什么我们甚至没有一个模糊的感觉。本来表达主义相对于直觉主义的优势在于它关注评价心理学,但道德态度问题却成了表达主义难以跨越的一道鸿沟,就像米勒所言,“在道德态度问题解决之前,准实在论立场不会使那

① Mark Schroeder, *Being For: Evaluating the Semantic Program of Expressivism*, Oxford: Oxford UP, 2008.

② Simon Blackburn, *Spreading the Word*, Oxford: Oxford University Press, 1984, p.189.

③ Simon Blackburn, *Essays in Quasi-Realism*, New York: Oxford University Press, 1993, p.129.

④ Simon Blackburn, *Ruling Passions*, Oxford: Clarendon Press, 1998, pp.13-14.

些寻求具有合理道德心理学的元伦理学理论的人完全满意。”①

(三)道德话语究竟表达什么?

从表面上看,“道德表达主义”这个术语是有些“表达”不清的。因为道德究竟表达什么?情感还是态度?为何道德情感会如此地不同于其他情感?表达主义对此是模糊不清的。

表达主义最初之所以产生,是想要转换道德问题提问的方式。因为按照摩尔、普里查德(H.A.Prichard)、罗斯(W.David Ross)和尤因(A.C.Ewing)等非自然主义者的分析,人们是无法直接定义“好”的,任何定义都无法跳出规范性的圈子。比如,如果把“好”定义为“值得欲求的”(desirable)或“被恰当欲求的”,人们又要定义什么是“恰当地”(fittingly)。任何类似定义都是转移了解释性负担而已。与其寻求一个直接的定义,不如转换一下刻画道德特征的方式,询问道德语言表达的是什么样的心灵状态。所以,按照“表达主义”的最初含义,表达主义包含一切试图用这种间接进路说明道德话语意义的理论,即“为了解释一个术语的含义,就要解释这个术语可以被用来表达什么心灵状态”②。

按照这种广义的理解方式,“表达主义”这个词并没有也不打算从一般的意义上把表达的心灵状态讲清楚。虽然表达主义通常被认为是情感表达主义或者态度表达主义,但首先,并非所有表达主义者都是情感主义者。比如,黑尔就认为道德话语表达偏好,而这种偏好是不依赖于情境的③。其次,人们在论及道德表达主义时,常常将“情感”和“态度”两个

---

① Alexander Miller, *Contemporary Metaethics: An Introduction*, Cambridge: Polity Press, 2013, chap.4.

② Allan Gibbard, *Thinking How to Live*, Cambridge, MA: Harvard University Press, 2003, p.7.

③ R.M. Hare, *Moral Thinking: Its Levels, Method, and Point*, Oxford: Clarendon Press, 1981.

术语不加区分地使用。比如,大卫·麦克诺顿(David McNaughton)在解释道德情感这一概念时,曾说:"我们每个人,在非认知主义的情况下,都愿意以不同的态度来回应各种情况——例如,我们可能会被残忍激怒,被通奸逗乐,被身体的勇敢所提升,等等。一整套这样的倾向构成了我们可以称之为人的道德情感。重要的是,我们不仅可以对人们的行为采取一种态度,而且还可以对他们的道德情感采取一种态度。这些可能是粗糙的或敏感的,僵化的或变化无常的,令人钦佩的或卑鄙的。"①

所以,表达主义既可以是态度表达主义,也可以是情感表达主义。但细究起来,情感(emotion)的式样要远多于态度(attitudes)的种类。更重要的是,如上一小节所述,有关态度的分析进路很难行得通,我们最好还是将表达主义拉回到情感而非态度。在此,我们暂且将"道德表达主义"按照"道德情感表达主义"来理解。这样一来,我们关于道德表达与道德事实的关系的观点,实际上和我们对情感的认识有密切关系。

二、情感一定是非认知的吗:情感的认知—评价理论

我们对非认知主义的道德表达主义的一个忧虑是,道德表达主义容易导致道德主观主义,进而导向道德虚无主义。但是,如果道德话语所表达的道德情感不是一种私人的、隐秘的、难以捉摸的、非认知性的主观情绪,而是蕴含着认知—评价性因素的道德情感,那么,是否可以在一定程度上避免道德虚无主义?

此外,道德的情感表达主义如何解释情感的矛盾之处呢?类似"偷窃是一种美德"和"偷窃是一种邪恶"的道德话语究竟是否存在矛盾?艾耶尔等表达主义者认为没有矛盾,因为在他们看来,这些道德话语是非描述性的,不涉及任何事实性认知,甚至不能用"陈述"两个字来指称这样

① David McNaughton, *Moral Vision*, Oxford: Blackwell, 1988, p.183.

的道德语句。但这显然偏离了我们的常识。那么，分歧是在哪里发生的呢？看似对立的道德话语在艾耶尔等人看来却并不矛盾，难道是因为情感本身不会发生矛盾吗？可是，我们明明看到，爱和恨是对立的两种情感，即使它们常常也纠缠在一起；同情与嫉妒不仅不同，而且“不希望某人处在悲惨的境遇”（同情）和“不喜欢某人处在优越的境遇”（嫉妒）的确是朝着相反的方向。如果我们主张道德情感中蕴含着评价性因素，而不仅仅是对意动性（conative）心灵状态的表达，是否可以更好地解释道德话语的矛盾呢？

（一）情感的认知—评价理论模型

在心理学领域，情感的认知理论早在沙赫特（S.Schachter）那里就有了详细的阐述。他认为决定情感的主要因素是认知，但其基本观点是，生理唤醒与认知评价之间的密切联系和相互作用决定着情感。[①] 显然，有关情感的这种最初形态的认知理论是“认知—生理”型的。

当代著名女哲学家纳斯鲍姆则提出了情感的“认知—评价”型理论。首先，“认知”指的是与接受和处理信息有关，并不意味着一定存在精心的计算甚至反思性的自我意识；其次，情感本身不仅包含着对重要事物的判断，并且能够借此来评价对幸福生活而言十分重要的外部对象。

在古希腊，哲学家们早就具有相似的情感观念。比如，斯多亚派认为，情感是一种价值判断，它包括以下三个突出要点：（1）认知性评价；

---

① 美国心理学家沙赫特提出的这一理论也被称为情感归因理论（attribution theory of emotion）。这一理论认为，情感并非仅仅来自生理反应的反馈，而且也来自对导致这些反应的情境的认知评价，因此也被称为“情绪二因论”。生理唤醒是一种尚未分化的模式，人脑可能以几种方式解释同一生理反馈模式，即根据可能得到的情境信息，对同一个生理唤醒进行不同的归因，将之标记为不同的情感。除沙赫特外，还可参考阿诺德（M.B.Arnold）和拉扎勒斯（R.S.Lazarus）的理论。参见黄希庭、郑涌：《心理学导论》（第三版），人民教育出版社 2015 年版，第 518 页。亦可参见彭聃龄：《普通心理学》（第 5 版），北京师范大学出版社 2019 年版，第 394—397 页。

(2)人自身的繁荣或幸福(eudaimonia[①]),或其重要目标与计划;(3)作为一个人目标规划要素的外部对象的重要性。为了人自身的全面发展,情感十分重视处于自己控制力之外的事和人,即外部对象。而与斯多亚派“情感是价值判断”相反的一种观点是,情感是无理性的运动,像狂风、海浪一样的运动,并且推动着人的行为。持这种观点的人有时把情感看作人类本性中的动物性部分,有时认为情感是躯体性的,而非精神性的。

但纳斯鲍姆指出,即使承认情感是通过身体表现的[②],并且人们面对它们时的确有被动感,也不能因此就将它们意向性的或认知性的成分还原为无目的的身体运动。因为,首先,情感是“关于”一些事情的,它们是有对象的。其次,这一对象是一个意向性对象。情感指向对象,并非像箭射向目标,情感的指向是以更加内在的方式进行的,正是看待对象的这种不同方式区分了恐惧和希望、害怕和悲痛、爱与恨。

再次,这些情感不仅体现了看待对象的方式,还体现了关于对象的一些十分复杂的信念[③],比如,只有相信坏事情即将来临、而避开它又不在当事人的完全控制之中时,他才会害怕;要产生愤怒的情感,就要相信和我关系亲近的事或人对我实施甚至故意实施了重大的伤害。这些信念对于情

① 古希腊语 eudaimonia 包括当事人赋予其内在价值的所有事物,一个人对“人应当怎样生活”的回答就是他关于 eudaimonia 或“人的繁荣”、“人的完整生命”的概念。不仅有德性的行为,而且私爱和友谊也有资格成为一个人 eudaimonia 的组成部分。虽然这让我们不得不承认人们关于重要性和价值的思想常常是凌乱无序的、并不总与他们反思性的伦理信条相一致,但只有这样,古希腊关于人的完整生命的框架才是理解情感生活的良好途径。受功利主义影响,eudaimonia 往往被翻译为“快乐”或“幸福”,但存有争议。比如伯纳德·威廉斯就反对说,在古希腊哲学家眼里,eudaimonia 指称的并非现代的快乐概念,我们说“你一天快乐一天不快乐”听起来挺顺耳,但 eudaimonia 却是针对人的一生而言的,因此称为 well-being(美好生活)更合适。参见伯纳德·威廉姆斯:《伦理学与哲学的限度》,陈嘉映译,商务印书馆 2017 年版,第 44 页。

② 即便是斯多亚派的代表人物之一塞尼卡(Seneca,前 4—前 65 年),也喜爱把情感比作火,比作海洋激流,比作狂风,比作强力。

③ 看待对象的方式,即“把 X 看作/理解为 Y”的方式;关于对象的一些信念,即“认为 X 是 Y”的信念。从逻辑表达式来看,二者是有细微差别的。

感的定义来说是必不可少的,因为不安的感觉仅凭自身无法表明当事人是害怕、悲痛,还是遗憾,这些情感只有通过思想的检查才能作出区分。

最后,情感总是关心价值的,情感把对象看作是有重要价值的,而且这种价值是与当事人自身的繁荣有关的。一个人不会对世界上任何的灾难都感到恐惧或者悲痛,之所以恐惧,是因为意识到这种即将来临的伤害会切入他宝贵的社会关系或计划的核心,之所以悲痛,或许是因为某个他所爱的人的死亡,而她是他生命中重要的一部分。但这并不意味着情感对象只是当事人自身获得满足的工具或器物,而是因为它们被赋予了内在的价值。同时,情感也是局部化的,它们往往是站在我自身生活内,而不是站在一般化的位置上,所以,"我"悲痛于"我"母亲的死,而不会对任何母亲的死亡都感到极度悲痛。换言之,情感总是与人的繁荣有关的,情感从主体自身的视角看这个世界,把事件描绘成主体自身对个人重要性和价值的认识。

当然,价值判断可以被分为两种:一般的价值判断与具体的价值判断。对死亡的背景性害怕通常就既包括十分个人化的思想,比如"死对我来说是坏的",也包括一般概括性的思想,比如"死亡是一件坏事情"。同样,对深爱的人的死亡的害怕,既包括为"那个人"的害怕,也包括为我自己的目标和计划而害怕。一般性情感并不一定比具体的情感更少与个人繁荣有关。我可以聚焦于双亲之爱在我自身目标计划中的重要性,也可以聚焦于它对全人类的重要性,但通常情况下,这两者都有。[①]

---

① 纳斯鲍姆有关情感中的具体价值判断与一般价值判断的区分,与大卫·科普对道德判断的分析有相通之处。科普认为,一个道德判断不仅表达了说话者对某件事物的赞成或不赞成,也表达了说话者对相关的一般道德标准的认同或不认同;而且,基本道德命题的真值条件是由有关相关合理的或权威的道德标准所要求之物的命题给出的,他称此为对规范性判断的基于标准的说明(standard-based account)。参见 David Copp, "Realist-Expressivism:A Neglected Option for Moral Realism", *Social Philosophy and Policy*, 2001, Vol.18, p.182。

(二)情感认知—评价理论的解释力

情感认知—评价理论对情感的幸福论式(eudaimonistic)说明可以帮助我们解释为什么情感有时像是强烈的剧变,有时却不是很严重。人们常常因为一些轻微的损失而十分痛苦,如果他们习惯了那些事物、或者认为它们是自己的应得之物的话。但问题的关键在于:情感认知—评价理论能否恰当地解释经验生活中情感与生理感觉的联系?能否解释情感的动力方面,即情感对行为的驱动性影响?除了评价性认知,情感中是否还有其他认知性成分?

首先,纳斯鲍姆认为,人类情感的确都是通过身体来表现,任何情感案例都把一些感觉的存在作为它的必要情形,但我们没有清晰的理由说这些东西就是情感本身的一部分,因为精神状态是可以多重实现(multiple-realization)的。如果有人说悲痛总是必须伴随着如此这般的神经燃烧,我们很可能会找到上千种不是这样的情况。正是"我们是这样一种有机体类型,以及我们身体设计的多样性"这一事实阻碍了我们把心理学描述引入情感的定义。尽管我们必须承认有时一些烦乱的感觉会伴随着情感,但若深入分析就会发现,这样一些无意识的非典型性案例其实寄生在有意识的情形之上,故而情感可以仅用评价性认知来定义。

其次,在情感认知主义的理论框架中,情感的动力方面似乎不是认知判断所能解释的。可能有人要问:既然存在急速的生理运动、痛苦和烦乱的感觉,那么我们真的要把它们与"如此这般的情况是事实"的这种判断部分来同等看待吗?我们为什么不主张判断是情感的原因而情感本身就等同于生理运动呢?或者我们为什么不再把判断看作情感的组成元素和充要条件的同时,主张存在着其他元素,比如感觉和生理运动?纳斯鲍姆认为,之所以会有人提出这样的疑问,是由于他们没有注意到:判断是动态的、驱动性的,而不是静态的、惰性的。理性在这里可以运动、接受和拒绝,它可以快速运动、缓慢运动,也可以直接运动、踌躇地运动。在此意义上,对事实的承认和强烈的剧变属于同一个人的同一个部分,即那个给世界以意义的部分——情感。认知行为不是情感剧变的准备阶段,而就是情感剧变本身。

再次,通过仔细分析生活中的情感体验,纳斯鲍姆发现,情感中除了评价性认知,还包含着有关对象的丰富的知觉,并且在细节上十分具体和饱满。这意味着典型的情感与想象中对事件的具体描绘有关,这就把情感与其他的、更加抽象的判断形态区分开来。此外,虽然想象帮助我们把远处的个体纳入我们的目标和计划范围,但想象是高度具体的,是随着对象和情形的独特性而变化的,而且并不是情感的每一个情节都需要通过想象才能实现,所以,由于想象的多变性和可塑性,这一情感特点并不能被加进情感的定义,虽然也不能被忽略。

纳斯鲍姆对情感的说明很好地解释了日常情感经验。首先,这一观点解释了为什么情感具有热烈和紧急迫切的特点:因为情感关心我们最重要的目标和计划。其次,我们不能控制作为情感对象的事和人的活动并保证其完好存在,这一事实很好地解释了情感中的被动性体验。再次,在一些情感体验中,自我之所以会感觉到被撕裂,是因为这些是与我们十分关心的世界的一种交互,这个世界可以使我们完整,也可以撕裂我们。最后,情感之所以感觉起来有时像外部能量,是因为它们常常是从我们并不完全理解的早期对象关系中衍生出来的,一个成人的某些情感中也可能保留着前语言时期婴儿有关对象的原始的、不清楚的观念。

总之,情感与理性并不是割裂而应是统一的关系。情感本身就蕴含着理解力、价值判断能力。这一观点无论在理论还是在实践中都极具影响力。正如纳斯鲍姆所言,“如果理智与辨识中充溢着情感,如果情感自身便包涵着对价值和重要性的意识,那么情感便不能再如哲学史上经常遭受的那样,在解释道德判断时被简单地排除出考虑范围。我们将不得不把情感看作道德推理体系的主要组成部分,而不再把道德看作被与情感对立的理智所把握住的原则体系。"①

(三)情感认知—评价理论的缺陷

前已述及,情感的认知理论在最初是认知—生理型的。而纳斯鲍姆在承认生理因素的确存在的同时又将其从情感的定义中驱逐了出去。这很可能是由于,对于一个热心于从人的情感心理学角度为伦理学和政治哲学提供理论资源的哲学家来说,强调情感的生理机制的确是件困难的事情,因为那就等于强调了由先天生理结构差异所导致的、很难通过后天教育或培养来改变的个体差异,而伦理学和政治哲学的基础恰恰要求共识性、普遍性。或许为了避开这个矛盾,纳斯鲍姆极力论证了情感的充分必要条件仅仅是评价性的认知、信念。尽管如此,以"人的有机体的可塑性"、"精神状态的多重实现"所造成主体之间情感—生理反应的差异为理由,而将对生理的心理学描述从情感定义中排除出去显然是不合理的。任何理论不能因为某种情况复杂便将之排除出考察范围,情感的定义也不例外。

作为一个人文学者,纳斯鲍姆这样做,除了有伦理学、政治哲学研究方面的原因外,也是为了提高情感在社会生活以及科研、教育等领域的地位,这一目标对于完善后现代主义提出的所谓"完整人"的概念具有重要意义,对于促使社会关心情感、从而建设一个充满终极关怀的社会而言具有重要启示。情感的确是十分关心价值的,但如果因此便将情感理想化为认知、价值评价,而对那些剧烈运动、不安、抽搐、莫名其妙的烦乱情绪②等不能给予足够的重视,情感也就失去了它的独特性和魅力。一个

① Martha.C.Nussbaum, *Upheavals of Thought*, Cambridge: Cambridge University Press, 2003, p.1.

② 纳斯鲍姆认为对情感和情绪很难作出严格的区分。

真正喜欢某物的人会关注它与众不同的品质,一个真正提高情感地位的理论也应当尊重情感本来具有的特征,尊重它的独特性,而不论它是否会破坏或妨碍道德。“那一个”永远是首要的,忽视了这一点恰恰会损害甚至威胁情感的地位,或者至少是容易导致此类消极后果。更何况,虽然道德判断更多地涉及认知性评价,但我们无法排除某些非理性的道德话语参与人的道德生活。因此,一阶的伦理学或有关伦理的分析评论就不能放弃对这部分非认知性的心灵状态的模拟与追踪。

对情感的解释方式直接影响对情感的提升进路。比如,奥古斯丁和柏拉图主义同样都倡导所谓“爱的上升”,但其最终根据和实现方式是不同的。由于柏拉图主义极度强调理性的重要性,其所设定的爱的“沉思式上升”进路就忽视了人的理性的有限性,从而很难被实现。而奥古斯丁则重视基督教中的“敬畏”情感,在后期著作《忏悔录》中,奥古斯丁走出了一条不同的“从欲爱上升到圣爱”之路,即“回忆式的反思性忏悔”进路,其重要根据在于对人的记忆、情感、欲望及有限性的承认,对人的自我形象、自我历史的包容性认知。这对当今个体道德成长和良善生活建设都具有不容忽视的启示价值。①

纳斯鲍姆哲学是乐观主义的,是现实与理想的结合。她相信同情心,注重积极情感的培养对社会所起的作用,但所有这一切仅仅只是一个方面——与道德和正义有关的那部分情感。总有一些东西是我们所没有理解或无法理解的。许多普通人也常常会体验到一些病态的或接近于病态的情感,那将是更加复杂的案例,虽然它们表面上处在边缘地带,但在部分日常生活中却产生着重要的影响。而要完整地说明情感或提出一种具有普遍性的情感理论,就不能忽视这一点。

但相比于情感认知—评价理论自身的优点而言,该理论的缺陷相对

---

① 李娜:《对欲爱的两种提升——兼论奥古斯丁对柏拉图主义的继承与超越》,《中国诠释学》总第 14 辑,2017 年 12 月。

较小,而且是可以通过心理学研究的不断深入来弥补并得以改善的。由于其论证的系统性和科学性,情感的认知—评价理论也影响了后来的情感主义伦理学、美德伦理学、关怀伦理学等,对改变情感在哲学尤其是伦理学和政治哲学中的形象与地位起到了重要作用。

(四)情感的认知—评价理论与移情关怀伦理学:异同点与启示

一种和纳斯鲍姆的情感认知—评价理论比较相近的情感主义理论,是近些年非常受人关注的移情关怀伦理学,其代表人物是美德伦理学家迈克尔·斯洛特。情感认知—评价理论和移情关怀伦理学都非常重视同情(sympathy)和移情(empathy)①,也都将对他人与自我的认知—评价关系放在伦理考量的重要位置。

二者的不同在我看来至少有两点。第一,移情关怀伦理学重点强调移情对道德能动者良善行为的促进作用,而情感认知—评价理论在肯定移情作用的同时,更加强调移情与同情的区别,主张移情不是同情的必要条件或充分条件,想象力对促进同情、激发同情驱动型道德行为具有重要作用。第二,移情关怀伦理学既强调休谟式关联性移情(associative empathy,比如看到别人哭,自己也想哭)的重要性,也强调具有一定认知因素或对认知能力有一定要求的更加微妙的移情或关心、关怀(比如,看到身患癌症的人在谈笑风生,自己感到很心痛)的重要性,而情感认知—评价理论更多地将情感普遍看作具有认知性或评价性,不太强调自发的、难以自我控制的生理性移情。

在第一个不同方面,纳斯鲍姆的情感认知—评价理论显然更全面一些,既强调了移情,又强调了想象力,这使得纳斯鲍姆不仅强调情感教育,而且强调文学、诗歌、音乐等能够激发想象力的情操培育,促使移情突破

---

① 同情和移情是有区别的,在休谟那里被重点分析的是(关联性)移情,这也是当代心理学研究的一个重要课题。

“以己度人”的限制，这也更加符合心理学的移情利他主义假设，即我们的利他倾向、对他人的关心，更多地取决于移情的发展和被激发的程度。但二者又殊途同归，斯洛特也和发展心理学一样，强调阅读有关不同文化习俗、背景历史的人们的故事书籍能够帮助阅读者建立起更广泛的移情倾向，这种唤醒移情的过程似乎也离不开想象。在这一点上，如前所述，纳斯鲍姆早已肯定了文学、诗歌的情感教化作用。

在第二个不同方面，纳斯鲍姆则显得过于拘泥于情感的概念化研究而导致其情感认知—评价理论仍具有较强的理性主义色彩，没有给性情、倾向等情感心理学、发展心理学留下较大的空间。相比之下，斯洛特的情感主义伦理学借助了大量的心理学支持。比如，他非常重视发展心理学家马丁·霍夫曼在《移情与道德发展：关怀和公正的内涵》一书中的移情研究。① 后者发现，移情敏感性提升训练对遏制儿童伤害同伴能够起到的积极作用，作为一种道德教育方法，移情诱导训练比惩罚、规训等对做恶作剧的孩子能够起到更好的教化作用。② 在解释道德差异现象时，纳斯鲍姆和斯洛特的解释进路也是不同的。我对于我的亲人的去世比对陌生人的去世怀有更强烈的悲痛与遗憾，纳斯鲍姆主张这是因为母亲处在我人生幸福评价体系的更核心位置。我们对挽救面前的落水儿童比对向非洲饥饿儿童捐款持有更强烈的道德紧迫感，斯洛特对此的解释则是基于移情差异，即相比遥远的、未来的危险或痛苦，当下的危险或痛苦更容易唤醒移情，这种移情也更加强烈；这种移情差异现象或概念也能解释为什么在特定情境中我们不愿意为了拯救四五个人而杀害一个人。

当某人对第三方态度冷淡时，我们表示寒心，当某人对第三方态度友

---

① 迈克尔·斯洛特：《情感主义德性伦理学——一种当代的进路》，王楷译，《道德与文明》2011 年第 2 期。

② 马丁·L.霍夫曼：《移情与道德发展：关怀和公正的内涵》，杨韶刚、万明译，黑龙江人民出版社 2002 年版。

善时，我们感觉到温暖。这时我们的移情是二阶的，是对当事人移情状况的移情反应。斯洛特认为道德理解和道德判断中最直接包含的就是这种二阶移情。移情关切与人潜在的品格或动机有关，这种表面的主观性也兼容于客观性，这里的客观性指的是，“当一个人作出一种客观的道德判断，他所说的是真实的，其真实性并不取决于这个人的态度或思想。”①斯洛特对情感的分析几乎完全基于移情心理学，这种对心理学的包容、开放是我们所要汲取的；但哲学不是心理学，伦理学也不只是心理学，它更包括了作为理性能动者的审慎反思、深思熟虑，它必须解释道德的规范性来源，否则为何要进行上述所谓的移情敏感性训练就变成了缺乏理由的事情了，而缺乏理由的行动对一个理性能动者而言恐怕是难以接受的。

因而，在弥补纳斯鲍姆忽视心理学最新研究成果的缺陷的同时，我们依然坚持和承继纳斯鲍姆对情感的认知—评价分析，在构建人的道德情感体系时，既要着眼于认知—评价性的幸福论建构，以解释道德规范性的来源，又要善于从心理学中寻求这种建构走入现实的通道，以消除道德的神秘性。这或许要求我们除了分析移情心理学，还要关注与信念(belief)相关的认知心理学、与确信(conviction)相关的意志心理学，等等。但无论怎样，情感的认知—评价理论已经为我们提供了一种重新理解表达主义的新路径。

三、表达主义一定是非认知主义的吗:认知主义的道德表达主义

传统的表达主义大都属于非认知主义。但无论道德表达主义是一种情感表达主义还是态度表达主义，都无法割裂其与信念的关系。

---

① 迈克尔·斯洛特:《情感主义德性伦理学——一种当代的进路》，王楷译，《道德与文明》2011 年第 2 期。

(一)情感、态度与信念

认知主义的情感理论在心理学中早已有之。20世纪,美国心理学家阿尔伯特·埃利斯就创建了情绪ABC理论。其中,A是Antecedent(事情的起因),B是Belief(人们对事件的想法、解释和评价等形成的信念),C是Consequence(事情的后果)。有前因必有后果,但是相同的前因A,却可能产生C1、C2两个不同的后果。这是因为,从前因到后果会经过一座桥梁B,即我们对具体情境的认知—评价性信念。又因为,在相同的情境A中,不同的人会有不同的信念B1和B2,所以会得到不同的结果C1和C2。例如,宿舍实行"限电令",小明和大东却是不同的情绪反应,因为二人的内心需要不同,小明想要玩游戏,"限电令"会使其该项需求得不到满足。而大东则想安心睡觉,"限电令"有助于满足其内心需求。可见,对事情价值的不同看法,能引起人自身不同的情绪。因此,根据情绪ABC理论,影响我们情绪的不仅仅是诱发事件本身,还包括我们对事情的认知与评价,也就是态度和看法。如果不合理信念或负面评价积累得太多太久,就会引发情绪障碍。① 可见,情绪和信念是纠缠在一起的,即使承认了道德判断表达情感或情绪,但其背后依然隐藏着各种信念,而这恰恰是值得我们反思、讨论的地方。

关于情感或态度和信念之间的非绝缘关系,我们可以通过分析一个典型的案例看出。维特根斯坦在《哲学研究》中曾指出,"我对他的态度是对一个灵魂的态度,并非我认为他有灵魂。"②这说明,态度不等同于信

① 为此,埃利斯在情绪ABC理论的基础上创建了合理情绪治疗法(Rational-Emotive Therapy),并因此被誉为理性情绪行为之父、认知行为疗法的鼻祖。参见阿尔伯特·埃利斯:《理性情绪》,机械工业出版社2014年版;《控制愤怒》,机械工业出版社2014年版;《我的情绪为何总被他人左右》,机械工业出版社2015年版;《排除你的情绪地雷》,机械工业出版社2016年版;《无条件接纳自己》,机械工业出版社2017年版;《理性情绪生活指南》,机械工业出版社2019年版。

② Ludwig Wittgenstein, *Philosophical Investigations*, Oxford: Blackwell, 1958, §2.4. 中文版请参见维特根斯坦:《哲学研究》,李步楼译,商务印书馆2000年版,第271页。

念。但仔细思考便会发现,这里的态度自然地蕴含着信念。因为,如果比较这两句话:

> 我对他的态度是对一个灵魂的态度,并非我认为他有灵魂。
>
> 我对房间的态度是对一个有瓶子的房间的态度,并非我认为房间里有个瓶子。

这两句话是不同的。第一句话的前半句里,态度自然蕴含着信念。第二句话的前半句里,态度可能蕴含着信念,可能没有蕴含。可见,承认道德判断表达情感或态度,并不一定需要排斥信念。情感或态度可以与信念共存。

这种情感、态度与信念密切相关的理解方式,有助于情感主义解释道德推理的可能性。比如,休谟就曾经对此有过阐述。他认为我们的道德情感包含着对他人的普遍同情,他一方面用同情原则克服情感主义伦理学常常被人指责的有关道德评价的个体性和相对性的弱点;另一方面将我们的道德情感建立在与影响利益的行为普遍倾向性有关的信念基础之上,即如果我们相信有一系列行为被列入提升人类幸福和减少痛苦的原则(如果被普遍接受),我们就在道德上同意这一系列行为。根据休谟,这不是我们唯一的道德关怀,但的确是其中之一;正是因为这种关怀,道德判断才涉及对普遍原则的诉诸。这里的普遍原则是关于提升幸福和减少痛苦(如果被普遍遵守)的特定系列行动倾向性的原则,因而这里的相关推理的确是关于事实的,其争论点是这些系列行动是否能够在事实上促进美好生活。根据好意原则,我们称此为道德推理,称相关原则为道德原则。

(二)情感认知—评价理论与解释的表达主义

前已述及,道德哲学中经典的情感表达主义一直受"弗雷格—吉奇"

问题的困扰。即道德的情感表达主义如何解释道德谈论中肯定前件式假言推理的有效性问题。例如,在如下论证中,道德的情感主义解释如何避免把这一明显有效的论证解释为无效论证?

(P1)说谎是不道德的。

(P2)如果说谎是不道德的,那么让小明说谎是不道德的。

(C)让小明说谎是不道德的。

而在破除情感态度与信念认知的二分法之后,就会发现,只要我们承认了情感的认知—评价功能,那么无论情感是否包含着生理因素,“道德判断表达着道德情感、道德情感中蕴含着道德认知”都是无可争议的共识了。这样一来,非认知主义的道德表达主义理论就可以合理地被转换为认知主义的道德表达主义,后者不仅可以有效避免“弗雷格—吉奇”问题的挑战,帮助表达主义解开自身面临的“语义之谜”,而且,道德认知主义能够充分模拟日常的道德命题,从而对“解释的表达主义”也是一种发展和完善,进一步弥合了道德情感表达主义与道德实在论的裂痕。

事实上,“解释的表达主义”的代表人物吉伯德虽然还是和经典表达主义一样认为道德判断不是描述性的,但他恰巧也使用了纳斯鲍姆从古希腊幸福论中选取的“计划”概念,认为道德判断并非像经典表达主义者所说是表达不同的态度,而是表达了不同的计划(plan)或心灵状态。[1]在经典的表达主义者看来,不同道德语句的争论点是态度或情感,并无表征内容,而吉伯德则认为道德的争论点是计划,计划转换成规范性语言,可以描述我们的心灵状态,因而道德陈述是有表征内容的,只不过它不是表征外部实在,而是表征心灵状态(基于此,吉伯德的理论仍是表达主义,而不是反映主义)。在经典的表达主义那里,态度或情感是不可调和

① 在纳斯鲍姆的论述中,“计划”与古希腊的幸福论、个体的价值体系、美好生活规划联系更加紧密,是具有古典意味的一个较为宏观的概念。而在吉伯德那里,计划更像是当代日常语言中的一个一般概念。

的，而在解释的表达主义者吉伯德这里，计划是可以参与到彼此的争论当中去的，在争论中，我们需要共同的合作式思考。

虽然在承认情感的认知评价功能方面，吉伯德没有像纳斯鲍姆那样表达得明确和直白，但二者具有强烈的相似性。因而可以说，从总体上讲，无论从表达主义理论外部还是内部，都可以发展出一种更有解释力的理论：道德即使表达一种情感，这种情感中也包含着理性评价的成分——在纳斯鲍姆看来这种理性成分是与人的繁荣有关的认知—评价，在吉伯德看来则是行动计划。

但计划如何才是合理的？计划本身并不是一个基础性的概念，计划本身的合理性基础恰恰是需要其他东西提供支持的。首先，要说明一个计划的合理性，或者计划中事件的“该做性”（to-be-doneness）①，就需要对人的幸福本身进行理解，而人的幸福繁荣与人的社会交往、社会需求、社会背景又密切相关。在这一点上，基于人的繁荣的认知—评价理论，和对心灵、语言的意向性网络—背景理论一起，能够更加进一步地解释计划，揭示计划背后的东西，这是为什么我会采取认知—评价进路而非吉伯德解释主义进路的主要原因，也是为什么在本书下一节中阐述新表达主义时对意向性网络—背景进行分析的原因。

（三）史密斯的理性主义—性情理论：优势、缺陷与启示

与情感认知—评价理论具有某种相似性、且最近比较流行的一种理论是迈克尔·史密斯（Michael Smith）的理性主义—性情②理论。

---

① 吉伯德认为，计划中的事实似乎充满了“该做性”（to-be-doneness），该做什么会导致了决定（decision）和行动（action），但该做什么并不是一种有待发现的属性。能动者推理的方式使得我们像是存在该做性（to-be-doneness）这种属性一样去思考，这是有关计划和决定的本性（nature）的一个可理解的结果。参见 Allan Gibbard, *Thinking How to Live*, Cambridge, MA: Harvard University Press, 2003, pp.5, 10。

② Disposition，性情，又译为“倾向”或“倾向性”，在心理学中指的是一种心理意愿状态尤其是行为趋势。

理性主义—性情理论也是在反对非理性主义情感理论的基础上产生的。伯纳德·威廉斯提出了一种反理性主义的情感主义理论版本，他既不同意像功利主义那样的"非个人化"(impersonal)进路，将思维简单地还原为一种后果主义的计算，将个体都设想为宇宙满足系统中的行动者，无视人的独立性和自主性①，更不赞成像康德那样更加抽象的"非个人化"方式，即力图将人类社会建立在一个稳固的理性基础之上。威廉斯认为理性的作用是有限的，由于理想化的反思或慎思所产生的欲望是"一种功能，[能动者]实际上必须从这里开始，它们是由社会化和文化适应的力量造成的，后者使它们成为它们的样子"，因此它们仍然需要辩护，因为它们最终来自我们无法控制的因果力量，因而具有相对性。换言之，理性的辩护自身是一件具有相对性的事情，真正存在的只有"相对于这个人的理性辩护"或者"相对于那个人的理性辩护"。威廉斯坚信公正出现的偶然性②、非纯粹性③，同时认为羞耻感这种情感在产生稳定持久的伦理原则中起着至关重要的作用④。

迈克尔·史密斯反对威廉斯这样的反理性主义情感理论，他认为，一种行为是可欲的，就是相信一个理想的理性自我(即完全知情和融贯的自我)会渴望(实际上是不完美的)一个人完成这种行为。迈克尔·史密斯的

---

① 按照威廉斯的说法，功利主义试图用西季威克所谓的"普遍的观点"(the point of view of the universe)来取代个人的观点。参见 Bernard Williams, "The Point of View of the Universe: Sidgwick and the Ambitions of Ethics", in Williams, *Making Sense of Humanity*, Cambridge: Cambridge University Press, pp.153-171。

② 伯纳德·威廉斯：《道德运气》，徐向东译，上海译文出版社 2007 年版。

③ 在伯纳德·威廉斯看来，根据康德的伦理学，只有一个绝对严格的道德义务才能推翻一个不太严格的道德义务，这最终使得只要不能采取"义务"这种形式的所有考虑都不是重要的考虑，道德必须是纯粹的，"若没有它的那种根本上的纯粹的公正，就没有公正"。与康德相反，威廉姆斯则强调道德的非纯粹性。参见伯纳德·威廉斯：《伦理学与哲学的限度》，陈嘉映译，商务印书馆 2017 年版，第 235 页。

④ 伯纳德·威廉斯：《羞耻与必然性》，吴天岳译，北京大学出版社 2014 年版，第 93 页。

论证过程是从一个能动者所具有的或多或少常识性的假设开始的,即能动者认为在某些情况下她以某种方式行事是可欲的(desirable),就是她认为她这样行事是可建议的(advisable)。而认为以某种方式行事是可建议的,就是认为一个理想的理性自我会建议一个人以那种方式行事。① 但一个人理想的理性自我只是具有一系列最小修正欲望的自己,即一个具有已经被修正的"从理性批评的视角来看无可指责的"②欲望的自己。在阐述性情理论时,史密斯在自己的"慎思"(deliberation)概念中增加了一个新概念"理性主义的光泽",根据这个概念,理性能够中和我们所反映的最初欲望中的各种差异,从而导致理性能动者反思后的欲望趋同(convergence)。③ 如果成功的话,对性情的这样一种理性说明将能避免把规范性建立在心理学之上。

具体而言,迈克尔·史密斯是在尝试完成麦克道威尔对道德概念的倾向性说明(dispositional account)和对道德反应发生的适当条件(suitable conditions)的一个理性主义说明。其中,欲望和评价性推理是"由道德规范所还原的特定实践理性规范所控制的",允许在这些适当的条件下对与反应相关的价值进行辩护,从而使人感觉到这种价值是一种"在那儿将被经验的"属性,而且在这种属性中,将价值归属于某物是表达绝对理由(categorical reasons)的。④ 真正的价值是行为的自然特征,"当我们的思维符合道德规范还原成的实践理性规范时,就会引发我们的某些态度。"⑤

---

① 迈克尔·史密斯:《道德问题》,林航译,浙江大学出版社 2011 年版,第 153 页。

② Michael Smith, *Ethics and the A Priori: Selected Essays on Moral Psychology and Meta-Ethics*, Cambridge University Press, 2004, p.263.

③ Michael Smith, *The Moral Problem*, Oxford: Blackwell, 1994, pp.164-174.

④ Michael Smith, "Objectivity and Moral Realism: On the Significance of the Phenomenology of Moral Experience", Haldane, John and Wright, Crispin (eds.), *Reality, Representation, and Projection*, Oxford: Oxford University Press, 1993, pp.250-252.

⑤ Michael Smith, "Objectivity and Moral Realism: On the Significance of the Phenomenology of Moral Experience", Haldane, John and Wright, Crispin (eds.), *Reality, Representation, and Projection*, Oxford: Oxford University Press, 1993, p.251.

首先,在表面看来,史密斯的这种观点的确很好地容纳了评价性话语的客观性、规范性和实践性,至少它可以解释理性的动机。我们的理性就是解释我们的评价性信念和我们动机之间关系所需要的全部东西。但这将给理性带来巨大的负担。假设道德规范还原为理性规范,我们必须假设,无论人们的各种经验性和情感性起点是什么,理性反思都有力量消除这些差异,并引导我们所有人聚敛于非常相同的行为欲望。但是,人们很可能怀疑在以某种道德中立方式规定的理想化环境下欲望趋同的这种前景。① 诉诸道德情感的丰富实践的核心困难在于这样一种感觉,即道德价值和特质远远超出了融贯性和一致性限制下的经验信息约束的欲望所能产生的东西。我们要设想更客观的评价性事实,例如,遵循由关于如何过好的或对的生活的事实所决定的价值方向,来培养正确的道德反应,由此而形成一种恰当的道德教养或情感特征。我们关于道德客观性的探寻最终都要追溯到"好的或对的生活"这一客观事实。但这种客观的评价性事实在史密斯那里是缺少外部道德基础的。

其次,虽然史密斯在其论述中广泛使用"理性"一词,但他在"理性"(rational)概念上是模棱两可的。② 可欲的规范性与理想理性顾问的建议之间存在着一种强烈的、也许是分析性的联系,这似乎让人有一种"理性"的感觉;一系列理性的欲望和完全知情且融贯的欲望之间也存在一种强烈的、也许是分析性的联系,这似乎也让人有一种"理性"的感觉。但即便如此,为什么认为这两个"理性"的意义是相同的,史密斯对此并未给出清晰的说明。而且,要使史密斯的解释有效,所需要的不仅仅是一

① David Sobel,"Do the Desires of Rational Agents Converge?",*Analysis*,1999.Vol.59,pp.137–147.

② David Enoch,"Rationality,Coherence,Convergence:A Critical Comment on Michael Smith's *Ethics and the A Priori*",*Philosophical Books*,2007,Vol.48,No.2,pp.99–108.

种能力,而更应该是被理性所推动的一种倾向或一种性情。[①] 而这样一种倾向或性情并不是理性能动者所必需的。毕竟,我们总是可以设想这样一个理性能动者,他能够被理性推动,但很少被理性推动,且不倾向于被理性推动。理性能动者所需要的,是被理性所推动的能力;用来解释信念与动机之间的内在主义关系的,则是被理性所推动的性情或倾向;二者并未统一于"理性能动者"概念。

此外,史密斯认为一套信念或欲望越理性,就越融贯。行为的可欲性来自于欲望的融贯。但为何融贯很重要,史密斯并没有给出解释。融贯或许与信念真理理论有关。但规范性不同于真理性。伊诺克认为只有一个独立的标准才能赋予融贯以规范性意义。而史密斯的性情理论恰恰认为不存在这种独立的标准。因此,也就无法通过欲望与信念的类比来确立欲望的正确性,换言之,我们无法知道为何应该想要消除我们欲望之间的不融贯。为此,伊诺克认为不仅不应该采用包括融贯性在内的理想化的进路,而且应该完全放弃这种类似反应—依赖的进路。

最后,作为客观主义者,史密斯认为规范性理由必然适用于所有理性能动者,但他同时主张性情理论,这使得他要么主张所有理性(即完全知情和融贯)能动者的欲望趋同,要么主张根本不存在规范性理由,从而像理查德·乔伊斯那样走向错论[②]。史密斯对欲望趋同这一奇迹表示乐观,[③]同时对错论保持开放态度,[④]这种自我标榜的实在论立场也会让人感到迷惑。根据史密斯的性情理论,理性能动者的欲望趋同似乎只能是

① Michael Smith, *Ethics and the A Priori: Selected Essays on Moral Psychology and Meta-Ethics*, Cambridge University Press, 2004, p.53.

② Richard Joyce, *The Myth of Morality*, Cambridge University Press, 2001.

③ Michael Smith, *Ethics and the A Priori: Selected Essays on Moral Psychology and Meta-Ethics*, Cambridge University Press, 2004, p.295.

④ Michael Smith, *Ethics and the A Priori: Selected Essays on Moral Psychology and Meta-Ethics*, Cambridge University Press, 2004, pp.3, 34, 39, 312-314, 333, 338.

一种副现象。当然,史密斯可以放弃自己对理性能动者的已有设定,将追求欲望趋同作为理性能动者的目标或所有理性能动者必然共享的某些特征的结果,但如何提供这种构成主义的细节? 理性能动性似乎没有丰富的内容来实现欲望趋同所需的一切细节。

理性主义—性情理论所面临的批评和挑战,对我们基于情感认知—评价理论建构新表达主义提供了重要的启示,即我们如何使情感在欲望和理性的张力之间扮演桥梁的角色? 一方面,道德建构主义之所以无法成功,正是因为我们对道德中立地描述如何通过一系列条件和操作来捕捉道德事实并不抱有太高的希望。另一方面,我所主张的新表达主义也并不愿意像强劲实在论那样作出一种强的非自然主义的形而上学承诺。强劲实在论者都承诺这样一个客观的、不可还原的评价性事实:某些形式的道德教养或一系列情感(比如同情和爱),比其他形式的教养或情感更好,并构成了道德上准确慎思的正确起点。亚里士多德也曾经主张,除了从正确的道德观点出发,没有办法正确地描述通往道德真理的道路:任何人如果一开始缺乏实质性的道德知识,就不能为到达道德真理规定一套条件和程序,因为不存在不预先假定基本正确起点的这种条件和程序;真正的道德主张就是关于这些正确起点是什么的主张。我们没有必要像亚里士多德这样持有如此之强的有关正确起点的主张,因为如果说从深思熟虑中能否获得正确结果主要取决于是否有正确的起点,那么,要正确地指出正确的起点取决于什么呢? 这依然是个需要解释的问题。或者还需要继续问,什么构成适当的伦理教养? 通过正确道德经验发展而来的哪些性格特征体现了对实在价值的敏感性?[①] 这些实质性的伦理观点依然需要更丰富的论证。

---

① 关于正确起点涉及性格和相关敏感性的观点,参见 Connie Rosati,"Naturalism, Normativity, and the Open Question Argument", *Noûs*, 1995, Vol.29, No.1, pp.46-70。

第三节　新表达主义理论

在理解情感的认知—评价性的基础上,本节将提出并试着刻画一种认知主义的表达主义理论,以期更有效地解答道德本质问题。虽然难以论证这种新表达主义理论是否完全彻底地合理,但我们可以通过在情感认知主义框架下对道德随附性、道德动机、道德理由、道德知识等的阐释,来说明这一理论具有较强的解释力,这部分工作我们主要在第四章进行,但在本节我们先尝试进行一些铺垫。

一、新表达主义理论与道德随附性

非认知主义的表达主义认为,道德判断只表达情感、情绪或态度,不涉及道德信念,不具有适真性,没有真假。但如果坚持一种情感认知主义,即认为道德判断所表达的情感或态度本身就会涉及认知—评价性信念和非认知性情绪,那么,作为情感表达的道德话语就会涉及描述性成分、评价性成分和心理倾向性成分。情感表达并不像非认知主义的表达主义所认为的那样,只有在概念的、规范的层面上才具有随附性,而是具有随附的实在论基础。道德评价性成分是随附于描述性成分的,但受到人格、性情等心理倾向性成分的影响,在现实中也会表现出相同认知条件下的道德分歧等。

(一)道德情感与信念、认知

在第一章我们提到过,反对道德实在论的两个著名论证之一就是有关态度的。

> P1:相信一件事是好的,意味着对它持有某种态度。
>
> P2:相信一件事进入某种事态,并不意味着对它持有某种态度。

C:因此,相信一件事是好的,并非相信它进入了某种事态,必须区分道德命题与具有实在的成真条件的命题。

根据新表达主义理论,这个论证中的第二个前提是有问题的。因为,第二个前提相当于是说,“信念”并不涉及“态度”。但是,“信念”为何不能涉及“态度”?

首先,对某人的信念的改变会涉及对其态度的改变。比如我对张医生产生了一种信念“张医生拥有有关新冠病毒的真理”,我对他的态度不会改变吗?我很容易变得更愿意听从他关于新冠病毒的意见,也更愿意将他发表的新冠病毒的观点转发推荐给亲友们,这两个都可以很自然地被理解为我拥有对张医生专业观点的赞同态度。

其次,对陈述的信念的改变也会涉及对其态度的改变。“新冠病毒不具有人传人的特性。”当我对这个陈述信以为真时,我对它持有一种态度。当我得知这个陈述为假时,我对它必然产生另一种态度。

最后,有些信念本身就可能蕴含着一种态度。比如相信“病毒是有生命的”也可能蕴含着对病毒持有一种态度。

因此,第一个反对实在论的论证是有问题的。休谟揭示的动机理论主要是声称“动机总是涉及信念和欲望两种东西”。这里,我们可以主张“信念本身就有激励作用”这样一种不同的动机理论。①

前已述及,态度或情感是“关于”对象的,不过,与信念不同,情感是以一种意向性的方式“关于”对象的。这就是为何我们并不主张态度或情感完全等同于信念。情感的对象是一个意向性对象,这意味着,情感指向对象不是像箭射向目标那样,而是以更加内在的方式进行的,就像语言或心灵的意向性一样。

---

① 麦克道威尔和威金斯就通过否定休谟主义动机理论这一前提为道德实在论进行了辩护。

塞尔曾经在研究心灵意向性的基础上提出著名的语言意义—意向性理论。在这种内在主义理论的阐述过程中,他指出,语言的意义根源于说话者的内在意向状态。语句的表征能力并非语句自身所固有的,而是基于心灵的意向性。没有说话者的意向状态,就无法赋予词语以一定的意义。而心灵表征能力并不根源于别的,而是内在于心灵本身的。作为许多心灵状态或心灵事件的属性,意向性比语言更根本,在此意义上,语言哲学只是心灵哲学的一个分支。① 言语行为理论通常会区分命题性内容和语旨力,塞尔的意向性理论也区分了表征性内容②(或意向性内容)和心理模式。语旨力可分为断言式、指令式、允诺式、宣告式、抒情式五种类型,据此塞尔将心理模式也分为五大类型。其中,信念就像断言式语句一样有真假,其真就在于追求和世界的相符,因而信念具有"心灵—世界"(mind-to-world)的适应指向。欲望和意图则没有真假,它们通常只是被满足或被实现,因而欲望和意图具有"世界—心灵"(world-to-mind)的适应指向。此外,言语行为的过程总是相应意向状态的表达。即使谎言也不例外。谎言虽然不是真话语,但仍有其意义。谎言表面所展现出来的意向状态决定了谎言的字面意义,说谎者的言语内容及其实际具有的意向状态则综合决定了谎言的蕴涵意义。总之,意向心理状态由存在于特定心理模式之中的意向性内容构成,具有内容和形式两个维度,其对对象和事态的表征类似于言语行为对对象和事态的表征。当意向状态的内容是一个完整的命题并具有特定的适应指向时,这个意向状态的内容就决

① John R. Searle, *Intentionality: An Essay in the Philosophy of Mind*, Cambridge University Press, 1983.

② 塞尔使用了具有更广泛含义的"表征性内容"而非"命题性内容"一词,后者主要用来指称那些能够用语言实现出来的状态。不过我们仍然可以使用"命题性内容"这一概念来表明那些将整个命题作为内容的心理状态,而无论这一状态能否用语言实现。我们需要区分那些内容必然总被表达为一个完整命题的心理状态(如相信)和那些内容并不必须是一个完整命题的心理状态(如爱和恨)。参见李娜:《从意向性看语言的意义问题——论约翰·塞尔的意向性—意义理论》,山东大学硕士学位论文,2007年。

定着它的满足条件,即每一个具有特定适应指向的意向状态都表征着自身的满足条件。

结合上述意向性理论分析,我们可以合理地主张,情感或态度因其意向性而决定了相关话语具有真值条件,情感并不总是非理性、非认知性的,情感或态度往往涉及理智因素、认知成分。当然,也不能排除情感会涉及非认知的情绪因素。但总体而言,作为情感表达的道德话语说出了某些关于事实的描述,这是它具有适真性的根本原因,也是它与自然命题具有随附关系的原因之一。

(二)道德情感的随附性

如果承认道德判断表达一种情感或态度,那么这种情感或态度从何而来? 如果承认道德的随附性,那么具体而言,它究竟随附于什么? 总之,新表达主义如何解释道德的(the moral)和非道德的(the non-moral)之间的关系?

关于道德情感的随附性,我们主张一种非定义、非还原式的随附性,“道德性质强随附于自然性质可以标志一种道德自然主义的形式——不是伦理自然主义的定义命题,而是承认自然事物对道德事物的本体论优先性的形而上学命题”①。就像因果决定的形而上学命题与因果解释的认识论命题虽然不同,但前者为后者提供了形而上学基础,后者的成功是我们相信前者存在的本质基础一样,相信一对领域之间存在随附性关系的信念可以推动我们寻求特定的性质—性质连接。② 比如部分整体论的随附性,这种学说认为物体的宏观性质随附于它们的微观性质。正是这种原子论的形而上学学说似乎奠基和支持了在现代理论科学中富有大量

① Jaegwon Kim, “Concepts of Supervenience”, *Supervenience and Mind*, Cambridge: Cambridge University Press, 1993, p.76.

② Jaegwon Kim, *Supervenience and Mind*, Cambridge: Cambridge University Press, 1993, pp.72-77.

成果的微还原研究策略。而且,反过来,这种研究策略的成功又强化了我们对部分整体论的随附性的信念。

道德随附性与此相似。道德随附于非道德的信念已经产生出道德哲学的一些主要假定和任务,比如寻找伦理术语的自然主义定义,相信必然存在进行道德归属的非道德"标准",相信存在诸如"构成好"或"构成对"的特征的事情;以及多年来试图用自然主义或描述主义的术语来陈述行为理性或制度正义性的条件。如本书第二章第二节对随附、依赖、共延等概念关系的阐述,虽然随附性命题是关于两个领域之间客观存在着的依赖关系的一种形而上学命题,它并没有说我们如何会得知依赖关系的细节,但对随附性关系的承认,会迫使我们着手寻求随附性解释的方法;反过来,对依赖或共延等关系的发现,对随附性解释的论述,会增强我们相信随附性的基础。

只不过,我所主张的新表达主义理论的承诺并不像还原论那样强。有人可能认为这种有关情感的随附性观点对还原论保持开放,且将道德性质根植于自然性质,所以是一种弱的自然主义。但严格来讲,它并不符合纯粹的自然主义,因为它认为,道德情感由于关心人的自我繁荣、幸福计划,从而是天然地蕴含着非自然性的价值评价的。它似乎保留了一种非还原论或非自然主义的外貌;但它又不像传统非自然主义那样认为道德情感是完全自成一格的独特事物,它承认自然基础对道德情感、态度的奠基性作用,这使得道德情感并不是某种神秘的东西。

由于新表达主义理论的这种调和特征,使得我们可以像某些新非自然主义者一样,主张道德随附性是一种非还原性的决定关系,随附性在概念上是构成性的,随附性关系主要被用来奠基有关一般道德真理的先天知识。①

由于随附性关系是非还原性的,所以对随附性的说明并不要求我们

---

① Robert Audi, *Moral Knowledge and Ethical Character*, New York: Oxford University Press, 1997, p.119.

必须将道德性质所随附的具体性质具体化。那么，究竟是一般性的道德知识更重要，还是具体的道德知识更重要呢？我们可以根据全总随附性的定义——"A 全总随附于 B，仅当在 B-性质方面非常相似的世界在 A-性质方面是非常相似的"——只承诺在基础性质方面十分相似的两个世界必然在道德性质方面也十分相似就可以了，这符合大多数人对随附性的期待。但如果涉及道德知识，我建议我们采取一种更有价值的进路——一种调和普遍主义和特殊主义的互动主义原则，即人们必须在特殊事物中看到某种一般事物，才能真正获得具体的道德知识；而为了知道普遍性的真理，一个人又必须看看它如何适用于具体。这种互动主义也被称为"理论的"（theoretical）方法①，类似于我们经常听到的"反思性平衡"（reflective equilibrium）②。它们不仅在理性主义和经验主义之间是中立的，而且在基础主义和融贯论之间也是中立的。③

（三）道德情感的客观性与目的论

我们在前一部分否定了道德情感随附性的分析性还原，这是否可能就意味着允许对同一事件拥有不同的情感或态度。这样一来，情感的客观性何在呢？

语境主义者可能会认为，情境不同造成态度不同。马克思主义或唯物主义者会主张，个人的、社会的等各种需求不同，道德要求不同，进而造成态度不同。在一个新冠病毒疫情大流行的社会中，不戴口罩出入公共场所会被认为是道德上的不负责任，但在一个疫情较轻、具备有效疫苗且

---

① Robert Audi, "Realism, Rationality, and Philosophical Method", *Proceedings and Addresses of the American Philosophical Association*, 1987, Vol.No.61, pp.65-74.

② 参见约翰·罗尔斯：《正义论》，何怀宏、何包钢、廖申白译，中国社会科学出版社 2009 年版。

③ 参见 Margaret Holmgren, "The Wide and Narrow of Reflective Equilibrium", *Canadian Journal of Philosophy*, 1989, Vol.19。还可参见 Michael R.DePaul, "Reflective Equilibrium and Foundationalism", *American Philosophical Quarterly*, 1986, Vol.23, No.1, pp.59-69。

很容易治愈病毒的社会中,不戴口罩出入公共场所并不会遭到反对。在这里,人们的态度在很大程度上与客观情境、客观需求、客观要求都有关系,可以说,态度是由这些情境、需求、要求所决定的特定信念为基础的,就像上一节情绪 ABC 理论中的"限电令"案例所揭示的那样。这种语境主义理论带给我们的启示是,道德话语所表达的情感、态度并非个体主观性的,而是与社会客观情境有关的,承认这一点,有助于新表达主义理论避免陷入极端个人主义或虚无主义。

那么,新表达主义理论究竟如何保证道德的客观性?一般而言,客观性要么来自客观的社会实在,要么来自客观的人的心理结构这一与主体有关的自然事实。如果采取第一种进路,就走向了社会建构主义、相对主义、外在主义。如果采取第二种进路,就走向了康德的理性主义、心理建构主义、内在主义等。但其实还有第三条路,就是客观性既来自客观的社会实在,也来自客观的人的心理结构及其所决定的普遍理性。

通常认为,情感主义试图通过将"某事是对的"这一想法等同于一种关注、将"某事是错的"的想法等同于另一种关注来解释我们对对错的关心,又将道德关心看作纯粹内在于我们的道德信念,因而,相对于认为道德关心部分地源于外部惩罚的神圣律法理论,情感主义被认为是一种内在主义。因而情感主义也会面临一般内在主义普遍面临的问题,即基于人类普遍的心理学事实和我们人类理性的限度,情感主义会趋向于主观主义。如果我们跟随这一领域的大多数哲学家,接受动机休谟主义,也接受道德理性主义,那么就很容易产生一种反实在论的结论。不同层次的理性能动者可能会采取自身融贯的,但相互之间又不同的行动原则。这是情感主义普遍要面临的一个问题。显然,仅采取广义的内在主义,是无法确保客观性的。

同时,日常的道德直觉体验更倾向于表明,道德并不仅仅与个体的意图、目的、目标、计划、规划等有关,而且与外部来源的、社会性的某种的东西比如习俗、惩罚有关。神圣律法者会认为,道德源自上帝;如果上帝死了,一切都将被允许。更一般的外在主义者或许也会宣称,如果外在主义死了,一切都将被允许。新表达主义理论如何应对这种由道德动机而引发的来自外在主义的虚无主义指控呢?或者说,一种容纳内在主义的情感主义如何避免走向主观主义、取消主义呢?

反实在论的表达主义的典型形式是内在主义。内在主义认为,一个相信或判断他应该做某事的人必定在某种程度上被驱动这样去做。但表达主义并不必然意味着内在主义。新表达主义理论作为一种认知主义理论,它所承诺的内在主义并不是一种标准的内在主义,而是主张一种松散的内在主义,即只是强调,在作出道德主张时,我们通常表现出某些特征的心灵状态或动机姿态,这并不意味着接受道德判断的状态部分地由动机状态组成,或者蕴含着一种动机状态的存在。因此新表达主义理论与外在主义是完全相容的,它并不是(或不必是)完全内在主义的。但具体而言,这种松散的内在主义是如何与外在主义实现协调的呢?我们可以继续借助语言的意向性—意义理论来对此进行说明。

前已述及,语言的意义是由意向性决定的,语言的意向性与心灵的意向性相似。但除了意向性的决定作用之外,语言还深受惯例的影响,毋宁说,语言的意义是由意向性和惯例共同构成的。语言表现了社会惯例,后者并不在语言意义之外,而就在语言的意义之中。毋宁说,社会规则恰恰通过意向性网络(Network)和前意向性的背景(Background)而实现于语言意义的生成过程之中。①

意向性网络是指,无论在语言还是心灵方面,各种意向状态都不是处在一种相互独立的、原子式的关系中,而是处于一种网状连接关系中。在这种意向性网络中,发挥着各自作用的信念和欲望没有一个算得上是本

① 李娜:《从意向性看语言的意义问题——论约翰·塞尔的意向性—意义理论》,山东大学硕士学位论文,2007年。

质性的。同时,每个意向状态都只有在与其他很多种意向状态的联系中,才能具有意向内容,只有意向性网络中的意向性状态也才能决定意向内容的满足条件。

前意向性背景是指,在语言意义的生成过程中,除了意向性网络之外,还有一种或可称为"非表征的心理能力背景"在发挥作用。这种心理能力就是任何意向性都会假定的一些根本做事方式和有关事物怎样运作的实际知识。整个意向性网络只有在这种心理能力背景下才能发挥作用。背景由文化和生物的相关实际知识构成,而非由社会的或物理的关系组成,因而背景是心理意义上的一种精神现象。拥有这种背景,我们才可以理解语言的字面意义,拥有不同的网络和背景,我们才可能对相同的词语产生不同的理解。① 从语言的视角来看,既然背景是理解语义内容的前提,它本身就不属于语义内容,否则,我们将陷入无限后退,难以停止对语义内容的阐述。相同的道理,从心灵的层面讲,背景也不是表征,否则就会陷入无限倒退。生物关系、社会关系、物理关系等通过影响我的心灵(大脑)而与背景的产生有关,在此意义上,语言的意义是内在主义的。同时,虽然不存在任何外在于心灵而独立地发挥作用的东西,但也不能完全抛开外在的各种关系来说明心灵的状态,这是语言的外在主义特征。借助意向性网络和意向性背景,内在主义和外在主义在语言意义的理论中达成了某种调和,从而既避免了主观主义,又避免了相对主义。

新表达主义理论与此类似,它主张情感意向性的心理学结构与语言意向性是相似的,情感是在主体心灵中发生的,但其内容具有客观的来源;这种来源并不全部依赖于意向性网络,也要依赖于前意向性的背

---

① 比如 open 一词,在短语"open the window"、"open your book to page 7"中和短语"open fire"、"open a hotel"中的意义明显不同,对这些短语的理解就涉及背景。塞尔又将前意向性背景分为"局部背景"(或"局部文化实践")和"深层背景",并认为局部背景的差异使得不同语言之间的翻译变得困难,而翻译之所以可能,是因为不同语言的深层背景具有某种共通性。

景；但无论网络，还是背景，都是与外部客观实在相关的。借此，内在主义和外在主义在道德领域得以调和，这可以算是新表达主义的自然主义特征。

当然，新表达主义并不打算主张将伦理学的主要内容交给社会学或心理学，它依然主张伦理学的自主性。伦理学中的真理——关于道德的真理、行为的理由、优秀的品格、对一个人有好处的东西等等——只有通过采用自身内部标准所进行的一阶伦理反思和论证才能准确合理地得出，而不是仅仅通过其他形式的探究——如心理学或生物学探究——就能从外部得出。① 固然，弄清有关生活的事实对于成功的伦理反思至关重要。但是，这些其他形式的探究所做贡献的重要性——例如关于进化的心理特征的事实，或者关于什么会使我们感到满意或改善生活的事实——仍然必须始终通过我们对生活和经验的自主伦理反思来评估。② 随附性并不意味着可还原、可简化，以致没有独立的随附性的领域。

新表达主义并不会因为承认道德的随附于非道德的（社会的、心理信念的或倾向的等广义自然的）而导致伦理学丧失独立自主性。比如，G.E.摩尔虽然支持道德随附性理论，但同时也非常支持伦理学的独立自主性，反对纯粹的伦理自然主义，即将道德的定义为或还原为自然的。我们不能否认，的确存在使道德慎思正确或错误的这样一个东西，这不是仅仅通过程序合理性标准和充分的经验信息就能解决的问题。③ 这样的承诺使新表达主义与各种形式的建构主义区分开来。就像支持心理物理随

① Thomas Nagel, "Ethics without Biology" in *Mortal Questions*, Cambridge: Cambridge University Press, 1979, pp.142-146.

② William FitzPatrick, "Robust Ethical Realism, Non-naturalism, and Normativity", *Oxford Studies in Metaethics*, Vol.3, Russ Shafer-Landau (ed.), Oxford: Oxford University Press, 2008, pp.159-205.

③ William FitzPatrick, "Robust Ethical Realism, Non-naturalism, and Normativity", *Oxford Studies in Metaethics*, Vol.3, Russ Shafer-Landau (ed.), Oxford: Oxford University Press, 2008, pp.159-205.

附性,并不一定就自动地承诺了物理主义一样,一种支持情感随附于事实性信念的新表达主义理论,并不意味着承诺极端的自然主义、放弃理性主义,从而使伦理学成为心理学或广义社会学的一部分。

新表达主义理论是一种混合型理论。它并不单一地站在极端非自然主义、狭隘的伦理自然主义(将自然仅限于自然科学的研究对象)或明确的建构主义的任何一个小圈内,但它又试图吸取这些理论的合理之处,借此表明作为态度内容的评价性事实是实在的,因为这些评价性关系是在具有心理实在性的意向性网络、涉及社会实在性的意向性背景下,对经验信息进行具有理性主义的道德反思的多维结构中生成的。因而,新表达主义理论不会导致有关道德的虚无主义,也不会导致有关伦理的取消主义。

这样的新表达主义理论也有助于我们解决伦理学中的单义性问题。单义性问题指的是,当我们说一个道德概念时(比如义务论者和后果主义者在说“错误”时),是否在谈论同一个事情。新表达主义理论具有所有情感主义所具有的一种优势,即通过确保一个共同的话题而又不排除实质性辩论来解决单义性问题。基于语言的意向性—意义理论,情感主义更加能够确保不同见解的人在某个情形下是在谈论同一个主题。这种意义的一致性是明确真正的道德分歧的先决条件。

由于生理结构的差异性,人们(实际的、而非抽象的或理想的理性能动者)并不具有相同的理性能力,又由于生长环境和成长经历的多样性,人们并不具有相同的欲望和目标、计划。这两方面使得人们对于何为美好生活、何为合适的性情与教养等的理解会有分歧。但正如我们看到的,这种分歧并不是极端的。人们具有共同的道德心理学意义上的心理结构,这是解决道德分歧的前提条件。人们依然具有一些接近共识性的道德观念,这根植于人类客观的心理结构所决定的理性通用基础能力和社会共同体的历史性建构这一客观的社会实在。如果我们对情感的理解是认知主义的而不是非理性主义的、对社会建构的理解是实在论的而非虚构主义的话，应该能够较容易地理解这一点。

但如果将关于何为美好生活，何为合适的性情与教养作为一种决定性的伦理实在的话，会不会犯了目的论的错误？答案是，不会。因为好的性情、美德和幸福论应该是在适当的道德反思的立场上一起充实起来的，这是一个动态的发展过程，而非一个静态的目标。目的论理论最多是作为一个概念框架，而不是作为道德实体的先天来源被考虑。

二、认识论框架：一种理性主义的认知—评价主义

投射主义等情感主义所面临的一个挑战在于，情感不等于价值，情感主义似乎难以解释道德的规范性，而使道德沦落为一种纯粹的心理现象。常识也告诉我们，某些特定的情感经历是不可靠的价值指南，某些特定的态度似乎也是偶然的。比如，对于有些真正可怕和威胁的事情，你应该害怕，但你当然也能够不害怕，即使你知道它们；有些事情，你可能为之感到羞愧，虽然基于反思，你可能认为它并不可耻。简而言之，情感和价值之间存在着一个关键性的鸿沟，类似于“看起来红色的东西”和“是红色的东西”之间的区别。① 情感主义要想摆脱困境，就必须允许我们批评，某些特定的情感经历是对价值的一种误解，对情感反应的正确性是需要进行批判性反思的。

如前所述，对于为什么我们会对自认为不可耻的事情感到羞耻，投射主义者诉诸高阶态度来解释这一现象：我们羞耻于我们的不赞成，因为它与我们的准则相冲突，而根据准则，我们应该赞成。但同时，并非所有高阶态度都适合完成这项任务，也并非对我们评价性态度的所有良好评论都与它们的正确性有关。一个人所认同的可敬或可欲的情感可能与他所

① Justin D' Arms, and Daniel Jacobson, "Sensibility Theory and Projectivism", David Copp(ed.), *The Oxford Handbook of Ethical Theory*, Oxford University Press, 2005, p.200.

接受的评价性判断无关。这就是投射主义所面临的混杂问题(conflation problem)①。投射主义没有足够的能力来区分对我们情感的各种赞同,以确定那些构成评价性判断的情感。对于被情感主义认为体现价值的各种情绪反应,我们似乎无法给出一个合理的价值标准。

那么,我们如何判断一种道德情感是正常的、合理的或恰当的呢?或者说,新表达主义理论在坚持表达主义的同时,如何保证自己的认知主义承诺呢?

倾向主义或更广泛的反应—依赖理论并没有解释这一点。虽然对于颜色,我们可以确定普通观察者在正常日光照射下对颜色的某种反应是正确的,而其他反应可能就是色盲等非正常反应。但价值与此并不相同。我们的情感偏好比我们的颜色视觉差异要大得多。比如,我的大儿子很害怕毛毛虫,虽然这是正常的反应(即使我的小儿子并不害怕毛毛虫),但这并不意味着毛毛虫是可怕的。那么,怎样的情感才是合理的,才是与知识有关的呢?

新表达主义理论可以借助其对情感的认知—评价性解释,通过承诺存在着评价性事实,来融合(或者说超越)理性主义和经验主义,解释道德判断与情感反应之间的关键性鸿沟。首先,新表达主义理论是一种认知主义理论,它可以借鉴自然主义的经验主义优点,来解决道德判断的适真性、道德情感的合理性问题。但就像科学是从包罗万象的自然现象中凝练规律、数学有其简明的公理和法则一样,伦理学也不会放弃对清晰性和简单性的追求。尤其是要说明道德的规范性的话,完全不诉诸于理性几乎是难以实现的。自然主义很难解释“是”与“应当”的关系问题。即使在某些情况下“是”蕴含着“应当”,但由于有些道德命题的真理性不被任何相关的自然主义事实所蕴含,所以道德实在论依然难以同时解释缺

① 关于投射主义的混杂问题,参见 Justin D'Arms,“Sentiment and Value”,*Ethics*,2000,Vol.110,pp.722-748。

乏蕴含和随附性。哪些情况下“是”蕴含着“应当”呢？约翰·塞尔曾经提出一种论证，认为某项道德义务的自然主义标准可以从已承担的另一项义务中得出①，这里“是”的确蕴含着一种道德上的“应当”。但这只能涵盖某些以制度性事实为依据的道德命题成真情况，而涵盖不了所有的道德真理，因为显然不是所有的道德真理都是制度性的。

因而，我们在认识论上还需要在解释主义道德实在论的范围内承诺一种理性认知主义的认识论。只不过，我们并不采取一种懒惰从而低效的拿来主义，而是试图超越非自然主义的理性主义认识论，因为我们最终是要给出一个解释，说明价值如何可以在本质上与人类对美好生活关切有关，从而避免非自然主义框架下道德属性的神秘性。其次，我们也试图发展一种认识论，解释我们如何通过普通的人类情感和态度来获得评价性知识。

首先，理性主义和自然主义是怎样的一种关系呢？自然主义可以分为实质性自然主义和概念性自然主义。② 实质性自然主义认为，自然真理是仅有的真理，除此之外，别无真理；换言之，所有的知识在经验的意义上都是自然的。而概念性自然主义则只强调，唯一的终极概念是自然概念，所有概念都可最终还原为自然概念，不存在不可还原的规范性概念。非自然主义者奥迪就主张概念性自然主义，而不承诺实质性自然主义，因为前者并不必然需要承诺经验主义。道德知识并不一定都是经验性的，就像数学知识，虽然是非规范性的，但并不需要是经验性的。这样一来，不需要还原，理性主义认识论就可以说明道德知识。如果一个人有一个不用还原就可以说明道德知识的认识论，那他为什么还要麻烦地把道德

① John R.Searle, “How to Derive ‘Ought’ from ‘Is’ ”, *Philosophical Review*, 1964, Vol.73, No.1, pp.43–58.

② Robert Audi, *Moral Knowledge and Ethical Character*, New York: Oxford University Press, 1997, pp.118–119.

的还原为自然的呢？同样，理性主义者也没有动机成为取消论者，因为取消论是为了在还原失败和随附性太弱以致不能为其本体论和认识论服务时拯救经验主义，这种理性主义因其独特的优势而被新表达主义所吸纳。

其次，这种理性主义道德实在论能够较好地回应麦凯反对道德实在论的奇异性论证，尤其是随附性论证。如果道德与自然属性之间的随附性关系是先验的，那么它就不是经验的关系，比如因果关系。这样一来，这种道德实在论也就无须回答麦凯对"因为"一词的解释要求①，同时可以享受像算数真理那样的待遇。当然，道德案例和算数有所不同，至少道德原则不像算数真理那样具有一种公理化的简单自明性，但这并不能否定存在着综合的道德先验命题。自明性可分为直接的自明性和反思调节后的自明性，如果存在自明的道德真理，其大多数可能会属于第二类，即反思调节后的自明性。同时，即使我们不能通过论证来捍卫一个命题，我们也可以知道一个命题。② 由此，我们可以知道先验的道德真理。

新表达主义理论承认我们可以先验地知道道德真理，这并不意味着我们可以先验地知道在某些具体的道德情况下应该做什么。因为，要知道一个人在具体情况下应该做什么，就需要具有对相关情况的经验知识和经验理由，而理性主义认识论并不承诺一种道德严格主义：对于人类可掌握哪些道德真理、人类行动可能会产生什么影响，理性主义并不给出严格的预测和限制。

再次，理性主义道德实在论能够较好地回应传统道德实在论面临的任意性(arbitrariness)指控，即道德实在论凭什么认为，比如平等、诚实、不伤害他人等是实在的道德原则而不仅仅是人们的偏好呢？对此我们认为，没有理由否认道德是被学习或被发现的。"通过对人类经验过程中

---

① 关于麦凯的这一要求，见本书第一章第二节第二部分。

② Robert Audi, *Moral Knowledge and Ethical Character*, New York: Oxford University Press, 1997, p.124.

产生并变得熟悉的概念进行推理，或者通过从以这种基本方式习得的原则中得出推论”[①]，理性主义可以为道德原则提供辩护。这样得来的道德原则绝不是操纵性的，而是反对操纵的堡垒（a bulwark against manipulation）。总之，任意性问题对理性主义的挑战至少不会大于对经验主义道德认识论的挑战。

此外，理性主义道德实在论还能较好地回应传统道德实在论面临的统一性挑战，即到底是什么统一了我们的各种道德原则？为什么说它们都是道德的？为什么相差很大的事件情形都会被归于“错误的”？我们可以用康德的内在目的原则来统一所有的道德原则。经验主义进路（比如结果主义的功利主义）在统一性方面遇到了巨大的挑战，而康德义务论所暗示的“要尊重人，把人当作目的而非手段”原则显然做得更好。即使受人诟病的自然主义快乐主义，如果与康德义务论相结合，也可以做得更好，比如，主张道德原则适于指导人类行为走向物质和精神上充实的生活，而要实现这一目标，就必须把人当作目的。这一观点具有快乐成分，但该成分从属于尊重人这一目标。当直觉主义者罗斯通过模仿数学和科学中公理或假设的方法，提出自己的显见义务[②]清单包括忠诚、赔偿、感激、正义、仁慈、自我完善、不伤害[③]时，他实际上是在主张没有什么东西是使这些成为道德义务的统一原则或基础，显见义务“本身就是客观的、多元的、不可还原为单一性质的东西”[④]。而实际上，自明的道德原则既不一定是立即明显的，也不一定是武断的，或仅仅是文化的历史条件的产

---

① Robert Audi, *Moral Knowledge and Ethical Character*, New York: Oxford University Press, 1997, p.127.

② prima facie duty，显见义务，又译为初始义务、自明义务。

③ William David Ross, *The Right and the Good*, Oxford: Clarendon Press, 1967.

④ 被罗斯等直觉主义者如此认真对待的常识性道德被看作认知主义的、实在论的、非自然主义的。对罗斯直觉主义的分析，参见陈真：《罗斯的初始义务论及其方法论意义》，《江海学刊》2007 年第 4 期。

物;罗斯的多元义务论也可以在康德义务论下实现统一性,而是否相信这一点,主要取决于我们对“理性”的理解。理性是客观的,或者说与个人无关的(impersonal)。小孩子非常懂得趋乐避苦,享乐欲望在我们有自我概念之前就出现了。因而,理性的欲望基础是和个人无关的。我们的快乐的内在可欲性随附于它们是什么,而非随附于它们是谁的快乐。对人的内在评价隐含在认为他们拥有的欲望当中,这些欲望的满足被理性地认为是好的。换言之,康德的内在目的原则符合平等待人的合理性,后者隐含在理性的客观性当中。而如果这种“人是目的”的原则是一种基本的道德原则,我们就可以拥有一个系统的理性主义。

对欲望的这种分析和定位与情感认知—评价理论对人的繁荣或重要目标的分析定位是一致的。从根本上而言,评价是规定性的或表达性的,而非断言性的。新表达主义承诺的情感认知—评价观点使得道德判断既涉及描述性和断言性,又具有表达性和规定性。同时,借鉴理性主义的统一原则,认知主义的表达主义理论又使我们可以解释,人们如何借助理性而在千差万别的情感中提取共同点,凝练共识,构筑公共的道德生活。

三、本体论承诺:一种解释主义的道德实在论

道德实在论通常被认为是一种认知主义,因为它承认,道德判断凭借是否表达了道德事实而有真有假。但很多道德认知主义理论都拒绝了实在论,比如道德主观主义、道德相对主义、道德契约论、康德主义、理想观察者理论等各种道德建构主义理论。所以作为一种承诺道德实在论的理论,认知主义的新表达主义理论既要证明认知主义比非认知主义更优越,还要证明实在论的认知主义比建构论的认知主义更好。

建构主义的出现本来是为了解决道德实在论面临的问题。建构主义认为,道德属性的存在依赖于构想,而非像道德实在论认为的那样独立于人类心灵。建构主义认为自己的第一个优点是,可以同样顺利地解释道德

思想和实践的客观性要求，就像道德实在论的客观性承诺那样。因为根据建构主义，道德论述的一个主要功能就是表征那些依赖于构想的属性，某些道德论述的内容是真的，道德在一个相当强有力的意义上是客观的。建构主义认为自己的第二个优点是，不用像道德实在论那样给出一个沉重的本体论承诺。道德实在论所谓的道德事实是粗暴无理的，实际上，所有的规则就像礼仪规则、球赛规则一样都仅仅是惯例而已，是依赖于人类建构的事实，除此之外，并不存在不依赖于人类心灵而独立存在的神秘道德事实。

道德建构主义对道德实在论提出了以下两个主要的批评。首先，道德实在论粗暴地假定了存在神秘的道德事实，这种假定是傲慢的，缺乏理论的谦逊。其次，道德实在论对独立于人类的道德事实的假定是无意义的，因为既然道德事实不依赖于构想，它如何与人类的利益、欲望、能力相关，人类为何要关注道德事实王国呢？

第一个批评有些"五十步笑百步"，因为包括建构主义在内的任何理论都存在假定。所以，就像建构主义假定了道德事实依赖于人的构想一样，道德实在论也可以假定道德事实是不依赖于人的构想的道德事实。关键是要判断哪种理论解释是最佳解释。就这一点而言，道德建构主义很难超越道德实在论。

第二个批评也是靠不住的。因为道德事实不依赖于人的构想，并不意味着与人类无关。就像大山的存在、鸡蛋含有高蛋白等不依赖于人的构想，但大山、鸡蛋与人的利益、欲望密切相关一样，道德事实的存在即使不依赖于人的构想，也可以和人类利益、欲望、能力相关，我们依然要关注道德事实。此外，我们知道，除了众所周知的自然事实和道德事实，还有习俗事实。那么，我们可以问一问：如果存在道德事实的话，它们更接近于自然事实还是习俗事实？① 更多时候，它是二者兼有的。习俗事实是

---

① 唐纳德·帕尔玛：《伦理学导论》，黄少婷译，上海社会科学院出版社 2011 年版，第 42—45 页。

非常真实地存在的,当然它也可以被归于广义的自然事实,在人类社会是自然的一部分的意义上。

如第一章所述,建构主义难以说明道德的客观性。如果要避免这种失败,就需要一种衍生自道德实在论的建构主义,即建构主义者提供的处方与某些正确的道德实在论必然共延。例如,如果根据一个理想观察者理论所描述的理想观察者,其反应必然地捕捉到独立存在的道德真理,那么这种道德建构就不会让人担忧。

同时,并非所有道德实在论者都反对道德理性主义,如果将道德理性主义与道德实在论结合,同时反对休谟主义动机论,就可以避免走向反实在论。根据休谟主义动机论,欲望是驱动行为的动力因素,但实际上,不仅仅欲望,评价性信念也可以驱动道德行动。道德理性主义认为,理性的能动者就是那些被驱动着根据适用于他们的理由采取行动的人。而什么是"适用于他们的理由"?在这里,道德事实就构成了对评价性信念、道德理由的限制。这样的建构主义与道德实在论是兼容的。①

除此之外,建构主义也具有较为明显的优势,尤其是,它像表达主义一样,体现了道德的"动态特征"。在这一点上,建构主义与表达主义是相通的。表达主义认为,道德论述是对道德态度的一种表达。建构主义

① 这种与建构主义比较暧昧的道德实在论也受到了某种强劲实在论(robust realism)主张的反对。理由之一是,人们通常对某些实质性道德观点的信心大于对产生道德观点的某种程序的信心,菲茨帕特里克阐述道,"我们可能对某些关于权利或尊严的道德主张更有信心,而非任何人不论她的经验背景如何,只要得到经验信息并寻求理性的一致性和融贯性,必然会得出(或赞同或希望得到遵守)那些结论;或者,我们可能更有信心于一个基于平等的相互尊重的婚姻对一个人来说会更好,而不是说只要他充分意识到经验事实,并被允许深思熟虑地根据这种意识、且不非理性地来考虑他的欲望,他就一定会希望他的真实自我想要这样做;或者,我们可能更有信心于,公平考量为一个男人分担照顾他的孩子提供了一个真正的理由,而非只要他打算从他实际的主观动机及要素开始、用充分的经验信息来深思熟虑,他就会受到这些考虑的激励"。见 William FitzPatrick, "Robust Ethical Realism, Non-naturalism, and Normativity", in *Oxford Studies in Metaethics*, Vol.3, Russ Shafer-Landau(ed.), Oxford: Oxford University Press, 2008, p.167。

认为,道德事实是我们意向性态度的一种功能。这两种理论对于刻画道德的实践性都非常具有优势。

经典表达主义的优势在于,它不仅不会陷入认识论解释的困境,也不会招致任何形而上学方面的麻烦。因为传统的情感主义不承诺存在道德事实,所以它没有义务说明这些事实的本质,或它们与非道德事实之间关系的本质。当然,经典表达主义需要具体地说明道德语句究竟表达了何种非认知状态。而如前所述,不同的表达主义者对此的回答很可能是不同的。比如,有的主张道德判断表达情感,有的主张道德判断表达态度,还有的主张道德判断表达意欲或动机,甚至还有主张道德判断表达规约或计划的。但无论哪种反实在论的表达主义,都会否认道德属性与普通非道德属性具有相同的形而上学地位,否认道德谓词的主要语义作用是指称道德属性。

新表达主义理论主要是通过对情感的重新刻画和塑造,来论证一种认知主义的表达主义的可能性和合理性。同时,新表达主义也承诺一种非传统的道德实在论,在尊重道德理性主义的同时,像大卫·科普的基本社会中心理论(the basic society-centered theory)一样,尊重社会实在。新表达主义理论与建构主义理论的相通之处在于,虽然后者会基于有关实践理性的不同概念、对受欢迎能动者的不同刻画、不同受欢迎能动者的选择条件等等而各不相同,但它们都主张,受欢迎能动者的态度和选择就是道德真理;但因为没有道德真理的实在论条件来约束这些建构主义理论视角中的能动者,所以就没有理由乐观地认为能动者会选择尊重我们日常的、老生常谈的道德规范。事实证明,真正的道德规范并不一定完全是理性选择的产物,它也应该是能被实在论最佳解释的。这样一来,新表达主义理论可以既承诺认知主义的表达主义,也承诺理性主义的道德实在论。表达主义、理性主义和实在论可以通过道德心理学结合起来。实际上,表达主义的代表人物之一吉伯德就曾承认,表达主义的理论也是一种温和的道德实在论。大卫·科普也不反对一种实在论的表达主义。① 表达主义和实在论之间已经出现一种相互融合的理论发展趋势。

国内研究也体现出这样一种努力。徐向东曾重新考察了亚里士多德有关道德知识和道德行动关系的论述,论证了将亚氏看作一名道德实在论者的合理性,试图缩小道德实在论和某种类型的非认知主义之间所谓的隔阂,从而对怀疑论和虚无主义的挑战作出一个回答。② 这种论述抓住了元伦理学争论的实质问题,也为缓和争论给出了一种新的解读方式。不过,其出发点仍是强调伦理学与自然科学的区分,例如他对元伦理学中的最佳解释推理(the inference to best explanation)以及融贯论进行了批评。在自然科学中,最佳解释推理是被普遍运用的一项原则。其大意是:如果通过设定某些事实能够最佳地说明某个观察现象,那么就应该倾向于认为我们关于这些事实的信念为真,并认定这些事实的确存在。实际上,我们没有必要批评最佳解释推理,这一在自然科学中被经常使用的原则恰恰可以被用来为新表达主义理论服务,支持一种解释主义的道德实在论,从而殊途同归地弥补道德实在论和非认知主义之间的裂痕。

在科学实在论阵营中,解释的实在论(explanatory realism)早就出现了。根据这种实在论,当某个事物被正确地援引作对另一事物的解释时,这种解释关系必定根植于解释项(explanans)和被解释项(explanandum)之间某种客观的依赖或决定关系当中。解释的实在论拒绝这样一种观点,即认为解释或理解只是与我们的心理状态或认知有关的一种内在事实——比方说,只是一种"理智满意"(intellectual satisfaction)的东西,或只是一种与我们的假说(hypothesis)的"统一性"和"简单性"有关的东

① 参见 David Copp,"Realist-Expressivism: A Neglected Option for Moral Realism", *Social Philosophy and Policy*, 2001, Vol.18, pp.1-43。

② 徐向东:《道德知识与伦理客观性》,《云南大学学报(社会科学版)》2012 年第 1 期。

西。解释的实在论提出了一种观点,认为在我们的信念体系之外必然存在客观的基础,使正确的解释得以正确,真的理解和虚幻的理解得以区分。① 哈曼在其著名的道德虚无主义论证中,也将这种解释的实在论当作论证前提来使用。这种意义上的解释的实在论与“建构主义”立场形成强烈反差。从这种解释实在论的角度来看,对客观的依赖或决定关系的研究是关于解释的形而上学的一个基本组成部分。正是凭借这些依赖关系或决定关系,世界才可以是能被理解的;而且通过探索这些关系,我们能够介入事件进程,改变进程,使其符合我们的目标。世界缺少了这种联系,解释、预言以及控制活动都将意义不大。存在“实在连接”的观点,和世界是可理解、可控的观点,二者可以说是等价的观点。

在本书第一章第一节我们曾提到,自然主义的功能主义者弗兰克·杰克逊和菲利普·佩蒂特使用包含一阶自然主义状态与情境之间复杂相互作用的“程序解释”(program explanation)来解释道德事实或属性能在解释某行为的二阶功能(如正当性)的信念中起作用。这种程序解释也能较好地解释道德属性的多重实现。如果没有这种解释,就会产生解释性贫困,所以这种程序解释是一种最佳解释。新表达主义的观点的确会承认和采用最佳解释推理原则,但在程序解释的理论视角下,最佳解释推理依然能够支持认知主义的观点。因为在解释主义框架中,本体论追问的核心在于寻求解释而非描述,其主要工作应当是制定和提供本体论选项,即适应我们在自然科学和哲学中各种各样的活动和目标的替代性框架。在此意义上,道德本体论研究和一些复杂的前沿自然科学研究一样,只能在当前的人类智力范围内通过反思性平衡、融贯性解释作出最佳选择,就像在心身问题上所做的心理—物理随附性解释那样。

此外,新表达主义理论也在一定意义上肯定语言意向性—意义理论

① 有关这一点的更细致的讨论,参见 Jaegwon Kim,“Explanatory Realism, Causal Realism, and Explanatory Exclusion”, *Midwest Studies in Philosophy*, 1988, Vo.12, pp.225-240。

的核心要点,即,它像约翰·塞尔、查尔斯·泰勒一样,肯定语言在人类意义生成和人类伦理关系建构方面的独特能力,主张语言不仅是信息荷载的,而且常常是价值荷载的,强调这样的语言带给人类变换和塑造自身能力的可能性,进而能够帮助缓解各种不同伦理规范之间的张力。

第四章　新表达主义的解释力

新表达主义理论因为综合了认知主义和表达主义、内在主义和外在主义、理性主义和实在论、最佳解释推理和融贯论，故而在解释力方面可能会受到来自内部和外部的多种挑战和质疑。本章将通过回应可能受到的挑战，来详细阐释该理论的一些细节。

第一节　内部挑战与回应

本节将重点通过对心灵与世界、理由与自然的关系的阐述，展示新表达主义理论在道德动机、道德理由方面的解释力；通过阐述理性建议者与理性人的关系、融贯论与反思性平衡的结合、情感与理性反思的连接等，表现该理论在道德分歧、道德知识方面富有竞争力的观点内容；通过对道德随附性与因果性的关系等的论述，阐明道德随附性与副现象论的区别，显示该理论在道德解释方面的力量。

一、新表达主义与道德动机、道德理由

新表达主义理论尝试借助对理性的新理解，为道德实在论提供一种合理的有关动机和理由的解释，以期弥合内在主义和外在主义的裂痕，平息动机休谟主义和非休谟主义的争论，将理由内在主义和道德理性主义

统一在一个合理完整的解释框架之中。

（一）新表达主义与道德动机

道德实在论面临的动机挑战主要有两个：内在主义挑战和解释性挑战。① 第一个挑战的支持者认为，道德实在论无法同时承诺道德认知主义（道德判断表达表征道德事实的道德命题）、强劲的动机内在主义（道德判断和道德动机之间存在概念或逻辑必然性）和休谟动机理论（动机状态由判断和欲望构成，判断本身既不是欲望也不产生欲望，判断和欲望是分离存在的或在模态上可分的）。因为如果道德认知主义为真，那么在休谟动机理论条件下，道德能动者真诚地判断他应做某事与他并不被这个判断驱动做某事就是可能的，而这与强劲的动机内在主义矛盾。

对此，以往道德实在论者的第一种回应是，坚持一种“非休谟式的动机内在主义”。一方面，坚持弱动机内在主义，认为道德判断可能驱动相关行为，如果没有驱动，就是一种规范性缺陷；另一方面，主张道德判断本身内蕴或产生动机状态。比如，道德自然主义者迈克尔·史密斯认为，能动者没有被自己的道德判断驱动相关行为时，这种规范性缺陷实际就是一种“实践非理性”②，或者说是理性的不融贯；当一个能动者基于自己的道德判断而被驱动相关行动时，正是其道德信念本身产生了完成这种行为的欲望，而且有道德的能动者不是被做正确事情之类的一般欲望所驱动，而是被对具体人物的福祉、对正义的爱等等所驱动。③ 再比如，约翰·麦克道威尔和玛格丽特·奥利维亚·利特尔（Margaret Olivia Little）等人认为，有道德的能动者会将其环境解释得或“感知”得不同于其他能动者；一个能动者没能被如此驱动可以说是一个规范性的失败，因为她没

① Russ Shafer-Landau, and Terence Cuneo (ed.), *Foundations of Ethics: An Anthology*, Oxford: Blackwell Publishing, 2007, pp.225–226.

② 迈克尔·史密斯：《道德问题》，林航译，浙江大学出版社 2011 年版，第 179、200 页。

③ 迈克尔·史密斯：《道德问题》，林航译，浙江大学出版社 2011 年版，第 184 页。

能将其环境解释为一个有道德的能动者会解释的那样。[1] 总之,这种非休谟式的动机内在主义认为存在着蕴含欲望(desire-entailing)的信念。第二种回应是主张一种“休谟式的动机外在主义”,认为“理由是惰性的”这一休谟主张是对的,不存在蕴含欲望的信念;同时又认为,我们不该对道德能动性保持过分乐观,大量事例都能表明能动者不能被其道德信念所驱动;像特拉叙马库斯那样的玩世不恭者的确相信他在道德上应以特定方式行动;特拉叙马库斯的驱动性行为失败不仅仅在于他坚持了信念的一种不融贯的组合,或者不能像有道德的能动者那样感知这个世界中的事实,而只是对以道德上适当的方式行动漠不关心。[2] 从内在主义理论角度来看,这种“漠不关心”也可以被说成是一种“实践非理性”或“规范性的失败”。可见,上述这两种回应已经缩小了内在主义和外在主义的差异,其关键区别在于是否主张存在蕴含欲望的道德信念。休谟动机理论意味着不存在道德绝对命令,那么规范性从何而来?

为此,史密斯等许多哲学家又提出应当区分动机性理由和规范性理由,规范性理由不是心理状态而是事实或真理。但这引来了道德实在论面临的第二个挑战“解释性挑战”。伯纳德·威廉斯论证了,规范性理由不可能在解释上是惰性的。[3] 但如果像道德实在论者那样主张规范性理由是由非欲望构成的事实,就很难解释基于这种理由而进行的行动,因为事实并不能解释能动者为何行动。正是这一点,理查德·乔伊

---

① 参见 John McDowell,“Virtue and Reason”,*Monist*,1979,Vol.62,pp.331-350;以及 Margaret Olivia Little,“Virtue as Knowledge:Objections from the Philosophy of Mind”,*Nous*,1997,Vol.31,No.1,pp.59-79。

② Nick Zangwill,“Externalist Moral Motivation”,*American Philosophical Quarterly*,2003,Vol.40,No.2,pp.143-154.

③ Bernard Williams,“Internal and External Reasons”,*Moral Luck*,Cambridge:Cambridge University Press,1981.

斯(Richard Joyce)认为,必须否定道德实在论。①

但这是唯一的道路吗?在实践论的动机理论方面,我的新表达主义理论认为,动机休谟主义和非休谟主义的争论实质上预设了动机性理由是一种心理状态;但动机性理由可以不仅是心理状态,且还涉及心理状态的对象——事态或命题。②道德判断表达情感,根据情感的认知—评价性观点,情感是有表征内容的心理状态,其内容或对象就是道德事态或道德命题,或者说,道德情感本质上是一种意向性情感或命题性态度。这种道德情感反映我们的语言、心灵和世界的一种内在关系。在这种框架下,道德理由既是一种心灵状态,又要诉诸世界的特征,因为具体的事态才是心灵意向状态的内容。而且,道德理由既是驱动性的,又是规范性的。既然理由是关于道德的理性权威性的一种说明,那么,如果我们能从道德心理学角度合理地、非抽象地解释理性,我们就为道德提供了一种既具有心理驱动性又具有权威规范性的说明。如前所述,认知主义的新表达主义满足了这一点。它不用单独地承诺一种外在于动机的规范性理由。在新表达主义者这里,情感本身既具有驱动性,又因其与认知—评价、价值—理性有关而具有规范性。我们将在下一部分继续对此进行阐述。

(二)新表达主义与道德理由

有关道德理由问题的争论,或者说对道德的理性权威性提出的挑战,主要围绕"为什么要是道德的"这一问题展开。道德理由观点经常被刻画为,当"一个人想要做什么"和"道德要求一个人做什么"出现冲突时,对为何要为了后者放弃前者所提供的一种解释。

---

① Richard Joyce, *The Myth of Morality*, Cambridge: Cambridge University Press, 2001.

② 在这一个点上,新表达主义与非自然主义者丹西的观点有相似之处,但并不相同。丹西认为道德理由不是心理状态,而就是事态或命题。参见 Jonathan Dancy, "Why There Really Is No Such Thing as the Theory of Motivation", *Proceedings of the Aristotelian Society*, Supplementary volume, 1995, Vol.95, pp.1-18。

在道德理由方面，主要有理由工具主义和道德理性主义两种理论。理由工具主义，概括地说就是，你有一个理由做某事，仅因为做它能够帮助完成对你而言重要的事情。欲望在此扮演重要的角色，既然"你是否有理由直接行动"总是取决于"做这个是否让你获得你最想要的"，因而，工具主义的一个重要特征就是，道德考量所提供的理由的力量是依赖于其他条件的、是偶然的（contingent）。

与工具主义相反，道德理性主义则断言，在道德义务和行动的显著理由之间存在一种蕴含关系或必然关系。只不过有些道德理性主义者相信道德总是提供压倒性理由，有些道德理性主义者的主张则没有这么强烈。为什么要成为道德的？柏拉图主义认为，美德总是增进自我利益，而人总是有理由增进自我利益。而其他理性主义者则想寻求另外的答案，比如，康德主义认为存在道德绝对命令。但根据菲利帕·福特（Philippa Foot）早期的分析，绝对命令的概念实际上是有歧义的："绝对"（categorical）指的是绝对地适用（无论人的具体欲望或利益是什么），还是提供绝对的理由，并没有讲清楚。更多时候，道德像礼仪规则一样，虽然绝对适用，但并不提供绝对理由。这使得那些既不直接关心道德、也不关心道德带来的好处的人没有理由成为道德的。①

之后，伯纳德·威廉斯提出并捍卫一种理由内在主义的观点。② 理由内在主义认为，一个人行动的所有理由必定与能够当下驱动他的考量有某种关联，而这些考量是内在于其心理构成的、基于他现有承诺（他的信念、欲望、长期计划、忠诚，等等）的一种慎思。这其实是拓宽了工具主义的考虑范围。③

---

① Philippa Foot, "Morality as a System of Hypothetical Imperatives", *The Philosophical Review*, 1972, Vol.81, No.3, pp.305-316.后来福特反对自己早期这篇论文中的工具主义观点。

② Bernard Williams, " Internal and External Reasons ", *Moral Luck*, Cambridge: Cambridge University Press, 1981.

③ 在此意义上，沙佛-兰道将理由工具主义和理由内在主义看作种和属的关系，认为工具主义是最流行的一种内在主义形式。

工具主义考量的基础主要是能动者的欲望,甚至可以说,工具主义将人的欲望作为理由唯一的内部来源。而威廉斯的内在主义认为除了欲望之外的其他东西也能够驱动人们,工具理性之外的其他推理形式也能够生产理由,一个人的最强理由是由他的终极承诺给出的。但这种依赖于人内部要素的道德理由依然是偶然的,道德义务无法独自地建立起道德的权威性。

为此,克莉丝汀·科斯戈尔德(Christine Korsgaard)吸收理由内在主义的观点,继而沿着康德主义的传统,否定了威廉斯的结论。她指出,每个人都有明显的理由成为道德的,每个人的理由都派生自能动者对现存承诺的合理考量。① 在此意义上,科斯戈尔德是一位理由内在主义者。同时,她认为,绝对命令不仅绝对地适用,而且提供绝对的理由,因为要成为一个道德能动者,必须基于这种初始承诺进行很好的慎思,而只要如此,他就会重视道德理性的要求,遵守道德约束,简言之,明智慎思的理性承诺本身就蕴含着要成为道德的。在此意义上,科斯戈尔德是一位康德主义者,因为在康德看来,道德约束就是理性约束的一部分。不过,在威廉斯这样的休谟主义传统中人看来,这有点像帽子戏法,不切实际而又一厢情愿。

我的新表达主义理论认为,理由的内在主义并不与理性主义截然对立。道德情感关心我们的目标和计划,情感本身包含我们对重要事物的判断,这种判断可能是有理性缺陷的,但判断实践的目标就是要对外部事实进行明智审慎的理性评估,使自己的道德判断能够成为具有普遍性的道德法则。

情感或态度是有理由的,这是情感或态度的规范性体现。这使得我们不仅可以理解情感或态度,还可以评价情感或态度。理由并不完全基

① Christine Korsgaard,"Skepticism about Practical Reason",*The Journal of Philosophy*,1986,Vol.83,No.1,pp.5-25.

于内部心理要素，它也是关涉自然事实的。所以有关情感或态度的分歧，常常需要通过对自然事实的各种补充、转换性描述等来解决。

当我们说“情感是有理由的”时，有关“理由”的一些麻烦也会随之而来。比如，乔纳斯·奥尔森曾经对新非自然主义涉及理由的随附性解释提出质疑：“如果骑行上班的理由是骑行上班会让你保持健康，那么骑行上班的理由又怎么能随附于这一事实呢？……骑行上班将使你保持健康的事实，和存在（你）骑行上班的一个理由的事实，是一个同样的事实。这似乎不会给随附性关系留下空间。”①这一质疑似乎适用于承认理性主义认识论的新表达主义。但是，为什么随附性关系一定要有空间呢，就好像随附性质与基础性质必须保持特定的距离一样？随附性概念本身并不要求如此。比如，伦理自然主义在承诺伦理性质就是自然性质的同时，也可以承诺伦理性质随附于自然性质，如果伦理自然主义相容于随附性论证是可以被接受的，那么有关“理由”的随附性问题也是可以被接受的。

二、新表达主义与道德分歧、道德知识

新表达主义理论尝试借助对情感的新解释，为道德分歧和道德知识提供一种符合常识且更合理、更融贯的说明，构建一种谦虚平和而又积极向上的道德认识论，避免伦理学遭受道德极端怀疑论、道德非认知主义的攻击。

（一）新表达主义与道德分歧

许多反对道德实在论的哲学家都对道德分歧提出了一系列解释，以证明自己的立场相对于道德实在论具有解释上的优越性。但道德反实在

---

① Jonas Olson, “Reasons and the New Non-naturalism”, Simon Robertson (ed.), *Spheres of Reason: New Essays in the Philosophy of Normativity*, New York: Oxford University Press, 2009, pp.164–182.

论者似乎又难以解释,为何在社会内部或跨区域(跨文化)的社会以及不同的历史阶段中会存在道德共识。

大卫·布林克(David Brink)曾经对基于道德分歧的反实在论论证给出大量回应,其核心的主张是,伦理学中比其他领域中存在更大量的分歧,这一点可能很好地被解释为,要获得有关具体情境的所有相关非道德知识太困难了,而且偏见、自利、缺乏同情心、厌恶等很多阻碍合理推理的因素阻碍了人们通向正确的道德感知。① 但这种回应被道德反实在论者看作只是一种解释,而非一种证明。

反实在论者对拥有道德共识持有一种悲观主义观点,他们认为,哪怕每个人都像一个理想化的咨询者那样拥有全部的非道德信息和完美的理性能力,伦理学中依然会存在分歧。显然,这种悲观主义观点也只是一种推测。问题在于,谁对"有关道德问题的理想咨询者不可能产生分歧"这个论点负有举证责任?这个问题的答案并不像沙佛-兰道所认为的那样"属于声称不可能的人"(在这里就是属于道德实在论者)②,因为如果换个表述方式,有关举证责任的问题就成了:谁对"有关道德问题的理想咨询者不可能达成共识"这个论点负有举证责任?根据沙佛-兰道提出的举证责任标准,道德反实在论者在此又成了承担举证责任的一方。

根据通用的批判性思维准则,举证责任应置于产生争议的一方。具体而言,这条准则包含以下三条经验准则。首先,初信度。一个断言和我们的背景信息越一致,其初信度越高;一个断言的初信度越低,提出该断言的人举证责任就越大。其次,肯定和否定。其他条件相同时,举证责任应由对问题肯定的一方承担,而不是由否定的一方承担。此外,特定情

① David Brink, *Moral Realism and the Foundations of Ethics*, New York: Cambridge University Press, 1989, chap.7.

② Russ Shafer-Landau, and Terence Cuneo (ed.), *Foundations of Ethics: An Anthology*, Oxford: Blackwell Publishing, 2007, p.369.

境。当求真不是唯一的目的时,举证责任会被有意地分配给特定的一方,比如法庭基于特定共识性条款而对举证责任进行分配,或者高风险情境下为了自我保护由某行为策略的倡导者承担举证责任。①

据此,道德实在论者关于理想化咨询者的解释的初信度就成了问题的焦点。这似乎是个难题,但也不是不可能找到解决方案。从概念上来理解的话,相对而言,道德实在论有关理想化咨询者的解释与我们的背景信息更加一致,否则,这个咨询者就难以称得上"理想化"。如果道德反实在论者认为这"不够理想化",即咨询者们要达成共识还需要其他条件,那么他们似乎应对这种肯定性主张负有举证责任。而到目前为止,除了"理想化咨询者发生分歧是可以想象的一种情景"这种非实质性的论据之外,我们尚未实际地看到——未来似乎也难以看到——道德反实在论者对此有什么其他具体的、实质性的证据。

新表达主义理论对道德分歧的解释与布林克有某些相似之处。道德情感中包含意向态度下的认知性信念和非认知性情绪。非道德事实的同一决定了道德事实或属性的同一。在类似理想咨询者的条件下,道德事实或属性能够为道德能动者所认知。但现实中的道德能动者在获取全部相关的、复杂的非道德事实方面存在差异,再加上主观上的理性能力差异和情绪差异(也常被称为品格差异或心理倾向差异),使得道德能动者对道德事实的认识出现分歧、情感反应表现出差异。幸好在心理学的意义上,我们理性的欲望基础在某种程度上是客观的、非个人的(impersonal),所以实际的道德分歧解决过程仍然可以是一种理性主义的反思性平衡过程。

(二)新表达主义与道德知识

道德分歧的解决最终还是要通过确立道德知识来实现。但我们可能

---

① 布鲁克·诺埃尔·摩尔:《批判性思维》,朱素梅译,机械工业出版社 2012 年版,第 141—144 页。

会获得道德知识吗？在第一章我们已经讨论，道德怀疑论提出“后退论证”来反驳对道德信念进行正当辩护的可能性，进而否定我们可以获取道德知识。以直觉主义为代表的基础主义并没有从根本上解决这个问题。那么，似乎只能采取另外一条非线性道路，即认同一种知识上的融贯论，既然它在自然科学领域已经成为比基础主义更加主流的一种知识论。

当代的融贯论大都借鉴了约翰·罗尔斯(John Rawls)的反思性平衡的观点，伦理学的融贯论也是如此。比如，诺曼·丹尼尔斯(Norman Daniels)主张，对道德知识的正当辩护，简而言之就是，不同概括水平的信念在永恒扩展的范围内互相测试，在极限处被修正成彼此融贯的信念，以产生一个相互增强、相互解释的信念系统。① 但这种内部反思性平衡的方法将所谓的经过深思熟虑的道德判断作为起点来开始这种方法。这种经过深思熟虑的道德判断在认识论上享有一种假设的正当辩护。而正是这一点被彼得·辛格(Peter Singer)和理查德·布兰特(Richard B.Brandt)等人批评为太过保守，因为这些所谓经过深思熟虑的判断很可能只是传统中流行的偏见。

我的新表达主义理论在一定程度上接受道德知识的融贯论。而且它认为，我们并不需要将所谓经过深思熟虑的道德判断界定为可靠的、不变的，而是主张所有的道德判断都处在情感的意向性信念网络之中，都是开放的、不断修正的。怀疑论者可能会说，如果道德判断是在信念网络中被辩护，那么就还是承认，每个道德判断中的信念都需要其他道德信念的支持。这似乎依然会走向无限后退，或者诉诸循环论证。但是我们有必要认为，信念之间是相互支持的，这是一种包含双向支持在内的多维网状支持系统，而无限后退则只适用于单向支持链条。因而承诺融贯论的新表达主义理论并不会陷入恶无限的深渊。

---

① Norman Daniels, “Wide Reflective Equilibrium and Theory Acceptance in Ethics”, *The Journal of Philosophy*, 1979, Vol.76, No.5, pp.256-282.

对融贯论的另一个常见的主要批评是,指责它并没有为"我们的融贯信念网络与现实实在之间具有某种连接"提供任何保证。谁能保证我们不是像精神病患者那样,能够拥有一个融贯的、但却完全是错误的信念体系呢? 的确,这是融贯论的不足。但问题在于,我们的确不能确保我们有关这个世界的任何信念都是准确表征实在的,就像笛卡尔的恶魔和普特南的缸中之脑所隐喻的那样。因此,经过正当辩护的知识并不必然蕴含真理,但目前我们能够拥有的最好的真理标准貌似就是融贯论这样一个被广泛接受的知识论观点。更何况,融贯论使我们对寻找基本的道德原则存有希望。比如罗斯对康德内在目的原则的诉诸,也能解释我们众多道德原则的融贯性。

对于一般的融贯论者而言,还有一个问题是,在伦理学的反思性平衡程序中,我们是应该像罗尔斯的同事罗德里克·弗思(Roderick Firth)所刻画的理想观察者形象那样,既没有感情,也没有兴趣或利益呢,①还是应该像利特尔那样,在进行道德评估时,保持一种参与态度(an attitude of engagement)和情感投入(emotional investment)?②

新表达主义理论不打算走向两种极端中的任何一种。因为弗思之所以那样强调,是想要突出理性的作用及其绝对权威性。利特尔之所以这样做,是想让情感压倒理性而受到更突出的重视。但在新表达主义理论看来,情感中就包含着理性认知,相关的认知性成分并不是存在于情感之外,而就在情感之中。所以,一方面,即使为了突出理性的权威性,我们也没有必要剔除情感,好像情感一定是某种危险的、带来不公平的东西一样;另一方面,我们也不能进行简单、草率、盲目的情感投入,而应在情感投入的同时,保持对情感的反思,培养与道德感有关的批判性思维倾向,

---

① Roderick Firth,"Ethical Absolutism and the Ideal Observer",*Philosophical and Phenomenological Research*,1952,Vol.12,No.3,pp.317-345.

② Margaret Olivia Little,"Seeing and Caring:The Role of Affect in Feminist Moral Epistemology",*Hypatio*,1995,Vol.10,No.3,pp.117-137.

进而产生对培养积极情感的思想收获与方法改进，以使公民能够更好地参与反思性平衡的伦理政治程序。①

三、新表达主义与道德解释

在第一章中我们提到，反实在论关于道德解释的挑战中涉及"道德事实并不最佳解释我们道德判断的形成"，哈曼明确梳理了这一论证。斯德津对此的回应策略是，否定哈曼论证中的第三个前提"道德事实不能够解释我们道德判断的形成"，即主张道德事实可以解释我们道德判断的形成。斯德津给出的论证是，比如，希特勒道德败坏的事实（至少部分地）解释了他为何鼓动了数百万人的死亡，希特勒以此方式行为的事实解释了为什么普通能动者相信他是道德败坏的，所以希特勒道德败坏的事实（至少部分地）解释了为什么普通能动者认为他是道德败坏的。可见，道德事实在解释相关现象时是必不可少的。

而道德非自然主义回应这一挑战的策略则是否定哈曼论证中的第二个前提"道德事实的必不可少的解释性角色是，它们最佳解释了我们道德判断的形成"。哈曼所理解的道德判断的形成过程，完全忠诚于一种自然科学的经验主义因果方法论。对此，非自然主义者沙佛-兰道指出，将道德事实工作的基本原则限定于"道德事实是原因"或"道德事实以自然科学的方式发挥解释性作用"，这对道德事实要求得太多，又要求得太少。② 一方

---

① 本书作者对批判性思维进行过较长时间的教学实践和思考。关于批判性思维倾向与理性思维、社会文化的关系，可参见 Li Na，"Reasonable or Unwarranted? Benevolent Gender Prejudice in Education in China"，*Asia-Pacific Education Researcher*，2021-01-15，https://doi.org/10.1007/s40299-020-00546-6。关于批判性思维倾向的概念、现状及其与公民素养的关系，参见李娜、王日升：《批判性思维在工程教育中的价值及其运用》，《高教发展与评估》2018 年第 4 期；李娜、韩清恩、钟文先：《大学生批判性思维素质现状及差异分析——基于山东省的调查研究》，《中国高教研究》2019 年第 2 期。

② Russ Shafer-Landau，and Terence Cuneo（ed.），*Foundations of Ethics*：*An Anthology*，*Oxford*：*Blackwell Publishing*，2007，p.331.

面，道德事实是人在某些情境下适当反应的理由，而自然科学与人类行为并不特别相关，要求道德事实以自然科学的方式发挥最佳解释性作用，这显然对道德事实要求得太多了；另一方面，道德自然主义作为一种主张道德事实是自然事实的理论，原则上可以满足哈曼提出的要求，但这似乎并没有给予道德事实以道德理由的地位，自然主义太容易满足这种低要求了，换言之，被“要求得太少”了。

实际上，经验主义、自然主义、非自然主义等形而上学立场的彼此对立在一定程度上限制了道德解释性问题的解决。对此，特伦斯·库尼奥（Terence Cuneo）采取了一种折中主义的方式，主张能够很好地用特定种类的道德事实（比如美德和美德练习）来解释能动者行为方式的原因。①

从认识论和本体论两个方面，我的新表达主义理论对道德解释的理解能够更好地避免怀疑论和虚无主义。首先，它所承诺的理性主义道德实在论能从认识论角度很好地回应副现象问题。哈曼认为，道德属性必须是自然的，否则它们只是副现象的：道德属性的存在是由它们所随附的自然属性所解释的，但它们本身却什么也解释不了。② 而如果道德属性没有解释力，为什么还要主张存在道德属性而不采取比如非认知主义的观点呢？对此，理性主义认为，自然属性的确会承担一些解释性工作，但并不意味着道德属性不具有解释性功能。比如，道德属性可以提供道德描述，也可以解释某些行为或态度的适当性。总之，新表达主义理论认为，从日常道德话语来看，道德属性的确是具有解释性功能的。只不过，我们引用自然事实来解释道德术语的应用，超过了我们在解释非道德现象过程中使用道德术语的比率。道德术语的功能主要是用来描述相关问

---

① Terence Cuneo, “Moral Facts as Configuring Causes”, *Pacific Philosophical Quarterly*, 2006, Vol.87, pp.141-162.

② Gilbert Harman, “Moral Explanations of Natural Facts-Can Moral Claims Be Tested against Nonmoral Reality?”, *The Southern Journal of Philosophy*, Supplement, Vol.24, 1986, p.63.

题中的行为、人或情况是什么样的，道德术语在道德解释中是第二位的，主要是为解释铺路。

其次，新表达主义理论能够在承诺情感与社会性自然事实、心理倾向性自然事实的随附性关系的基础上，从本体论角度说明道德事实的解释性作用。道德情感或道德态度不会凭空产生，它所涉及的认知—评价是能动者在特定心理条件下对某特定社会性事实所进行的认知—评价。社会性事实作为人类社会客观事实的一部分，在解释道德情感的对象方面扮演必不可少的角色；能动者的特定心理条件（品格、推理能力、心理倾向、情绪等）在解释道德情感的意向性方面扮演必不可少的角色。与自然科学注重对经验主义观察的解释不同，人文社会科学的解释性作用主要是通过具有特定心理能力的能动者对人类社会现象进行经验认知和理性评价来实现的，而价值评价恰恰典型地体现了其独特的、实质性的解释力。

第二节　外部挑战与回应

为了表明新表达主义理论的解释力，本节将对可能来自错论、建构主义、非认知主义的表达主义以及强劲实在论的批评给予回应，并对可能出现的有关新表达主义与琐碎性、取消主义的暧昧关系给予澄清和回应。

一、道德错论：可能批评与回应

麦凯在用“诉诸相对性的论证”来反驳道德实在论的时候，也曾经肯定情感的作用。他指出，尽管哲学伦理学中普遍化、功利主义原则等等非常突出，但这些都远远不能构成实际上日常道德思想的整体基础。人们判断某些事情是对的或错的，而另一些事情是好的或坏的，不仅是因为它们示例了某种人们可以广泛清楚地接受的一般原则，而主要是因为这些事情中的某种东西在人们当中立刻激起了某种反应，因而，最初是“道德感”或“直觉”（而非“理由”）给我们提供了许多基本的道德判断。① 但在这个岔路口上，麦凯并未走向直觉主义或情感主义的非认知主义，而是由此否定了道德实在论，认为道德其实是一种错误的认知。麦凯还批评投射主义“把道德价值的客观化看作主要是感情的投射、像是犯了情感谬误一样，具有一定的误导性”。

在“道德感”（“道德直觉”）和“道德理由”之间，麦凯选择了前者作为攻击道德实在论的突破口，而我们的新表达主义理论选择了后者作为据守。的确，相对于道德直觉，道德理由具有一定的反思性或非直接性，缺少道德直觉明显的当下性、即时性。但道德理由更具有理性解释力，就像斯特拉顿—莱克声称的那样，“如果像善和错这样的属性被分析为理由，它们就不会显得神秘了”，“接受一个麦凯式的错论就变得更难，因为人们会承认有关用以分析善和错误的理由（即实践理由——赞成态度和行动的理由）的那种错论。”②

错论者可能会批评道，这种说法是没有道理的，因为有关实践理由的错论并不是一个稳定的立场；关于实践理由的错论是局部错论的一种形式；而如果我们接受一个局部错论，我们就不得不屈服于全局错论，也就是说，一个关于各种理由（包括认知性理由——信念的理由）的错论。

但这样的话，错论者就犯了一种滑坡谬误。因为从承诺局部错论并不能推论出一定承诺全局错论。而且这里斯特拉顿—莱克想要表达的似乎并不是要承诺实践理性错论，不是主张实践理性整个的必然是一种错误，而是陈述实践理性会局部出错这一现实性和可能性。

---

① John L. Mackie, “The Subjectivity of Values”, in Russ Shafer – Landau & Terence Cuneo(ed.) , *Foundations of Ethics*: *An Anthology*, Oxford: Blackwell Publishing, 2007, p.27.

② Philip Stratton – Lake, “Introduction”, *Ethical Intuitionism*: *Re – evaluation*, Oxford: Clarendon Press, 2002, pp.1–28.

再退一步,如果情况确实如此,主张全局错论的麦凯能否一致地说,“有理由相信麦凯的理论,即所有关于实践理由的判断都是基于一个系统性错误?”答案应该是否定的。我们无法在一阶意义上全面地否定实践理由而又在二阶意义上支持认知理由。实践理由和认知理由之间的区别并不在于它们是不同类型的规范关系,而在于它们辩护了不同的事情:实践理由辩护了行动和赞成态度,认知理由辩护了信念。①因此,麦凯基于奇异性的论证是自我反驳的:如果麦凯的这一论证是正确的,那么我们也有类似理由相信它是错误的,且错论也是错误的。

错论者可能会辩解说,错论所要反对的是存在所谓的绝对理由(categorical reasons),而并不反对存在假言理由(hypothetical reasons),就像麦凯所说的“依能动者欲望情况而定的理由”②。只要我们具有在元伦理学问题上拥有“真实的”、“有充分基础的”信念的内在欲望,我们就有理由相信基于奇异性论证的错论。但这样一来,即使错论为真,“没有理由相信错论为真”也可以为真,“没有理由相信错论为真”也可以为假,因为其真假完全取决于我们的内在欲望。显然,这种极端的动机内在主义是有问题的。

根据新表达主义理论对情感的认知主义界定,欲望或情感态度都是有意向的,意向是有指向的,是“关于”对象的,这里必定涉及有关对象的认知性因素。我们不会对没有任何对象信息的对象具有欲望,我们的欲望与对象的描述性信息紧密相关,更与我们自己的认知价值判断紧密相关。比如求生欲,大多数人都具有,但在特定情形下,比如对生命、生存、生活的意义产生怀疑或缺少明确答案、茫然无从时,有的人便会缺少求生

---

① Thomas M. Scanlon, *What We Owe to Each Other*, Ithaca, NY: Belknap Press of Harvard University Press, 1998, p.60.

② John. L. Mackie, *Ethics: Inventing Right and Wrong*, Harmondsworth: Penguin, 1977, p.28.

欲。再比如食欲，我对辣椒有着与生俱来的欲望，这一点是和认知相关的。当我了解到辣椒会加重我的“肠粘连”症状，我对辣椒的欲望就没有之前那样强烈了。为什么有的人会对“在元伦理学意义上拥有真实信念”产生欲望，有的人却没有这种欲望？这种情况并非不可以解释或不能调整的。但错论在分析具体道德理论时，却将这种道德判断欲望当作需要否定的东西，将在它看来由欲望产生的所谓道德判断行为全部归于系统性错误，在这里，我们看不到错论这种信念的“充分基础”，也难以理解这种信念的“真实”。

二、建构主义：可能批评与回应

某些建构主义者可能会认为，新表达主义理论是比建构主义更容易受到“主观主义”批评的一种理论，所以它并不比建构主义更具有理论优势。

但实际上，建构主义并非就是主观的，或必须成为主观的。因为被建构的并不等于被虚构的，就像房子是被建构出来的，这并不意味着房子不是实在的。正如房子可以被建构成不同的样子、风格，所有的社会实在也可以被建构成不同的样子。但这些建构起来的东西是实在的，比如法律，如果你不遵守它，就可能因此而坐牢，法律的实在性是与权力相关的。伦理学和自然科学是在用不同的概念体系建构出不同的知识，就像中西和西医一样。不同的时代有不同的法律，建构起来的东西也会变化。新表达主义涉及的建构主义是有客观内容和实在基础的一种建构主义。

完全将建构主义划为主观主义，依然是二分法在思维深处作祟，最终必然导致矛盾。以菲茨帕特里克为例。菲茨帕特里克在批评理性建构主义时，认为理性建构主义缺少外部的实在基础。他与亚里士多德一起怀疑，从深思熟虑中能否获得正确的结果，关键取决于是否有正确的起点。

亚里士多德曾经指出，除了从正确的道德看法出发，没有办法正确地描述通往道德真理的道路：任何人如果一开始缺乏实质性的道德知识，就不能为到达道德真理去规定一套条件和程序，因为不存在不预先假定基本正确起点的这种条件和程序。而正确的起点只能在关于"什么构成适当的伦理教养，或通过正确的伦理经验发展而来的哪些性格特征体现了对实在价值的恰当敏感性"的正确实质性伦理观点中才能被正确地指定。[①]但同时，菲茨帕特里克在批评伦理自然主义时又指出，伦理学中的真理（关于道德、行为理由、优秀性格、对一个人有好处的东西等等的真理）只有通过采用自己的内部标准进行一阶伦理反思和论证，才能准确和有道理地得出，而不是通过其他形式的探究，如心理学或生物学来从外部得出。

在这里，菲茨帕特里克似乎是打算在理性、伦理、自然之间严格划线，如果理性在自己范围内寻找合理性，就是缺少"外部基础"（伦理基础而非自然基础，根据菲茨帕特里克的非自然主义），如果伦理在伦理之外寻求"外部基础"（自然基础而非理性基础），就是取消了自己的独立性。如我括号中所标识的，这两个"外部基础"的具体指称是不同的，只不过在菲茨帕特里克看来都是伦理之外的东西。

我不太确定菲茨帕特里克在这里是不是犯了乞题的谬误，但在后康德时代，在伦理和理性、伦理和自然之间严格划线似乎已经是过时的方法论了。比如，菲茨帕特里克自己也声称，"弄清生活的事实对于成功的伦理反思至关重要。但是，这些其他形式的探究所做的贡献的重要性……仍然必须始终通过对我们的生活和经验的自主的伦理反思来评估。"这里的"自主的伦理反思"和理性主义或情境主义的"反思性平衡"似乎并无太大差异，这里的"弄清生活的事实"与塞尔的社会实在理论似乎也并

---

① 关于性格和相关敏感性的正确起点的想法，还可参见 Thomas M.Scanlon, *What We Owe to Each Other*, Cambridge, MA: Harvard University Press, 1998, p.57。

不矛盾。在理性与伦理之间很难划线,在伦理和广义的自然(不仅限于自然科学的研究对象,还包括社会科学的某些研究对象)之间也很难划线。

道德的新表达主义理论恰恰看到了这种趋势,因此它认可并部分地吸收了理性主义和塞尔的意向性网络—背景理论,试图将理性与伦理、伦理与社会重新连接起来,这使得它既具有建构主义那样的动态性特征,又具有实在论的基础,从而在某种程度上超越了建构主义。

三、非认知主义的表达主义:可能批评与回应

非认知主义的道德表达主义可能会提出疑问:新表达主义理论如果涉及一种认知主义承诺的话,那么考虑到道德非自然主义面临着认知上的质疑和挑战,新表达主义可能更倾向于进一步承诺道德自然主义,但这样一来,新表达主义理论如何应对开放问题论证呢?

在哈曼的分析中,情感主义的确具有走向一种伦理自然主义——理想观察者理论的可能性。因为根据情感主义,道德意见是一种情感或态度。道德意见会犯错误。那么,根据情感主义,情感或态度也会犯错误。比如,如果情感或态度依赖了错误的事实信念的话。这样一来,情感主义甚至不得不允许我们说道德判断错了,即使道德判断仅仅是情感或态度的表达。那么,什么样的情感态度才是正确、恰当、合理的呢? 某种情感或态度只有不基于一个错误的事实判断时才有可能是恰当合理的。设想一下奴隶主对奴隶制的态度。哈曼认为,如果奴隶主对奴隶制的赞成仅仅是因为他们自己不是奴隶,他们不关心奴隶的处境,那么这种赞同不是一种道德赞同。奴隶制是错的,当且仅当一个知道并且强烈地认识和理解了所有事实且利益无关的公正观察者会反对奴隶制。奴隶主不会反对奴隶制,仅仅因为他们不是利益无关者,所以他们的不反对将不被考虑。这种观点其实是一种理想观察者理论。“这种将道德判断看作是涉及关

于情感的判断，实质上表明了一种伦理自然主义。”①这种理想观察者理论很容易解释我们内心的道德困境：你知道你应当作某事，但你不想要做某事；或者，你意识到某人应当作某事，但你不希望他去做。理想观察者理论会很容易解释这种事情。你认为应当作的事情是理想观察者所主张的事情，而你自己其实并不想做这件事情。你可能认为在公正的条件下你会拥有那种态度，虽然实际上你还并不拥有。但这种伦理自然主义基底可能使理想观察者理论面临伦理自然主义所面临的全部挑战。

我的新表达主义理论不用将自己限制于自然主义和非自然主义的二分制牢笼，也不用承诺严格的理想观察者理论，就可以更轻松地解释这一点，同时保留情感主义的底色。根据纳斯鲍姆的情感认知—评价理论，情感不仅与情感中的信念有关，还与情感对象是否处于能动者的价值目标与计划体系的核心、是否密切相关于能动者的自身繁荣(eudaimonia)有关，换言之，情感不仅是认知的，也是评价的，不仅涉及自然主义成分，也涉及非自然主义要素。当你认为你应当做某事而你又不想做的时候，传统情感主义可能会说，你喜欢做又不喜欢做，你有一个赞成做的道德态度和一个不赞成做的强烈但非道德的态度，但根据新表达主义理论，这种情况更应被解释为，你的认知信念肯定做这件事情的正确性，但你的评价能力对于这件事情与你自身繁荣的关系作出了否定性的评价，即做这件事不属于你价值目标计划体系的核心内容。如果你认为你应当做某事但你不关心它，传统情感主义会认为，你关心又不关心：你的道德态度支持你做这件事，但你的道德态度很微弱，有可能是因为你的这种道德态度被你的惰性、意志薄弱战胜了，而新表达主义理论者则会解释说，很可能是由

① 如本书第一章第二节所述，理想观察者理论常常被认为是建构主义的，但哈曼认为理想观察者理论是自然主义的。实际上，“理想”体现了其“建构性”特征，“观察”体现了其“自然主义”的特征。哈曼认为，情感主义很难与理想观察者理论相区分。Gilbert Harman, *The Nature of Morality*, New York: Oxford University Press, 1977, p.42.

于你还没有真正意识到这件事情与你的自身繁荣有何种关系。

新表达主义理论认为,一个人的认知—评价能力的不成熟或缺陷是可以通过教育来进行弥补或改善的,而且这种弥补不仅仅是要提高其理性分析的能力,还要提高其作为道德能动者的评价能力,不仅仅是要提高其评价能力,还要完善其认知性的经验信息,促使其进行反思性慎思的道德起点是合理的或接近正确的。这有些类似于罗萨蒂关于个体善的想法,但后者更容易过度地依赖能动性,因为自主性评价似乎在人的个体善方面特别具有权威性。在这一点上,菲茨帕特里克主张,一个人即使在用经验信息进行自主评价之后,如果他的道德起点在某些方面是贫乏的,也可能会误解他的个体善。但如果我们像新表达主义理论所认为的,将道德起点的正确获取不是看作某种神秘的东西,而是看作理性的道德共同体历史性生成的实在过程①,就有理由去假设人们对自我繁荣、对个体善的种种思考有希望更普遍地转化为道德②。

四、强劲实在论:可能批评与回应

倡导强劲道德实在论的菲茨帕特里克曾经指出,"虽然一个粗糙的主观主义或相对主义观点将认知主义与否定错论相结合,并通过使伦理真理直接依赖于我们的实际信念或态度或实践而允许伦理判断明确地为

① 菲茨帕特里克对道德起点持有实质性贫困的担忧,他认为无论一个人从什么经验和性格开始,都很难理解为什么他凭借经验上信息充足的自主性反思就能够自动地获得正确的道德起点。这是因为菲茨帕特里克在开始时对道德起点的想象是过于理论化而独断的,他没有像我们新表达主义者这样,将道德思考的起点看作是在信念网络中动态发展的、开放性的、不断被修正的。从之后他作出的非自然主义的粗暴承诺就可以看出这一点,这些承诺包括,比如"某些形式的道德教养,或一系列情感,比其他形式的教养或情感更好,这构成了道德上准确慎思的正确起点"。详见 William FitzPatrick,"Robust Ethical Realism, Non - naturalism, and Normativity", *Oxford Studies in Metaethics*, Vol. 3, Russ Shafer-Landau(ed.), Oxford: Oxford University Press, 2008, p.184。

② 罗萨蒂则对这种转化持消极观点,见 Connie S.Rosati,"Agency and the Open Question Argument", *Ethics*, 2003, Vol.113, No.3, p.499。

真,但它几乎不能假定任何东西值得指称'伦理实在'。"①

根据这种表述,菲茨帕特里克很可能会批评我所主张的新表达主义犯了一种主观主义或者相对主义的错误。如果新表达主义不承诺独立于信念或态度的伦理实在,那它就承诺得太少,以至于不是一种强的道德实在论,甚至走向了主观主义。如果新表达主义承诺态度随附性关系中的态度具有社会实在的基础,我似乎又会滑向相对主义。尽管如此,我依然想要阐明,实际上我们对道德相对主义的批评往往是极端化的、过于夸张的,弱的道德相对主义不仅不会走向虚无主义,反而在一定程度上会显现出"理性、客观性与逻辑的自洽"②。所以,道德实在论面临的一个关键问题是,它应当在多大程度上承诺道德事实和属性的独立性和客观性。

菲茨帕特里克的非自然主义强劲实在论对自然主义的过度拒斥,最终使其走向一种类似康德道德绝对命令的理性主义传统。所不同的是康德那里的绝对命令是推理证成的,而菲茨帕特里克的强劲(robust)道德实在论实际上是简单粗暴的(robust),比如,"某些形式的道德教养,或一系列情感,比其他形式的教养或情感更好,构成了道德上准确慎思的正确起点,"③或者,"一个行为的道德错误是这样一种性质,它不仅会在我们身上引起一种不赞成的感觉,而且值得这样一种反应,值得将该行为排除在慎思考虑之外。"④这些评价性事实显然是从人类历史的实践经验中得

---

① William FitzPatrick, "Robust Ethical Realism, Non-naturalism, and Normativity", in *Oxford Studies in Metaethics*, Vol. 3, Russ Shafer-Landau (ed.), Oxford: Oxford University Press, 2008, p.163.

② 韩丹:《对相对主义批评的几点辩护》,《理论探讨》2009 年第 3 期。

③ William FitzPatrick, "Robust Ethical Realism, Non-naturalism, and Normativity", in *Oxford Studies in Metaethics*, Vol. 3, Russ Shafer-Landau (ed.), Oxford: Oxford University Press, 2008, p.184.

④ William FitzPatrick, "Robust Ethical Realism, Non-naturalism, and Normativity", in *Oxford Studies in Metaethics*, Vol. 3, Russ Shafer-Landau (ed.), Oxford: Oxford University Press, 2008, p.185.

来的，但菲茨帕特里克拒绝为这些承诺——比如“正确的伦理判断是那些符合自然目的论规范或关于促进生存、长寿、普遍满意等标准的道德判断”——提供任何自然主义的解释以强有力地“捍卫”其非自然主义实在论的立场。但这显然不能称得上是一种论证，而只能称为独断的宣称与承诺。

菲茨帕特里克这样做的理由是，一旦我们允许一丁点儿的自然主义解释或还原，“允许更普遍地谈论需求——对智力刺激、亲密、艺术表达、社会地位、权力等愉悦性需求的主张——我们就会回到要求实质性的伦理反思来确定它们的相对意义和规范性力量。仅仅是经验性的、科学的探究在这里没有帮助。”

对此，我们的回应是，我们并不主张仅仅靠经验性的探究就可以解释清楚伦理问题，但可以将经验性的探究与非经验性的理性反思结合起来，就像我们对情感或态度的解释既不仅仅是认知性的，也不仅仅是评价性的，而是认知—评价性的一样，在这里，自然信息（包括与社会实在相关的信息）以及对信息与我关系的评估性信念都被涵涉其中。

菲茨帕特里克可能会强调，对某个人造物的评价比如“这把刀子是好的”的评价可以还原为自然主义事实“这把刀子是锋利的”，但“某个行为是坏的”的评价无法还原为自然主义事实“张三出于嫉妒厌恶李四而错误地指责李四叛变”，行为的坏除了这一自然事实，还在于“人类行为有适当的善的标准 S，且上述行为违背了 S”。换言之，“张三的这种行为是坏的”这一事实中既有自然因素，又有非自然因素。①

① 与菲茨帕特里克不同，科普（Copp）认为，一套标准是合理的，这是一个自然的事实，可以归结为关于社会守则如何满足基本社会需求这一工具性事实。菲茨帕特里克认为任何这种简化的、工具性的方法都将把一些重要的东西从重要的道德价值说明中删除，使它在一个重要方面显得紧缩。比如在对奴隶制评价时，如果只是基于满足基本社会需求，就忽视了人的尊严这一具有规范性的道德概念。因而道德标准不是自然的，而是非自然的。但新表达主义理论认为这取决于如何理解自然的界限和非自然事实的本质。

问题在于,客观标准S是从哪里来的呢?人类行为如何具有善的标准S?菲茨帕特里克并不否认“客观的道德标准植根于熟悉的人类生活事实和特征”①,他只是“粗暴地”坚持客观道德标准植根于这些事实和人类生活特征的不可还原的评价性维度,通过恰当熟悉这些价值和相关经验事实的人的道德反思来掌握。

但这种评价性维度究竟是什么,如何与作为基础的自然事实相关联,解释的神秘性依然存在。菲茨帕特里克认为自己无法减少这种神秘,虽然他同时强调,“没有普遍的神秘,至多在某些基础联系的层面上存在一些与实在的某些要素的价值承载有关的神秘。”②

而一旦我们不像菲茨帕特里克那样固执于极端非自然主义的强劲实在论,就很容易理解和承认,人类善的标准终究需要从人类的理性、品格、性情等主体因素和社会道德习俗的历史演变这一社会实在中去找寻,这些都是道德评价的基础。如果我们对自然做狭义的理解,这些基础既有自然的、也有非自然的;如果我们将人类历史活动过程、心理学等都纳入广义自然历史或现实实在,这些基础都是(广义的)自然基础,即没有什么超出人类理性和历史的神秘之处,没有什么超(广义)自然的东西成为伦理的基础。这依然是新表达主义理论所主张的东西。

强劲实在论可能还会质疑说,如果新表达主义理论不承诺非自然的道德原则或理由对道德善的必然化命题,不将道德根植于道德原则,那么道德的基础何在呢?对此,我们主张,即使不承诺必然化,也可以有奠基。比如一种反还原的非物理主义的宏观—微观随附性观点就认为,微观物

① William Fitz Patrick,“Robust Ethical Realism, Non-naturalism, and Normativity”, in *Oxford Studies in Metaethics*, Vol. 3, Russ Shafer-Landau (ed.), Oxford: Oxford University Press, 2008, p.196.

② William Fitz Patrick,“Robust Ethical Realism, Non-naturalism, and Normativity”, in *Oxford Studies in Metaethics*, Vol. 3, Russ Shafer-Landau (ed.), Oxford: Oxford University Press, 2008, p.196.

理结构变化时，宏观层次上的心理特征或生物特征也会发生改变，但心理特征无法还原为物理特征，二者之间只是存在一种随附性奠基关系。

与上述反还原的非物理主义观点类似，新表达主义理论也主张，一种合理的情感或适当的态度，是由正确的事实信息、对人类繁荣（美好生活）的合理说明、对描述性事实与人的繁荣（美好生活）之间关系的合理评价、理性的反思性平衡、健全的人格等道德心理学基础共同奠基的，后者并不能被简单化为某种非自然主义的道德原则。我们只能不断探寻影响道德的各种因素，并持续地努力优化这些因素，我们不能给出有关道德的某种简明公式，无法将道德刻画为一种形式简单的函数关系。这是伦理学与自然科学非常不同的一个特点。

五、对琐碎性威胁的回应

如果情感主义在解释道德态度的时候，承诺存在不同的情感，因而也可以有多种态度，那么，向前再稍走一步，就可能出现简单地规定道德信念就是态度。这样一来，你在道德上赞成或喜欢某事，就是你拥有“相信某事在道德上是对的”这种信念。借此，通过定义就可以使情感主义为真。之所以能够这样，是因为“态度”一词本身具有模糊性，不仅在英语中，而且在中文中，其含义也非常地广泛。“我认为张三和李四短期内不会离婚”，这是一种信念，也是说话人对张三和李四婚姻的态度。在此意义上，任何信念都可以说是一种态度。

非认知主义的情感主义者可能不会认同这种将信念等同于态度的浅薄观点，因为本来情感主义就是用情感、态度来替代伦理自然主义中的信念，而态度现在又被解释为信念，这样一来，情感主义就会沦为空洞的理论，被对手加以“琐碎性”的指责。但情感主义者又很难将情感主义与“信念就是一种态度”这种观点相区分。

我的新表达主义理论可以很好地避免琐碎性指责。新表达主义承认情感总是关于对象的,而且是一种意向性的涉及,甚至可以说,情感中蕴含着信念等认知性因素,这种认知因素并不是静态的,考虑到判断本身就是一种动态行为,情感也是有驱动性的。此外,与更加抽象的其他判断形态不同,情感中除了评价性认知,还包含着有关对象的丰富知觉,其细节十分具体和饱满。在这种理解框架中,人们的一些常识性观点,比如“信念也是一种态度”、“一个人很难真诚地持有一种态度而不接受相关主张”,就很容易得到解释了。

同时,在日常生活中,认为某事是好事、做得正确的事情、应当去做的事情,等等,就是赞成、喜欢某事的各种方式,而认为某事是坏事、做得不对的事情、不应当去做的事情,等等,就是反对某事的各种方式。这不仅仅是有关道德的客观规定的事情,而且是与具体的道德判断相关的事情。新表达主义理论与这种日常直觉具有较高的一致性。

此外,我们通常认为一种道德信念总是包含不偏不倚的论断,比如,如果我们相信 N 是错的,我们一般也会相信,任何像 N 一样的相关事情,不论它又涉及什么人,都是错的。新表达主义理论对“随附性”的承诺和描述与这一点非常一致,而且它让我们的具体价值判断有了合理地上升为一般价值判断的可能。从以上几点来看,都不能说新的情感表达主义理论是一种琐碎的、无意义的理论。

综上所述,以情感的认知—评价理论为基础,认知主义的新表达主义能够合理地回应道德错论、建构主义、非认知主义、(非自然主义)强劲实在论等外部理论的可能批评,并阐明自身的重要价值。

余　论

新表达主义理论是一种认知主义的道德情感表达主义，根据它，道德判断中内蕴着认知性因素，道德情感反应中内蕴着道德评价，“是”与“应当”在情感中是融合的、互动着的。这种对情感的认知主义理解会带来明显的理论后果和实践后果。

一、认知主义的表达主义理论的理论后果

作为一种认知主义的道德表达主义，新表达主义理论的理论后果是多重的。

（一）使道德实在论有效地避开来自传统表达主义的攻击

认知主义的道德表达主义继承了经典道德表达主义的合理性，即对情感在道德中的地位给予了肯定，有利于解释道德动机和道德行为，避免表达主义对道德实在论的攻击。

在当代伦理学中，一般认为，情感是道德动机的主要来源。虽然有些哲学家认为理由也是驱动性因素，但他们同时也承认情感是能够驱动行为的。比如关于亲社会行为的讨论，发展心理学中的研究发现，儿童的某些情感可以驱动好的行为，儿童对他人境遇所感受到的悲痛可以推动其采取安慰行为。此外，积极情感和有亲和力的情感会促进合作。① 可能

① John M.Doris，“The Moral Psychology Research Group”，*The Moral Psychology Handboo*，Oxford：Oxford University Press，2010，pp.112-113.

有人会提出,合作与道德无关,有时人们未经判断好坏善恶也可以作出亲社会行为。在这里,必须区分对“道德动机”的两种理解,一种是指,符合道德要求的行为的动机,另一种是指,某人因为作出“道德要求这一行为”的判断而以此方式行为的动机。这两种理解是不同的。“由于关心他人而提供帮助”和“由于帮助他人是道德所要求的而提供帮助”是不同的。对此,存在动机内在主义和动机外在主义两种观点。动机内在主义者认为,我们不可能既做道德判断又不被推动着符合道德判断地去行动,有些内在主义者甚至认为,判断不过是一种心理状态,道德判断至少部分地是由情感构成的。动机外在主义者认为,道德判断不一定具有驱动性,我们可以做道德判断而没有动机去遵循道德判断行动。不过,无论内在主义还是外在主义都承认这两点:当判断伴随着动机时,这种动机源自某种情感状态;对那些被推动着去遵循道德判断而行动的人来说,情感促成了道德动机。简言之,恰当的情感如果不是产生道德动机的充分条件,至少也是必要条件。在有道德判断时,情感作为道德判断的结果推动我们道德地行动,在没有道德判断时,情感依旧可能驱使我们道德地行动。

认知主义的新表达主义虽然承诺一种解释主义的道德实在论,但基于其表达主义的底色,因而能够免受传统表达主义对道德实在论提出的挑战,尤其是实践论挑战。

(二)使表达主义有效地避开曾经面临的挑战

通过挖掘和肯定情感中的认知—评价成分和功能,认知主义的道德表达主义弥补了情感与理性的二元割裂,消解了表达与陈述之间的张力,回应了经典道德表达主义所面临的挑战。

这种新的认知主义的道德表达主义带有明显的调和特征:道德论证既是对情感态度的表达,又可以是一种有效论证,因为情感中包含着认知因素。由此,我们在坚持表达主义的同时,无须再纠结于弗雷格—吉奇问题中的论证有效性说明,有效地避开经典表达主义所面临的语义挑战。

此外,新表达主义所展现的理性主义的认知—评价主义认识论,使其能够避免隐含错误问题或道德取消主义等指责。其所承诺的解释主义实在论,展示了新表达主义与社会基本道德原则的密切关系,在一定程度上回应了极端心灵依赖问题,避免了传统表达主义的虚无主义归宿。

二、认知主义的表达主义理论的实践后果

作为一种认知主义的道德表达主义,新表达主义理论的实践后果在道德教育方面尤为突出。

(一)对道德教育的可能性给出了合理的解释

认知主义的表达主义使得道德教育中情感培养与道德推理教育二者的融合变得更加合理,为道德教育的可能性提供了更有力的支撑。

以同情为例。同情与遗憾和移情不同。遗憾有些微"俯就"、"屈尊"、"自我优越感"的味道;移情只是对他人体验的一种想象性重建而没有对体验的任何特定评价,它既不是同情的充分条件也不是同情的必要条件,它只是在心理方面很重要的一个向导而并不能独立地对伦理重要性有所贡献。而同情则是由对别人不应遭受的厄运的意识所引起的一种痛苦的情感。亚里士多德曾认为同情有以下三个认知性要求:①"这个人所承受的痛苦是严重的而不是轻微的"这样一个信念或评价;②对"这个人不应当遭受这种痛苦"的信念;③对"我或者我爱的人具有与遭受痛苦者相似的可能性"的信念。这样一来,诸如阶级、宗教、种族、性别、性取向等都是由于不满足第三个条件"相似可能性"而成为同情的一些社会障碍。而实际上,它们并不必然构成同情的障碍或理解的有限性。

根据新表达主义理论,同情的第三个必要条件应当是认为"这个人或动物是我目标和计划框架中很重要的要素,是一个应该改善的目标"。例

如同情一个乞丐,并不主要或必然是因为我们想象自己某一天会变成乞丐所以才施以同情(虽然有时也会这样),关键是因为它关系到我们自身的伦理目标和人性的完整性,因为我们把他当作关心的对象,当作目的。这样一来,曾在物种选择中起过重要作用的同情就具有了更大的可能性和普遍性,为道德教育提供了更坚实的基础和更广阔的空间。

在众多的情感中,除了同情,有些情感,比如爱和悲痛,也可以使自我及其所关心对象的范围宽泛起来,而另一些情感,如厌恶、羞耻、憎恨则在自我与外在客体间设置了明显的界限。好的道德形态就是要使积极的情感成为人们道德行为的主要动力,使所谓的道德原则成为内化于人性之情感的原则,而不再是外在的、干瘪的教条。而那些阻碍积极情感发挥作用的诸如嫉妒、羞耻、厌恶等消极情感则是我们在情感教育和培养中应当极力避免的。

(二)有助于完善整体主义的道德教育方法论体系

哲学作为"爱智慧",本身就是一种冷静的激情。① 既然情感并不像人们通常所认为的那样是一种盲目的冲动或者是理性的附属品,那么它在现实社会尤其是道德教育中被忽视的状况就应当得到改善。既然情感本身就包含着理性的认知—评价能力,那么在道德领域就应当考虑到作为人性重要组成部分的情感的地位和作用。比如,如何稳固并拓宽我们已有的关怀对象,尤其是如何建立对我们憎恨和愤怒的人的稳固的、真正的伦理关怀,在此,同情以及推动同情的想象力都发挥着重要作用。而由于想象力也是审美教育的一个重要目标,所以审美教育和道德教育至少在此意义上是相通的。

作为一种认知主义的道德表达主义,新表达主义理论对儿童教育、人

① 关于哲学与情感关系的论述,可参见 Anthony Hatzimoysi,"Preface",*Royal Institute of Philosophy Supplements*,Vol.52,2003,p.V。

的道德情感培养提出了新的要求。休谟曾经说过，理性是激情的仆人。他强调，与丰富的情感相比，理性相对弱小，所以除了说理之外，还需要情感教育；如果想要保持健康的激情，也需要好的“仆人”——良好的理性素养。道德教育不仅仅是理性的任务，更应是认知教育、情感教育和审美教育共同致力的目标。比如，通过改善理性认知来培养健康的、积极的、适合情境的道德情感；通过艺术作品（尤其是悲剧）增强人们对与自己不同的人的关心以及对自身脆弱性的意识，从而有助于培养恰当的同情心；同时，由于情感有积极和消极之分，所以减少消极情感对于培养积极情感就显得相当重要，比如要增强同情心，就要努力减少对遭遇痛苦者的厌恶和羞耻感，等等。这些情感教育既有利于人的道德素养的提高，也有利于人的理性素养的提高，情感与理性并非此消彼长，而是可以相互促进的。

三、研究的未来展望

认知主义的表达主义理论力图融合各个流派的优势，弥补元伦理学观点之间的裂痕，但限于篇幅，本书只是完成从问题到假设再到初步论证的过程。未来的研究还可以继续对新表达主义理论的细节进行深入的阐述，继而着眼于这种理论的实践应用，在应用中深化和完善自身，比如新表达主义理论与道德教育的关系、对伦理共同体建构的启示等，都是富有意义的研究方向。

作为在道德随附性争论中发展起来的一种理论，新表达主义理论的未来研究也会涉及对随附性进路的进一步应用。目前已经有人用随附性来解释和完善进化论及进化论伦理学，用非还原的随附性概念来解读个体选择与群体选择同时发挥作用的二元结构的层次性。① 此外，“随附

① 陈晓平：《利己与利他的综合——从进化论的角度看》，《学术界》2020 年第 1 期。作者用物理学中不同时空中其测度的变化规律不同，来类比不同论域中自然选择所呈现的不同的随附性关系。

性”在各个领域的使用越来越多。有人主张一件美术作品的美学性质随附于它的物理性质。语言学中对语词的分析也涉及意向性—随附性关系问题①,虽然其本质上依然是一种心—物随附性。奎因的“翻译的不可确定性”命题被理解为对“意义随附于物理事实的总体”的否定。甚至有人用随附性来转换问题的提出方式:原因关系随附于有关具体事物的非原因事实吗?规律随附于它们的示例吗?理论随附于数据吗?② 从美学到心理学,从伦理学到语言学,从逻辑学到物理学,从理论科学到实证科学,从社会科学到自然科学,上述各种随附性问题表明,随附性已逐渐成为跨领域研究中被广泛应用的一种方法或视角,这也间接证明了随附性或许是我们共有的一种直观形式。在此意义上,随附性并不是囿于某学科的理论观点或流派,更是社会科学的一种研究视角。在伦理学领域,未来研究可以将把道德随附性观点作为一种道德理论分析视角,对规范伦理学、美德伦理学等进行分析和评价,发挥其元伦理学理论的作用。

① 黄丽君:《意向性—随附性:委婉语词的发生分析框架》,《广西民族大学学报(哲学社会科学版)》2019 年第 4 期。

② Jaegwon Kim, *Supervenience and Mind*, Cambridge: Cambridge University Press, 1993, p.56.

主要参考文献

（一）外文参考文献

1. 外文著作（按照作者的姓的字母排序）

Allison, Henry E. *Kant's Theory of Freedom*. Cambridge: Cambridge University Press. 1990.

Aristotle. *Nicomachean Ethics*. Translated by Terence Irwin. Cambridge: Hackett Publishing Company. 1999.

Audi, Robert. *Moral Knowledge and Ethical Character*. New York: Oxford University Press. 1997.

Ayer, A. J. *Language, Truth and Logic*. London: Gollancz. 1946.

Bennett, Karen. *Making Things Up*. Oxford: Oxford University Press. 2018.

Blackburn, Simon. *Essays in Quasi – Realism*. New York: Oxford University Press. 1993.

——*Ruling Passions*. Oxford: Clarendon Press. 1998.

——*Spreading the Word*. Oxford: Oxford University Press. 1984.

Brink, David. *Moral Realism and the Foundations of Ethics*. New York: Cambridge University Press. 1989.

Chalmers, David J. *The Conscious Mind*. New York: Oxford University Press. 1996.

Copp, David (ed.). *The Oxford Handbook of Ethical Theory*. Oxford: Oxford University Press. 2006.

Darwall, Stephen, Allan Gibbard, and Peter Railton (eds). *Moral Discourse and*

Practice: *Some Philosophical Approaches*. Oxford: Oxford University Press. 1997.

Finlay, Stephen. *Confusion of Tongues*: *A Theory of Normative Language*. Oxford: Oxford University Press. 2014.

Gert, Bernard. *Morality*: *Its Nature and Justification*. New York: Oxford University Press. 2005.

Gibbard, Allan. *Thinking How to Live*. Cambridge, MA: Harvard University Press. 2003.

Haldane, John, and Crispin Wright (eds.). *Reality*, *Representation and Projection*. New York: Oxford University Press. 1993.

Hare, R.M. *The Language of Morals*. Oxford: Oxford University Press. 1964.

Harman, Gilbert. *The Nature of Morality*. New York: Oxford University Press. 1977.

Horgan, Terence, and Mark Timmons (eds.). *Metaethics after Moore*. Oxford: Clarendon Press. 2006.

Horwich, Paul. *Meaning*. Oxford: Oxford Press. 1998.

——*Truth*. Oxford: Clarendon Press. 2005.

Huemer, Michael. *Ethical Intuitionism*. New York: Palgrave Macmillan. 2005.

Jackson, Frank. *From Metaphysics to Ethics*: *A Defence of Conceptual Analysis*. Oxford: Clarendon Press. 1998.

Joyce, Richard. *The Myth of Morality*. Cambridge: Cambridge Press. 2001.

Kim, Jaegwon. *Supervenience and Mind*. Cambridge: Cambridge University Press. 1994.

Korsgaard, Christine. *The Sources of Normativity*. Cambridge: Cambridge University Press. 1996.

Kramer, Matthew. *Moral Realism as a Moral Doctrine*. Oxford: Blackwell. 2009.

Kripke, Saul A. *Naming and Necessity*. Cambridge, MA: Harvard University Press. 1972.

Lewis, David. *On the Plurality of Worlds*. Oxford & New York: Basil Blackwell. 1986.

Locke, John. *An Essay on Human Understanding*. Edited by P.H. Nidditch. Oxford: Clarendon Press. 1975.

Mackie, John L. *Ethics: Inventing Right and Wrong*. Harmondsworth: Penguin. 1977.

McNaughton, David. *Moral Vision*. Oxford: Blackwell. 1988.

Miller, Alexander. *Contemporary Metaethics: An Introduction*. Cambridge: Polity Press. 2013.

Moore, George Edward. *Principia Ethica*. Cambridge: Cambridge University Press. 1903.

Morgan, C. Lloyd. *Emergent Evolution*. London: Williams and Norgate. 1923.

Nagel, Thomas. *Mortal Questions*. Cambridge: Cambridge University Press. 1979.

Nussbaum, Martha. C. *Upheavals of Thought*. Cambridge: Cambridge University Press. 2003.

Parfit, Derek. *On What Matters*. Vol. 2. Oxford: Oxford University Press. 2011.

Pettit, Philip. *The Common Mind: An Essay on Psychology, Society and Politics*. New York: Oxford University Press. 1993.

Putnam, Hilary. *Ethics without Ontology*. Cambridge: Harvard University Press. 2004.

Railton, Peter. *Facts, Values and Norms: Essays toward Morality of Consequence*. Cambridge: Cambridge University Press. 2003.

Raphael, D. Daiches. *The Moral Sense*. London: Oxford University Press. 1947.

Ross, William David. *The Right and the Good*. Oxford: Clarendon Press. 1967.

Sayre-McCord, Geoffrey (ed.). *Essays on Moral Realism*. Ithaca, NY: Cornell University Press. 1988.

Scanlon, Thomas M. *What We Owe to Each Other*. Ithaca, NY: Belknap Press of Harvard University Press. 1998.

—— *Being Realistic about Reasons*. Oxford: Oxford University Press. 2014.

Schroeder, Mark. *Being For: Evaluating the Semantic Program of Expressivism*. Oxford: Oxford UP. 2008.

Searle, John. *Intentionality: An Essay in the Philosophy of Mind*. Cambridge: Cambridge University Press. 1983.

——*Speech Acts*. Cambridge: Cambridge University Press. 1969.

Shafer-Landau, Russ. *Moral Realism: A Defense*. Oxford: Oxford University Press. 2003.

——(ed.). *Oxford Studies in Metaethics*. Vol. 3. Oxford: Oxford University

Press.2008.

Shafer–Landau, Russ, and Terence Cuneo. *Foundations of Ethics: An Anthology*. Malden: Blackwell Publishing.2007.

Sober, Elliott, and David Sloan Wilson. *Unto Others: The Evolution and Psychology of Unselfish Behavior*. Cambridge, Mass., and London: Harvard University Press.2000.

Sinnott–Armstrong, Walter. *Moral Skepticism*. Oxford University Press.2006.

Sinnott–Armstrong, Walter and Mark Timmons (eds.). *Moral Knowledge? New Readings in Moral Epistemology*. Oxford: Oxford University Press.1996.

Smith, Michael. *Ethics and the A Priori: Selected Essays on Moral Psychology and Meta–Ethics*. Cambridge University Press.2004.

——*The Moral Problem. Oxford*: Blackwell.1994.

Timmons, Mark. *Morality without Foundations: A Defense of Ethical Contextualism*. New York: Oxford University Press.1999.

Tomasello, Michael. *A Natural History of Human Morality*. London: Harvard University Press.2016.

Warnock, G. *Contemporary Moral Philosophy*. London: Macmillan.1967.

Wedgwood, Ralph. *The Nature of Normativity*. Oxford: Oxford University Press.2007.

Williams, Bernard. *Moral Luck*. Cambridge: Cambridge University Press.1981.

Wittgenstein, Ludwig. *Philosophical Investigations*. Oxford: Blackwell.1958.

Wright, Crispin. *Truth and Objectivity*. Cambridge: Harvard University Press.1992.

2. 外文期刊文章或析出文献（按照作者的姓的字母排序）

Audi, Robert. "Intuitionism, Pluralism, and the Foundations of Ethics". *Moral Knowledge and Ethical Character*. New York: Oxford University Press.1997.

——"Realism, Rationality, and Philosophical Method". *Proceedings and Addresses of the American Philosophical Association*. 1987. Vol.61.

Blackburn, Simon. "Attitudes and contents". *Ethics*. 1988, Vol.98.

——"Circles, Smells, Finks and Biconditionals". *Philosophical Perspectives*. 1993. Vol.7.

——"How to Be an Ethical Antirealist." In Stephen Darwall, Allan Gibbard and Peter Railton, eds. *Moral Discourse and Practice*: *Some Philosophical Approaches*. New York: Oxford University Press. 1997.

——"Securing the Nots". Walter Sinnott-Armstrong, and Mark Timmons. (eds.) *Moral Knowledge? New Readings in Moral Epistemology*. Oxford: Oxford University Press. 1996.

——"Supervenience Revisited" (1985), in *Essays in Quasi-Realism*. New York: Oxford University Press. 1993.

Boyd, Richard. "How to be a Moral Realist", in *Moral Discourse and Practice*. Eds. By Stephen Darwall, Allan Gibbard and Peter Railton. New York: Oxford University Press. 1997.

Bricker, Phillip. "The Relation Between General and Particular: Entailment vs. Supervenience", in Dean Zimmerman (ed.), *Oxford Studies in Metaphysics*, Vol. 2. Oxford: Oxford University Press. 2005.

Brink, David. "Realism, Naturalism and Moral Semantics". *Social Philosophy and Policy*. 2001. Vol. 18.

Copp, David. "Realist-Expressivism: A Neglected Option for Moral Realism". *Social Philosophy and Policy Foundation*. 2001. Vol. 18.

Cuneo, Terence. "Moral Facts as Configuring Causes". *Pacific Philosophical Quarterly*. 2006. Vol. 87.

Dancy, Jonathan. "Intuitionism". In Peter Singer (ed.), *A Companion to Ethics*. Oxford: Blackwell. 1991.

——"Nonnaturalism". David Copp (ed.). *The Oxford Handbook of Ethical Theory*. Oxford: Oxford University Press. 2006.

——"Why There Really Is No Such Thing as the Theory of Motivation". *Proceedings of the Aristotelian Society*. Supplementary volume. 1995 (95).

Daniels, Norman. "Wide Reflective Equilibrium and Theory Acceptance in Ethics". *The Journal of Philosophy*. 1979. Vol. 76. No. 5.

D'Arms, Justin. "Sentiment and Value". *Ethics*. 2000. Vol. 110.

D' Arms, Justin, and Daniel Jacobson. "Sensibility Theory and Projectivism". David Copp (ed.). *The Oxford Handbook of Ethical Theory*. Oxford University Press.2005.

Darwall, Stephen, Allan Gibbard, and Peter Railton. "Toward Fin de Siécle Ethics: Some Trends". *Moral Discourse and Practice*. Oxford: Oxford University Press.1997.

Davidson, Donald. "Mental Events", in Lawrence Foster and J.W.Swanson(ed.), *Experience and Theory*. Amherst, Mass: University of Massachusetts.1970.

——"Replies to David Lewis and W.V.Quine". *Synthese*.1974.27(3).

DePaul, Michael R. "Reflective Equilibrium and Foundationalism". *American Philosophical Quarterly*.1986.23(1).

Doris, John M. "The Moral Psychology Research Group". *The Moral Psychology Handbook*. Oxford: Oxford University Press.2010.

Dreier, James. "Expressivist embeddings and minimalist truth". *Philosophical Studies*.1996.Vol.83.No.1.

——"The Supervenience Argument against Moral Realism". *The Southern Journal of Philosophy*.1992.Vol.30.No.3.

Dworkin, Ronald. "Objectivity and Truth: You' d Better Believe It". *Philosophy and Public Affairs*.1996.Vol.25.No.2.

Enoch, David. "An Outline of an Argument for Robust Metanormative Realism". Russ Shafer-Landau (ed.). *Oxford Studies in Metaethics* Vol. 2. Oxford: Oxford University Press.2007.

——"Rationality, Coherence, Convergence: A Critical Comment on Michael Smith's Ethics and the A Priori". *Philosophical Books*.2007.48(2).

Fine, Kit. "Essense and Modality". In James Tomberlin(ed.), *Philosophical Perspectives*.1994.Vol.8.

——"Varieties of Necessities". In Tamer Szabó Gendler, John Hawthorne(eds.), *Conceivability and Possibility*. Oxford University Press.2002.

Firth, Roderick. "Ethical Absolutism and the Ideal Observer". *Philosophical and*

Phenomenological Research.1952.Vol.12.No.3.

FitzPatrick, William. "The Practical Turn in Ethical Theory: Korsgaard's Constructivism, Realism, and the Nature of Normativity". *Ethics*.2005.Vol.115.No.4.

——"Robust Ethical Realism, Non-naturalism, and Normativity". In *Oxford Studies in Metaethics* Vol. 3. Russ Shafer-Landau (ed.). Oxford: Oxford University Press.2008.

Foot, Philippa. "Morality as a System of Hypothetical Imperatives". *The Philosophical Review*.1972.Vol.81.No.3.

Geach, Peter T. "Ascriptivism". The *Philosophical Review*.1960.Vol.69.No.2.

——"Assertion". *Philosophical Review*.1965.Vol.74.

Griffin, James. "Values, Reduction, Supervenience, and Explanation by Ascent". *Reduction, Explanation, and Realism*.Eds.By David Charles and Kathleen Lennon.Oxford: Clarendon.1992.

Hare, R.M. "Imperative Sentences". *Mind*.1949.Vol.58.No.229.

——"Supervenience". *Proceedings of the Aristotelian Society*.1984.Vol.58. Supplementary Volumes.

Harman, Gilbert. "Moral Explanations of Natural Facts—Can Moral Claims Be Tested against Nonmoral Reality?" *The Southern Journal of Philosophy*.1986.24(suppl.)

——"Moral Relativism Defended", *Philosophical Review*.1975.Vol.69.

Hatzimoysi, Anthony. "Preface", *Royal Institute of Philosophy Supplements*.2003. Vol.52.

Hale, Bob. "Can Arboreal Knotwork Help Blackburn Out of Frege's Abyss?" *Philosophy and Phenomenological Research*.2002.Vol.65.

Holmgren, Margaret. "The Wide and Narrow of Reflective Equilibrium". *Canadian Journal of Philosophy*.1989.Vol.19.

Horgan, Terence, and Mark Timmons. "New Wave Moral Realism Meets Moral Twin Earth". *Journal of Philosophical Research*.1990.Vol.16.

——"Nondescriptivist Cognitivism: Framework for a New Metaethic". *Philosophical Papers*.2000.Vol.29.No.2.

——"Troubles for New Wave Moral Semantics: The 'Open Question Argument' Revived". *Philosophical Papers*. 1992. Vol.21. No.3.

Horwich, Paul. "Gibbard's Theory of Norms". *Philosophy and Public Affairs*. 1993. Vol.22.

Jackson, Frank, and Philip Pettit. "Program Explanation: A General Perspective". *Analysis*. 1990. Vol.50. No.2.

Johnston, Mark. "How to Speak of the Colors". *Philosophical Studies*. 1992. Vol.68. No.3.

Johnston, Mark. "Objectivity Refigured: Pragmatism without Verificationism". In John Haldane and Crispin Wright (eds.), *Reality, Representation and Projection*. New York: Oxford University Press. 1993.

Kim, Jaegwon. "Concepts of Supervenience". *Supervenience and Mind*. Cambridge: Cambridge University Press. 1993.

——"Explanatory Realism, Causal Realism, and Explanatory Exclusion". *Midwest Studies in Philosophy*. 1988. Vol.12.

——"'Strong' and 'Global' Supervenience Revisited". *Supervenience and Mind*. Cambridge: Cambridge University Press. 1993.

——"Supervenience as a Philosophical Concept". *Supervenience and Mind*. Cambridge: Cambridge University Press. 1993.

Klagge, James C. "An Alleged Difficulty Concerning Moral Properties". *Mind*. 1984. Vol.93.

——"Supervenience: Ontological and Ascriptive". *Australasian Journal of Philosophy*. 1988. Vol.66. No.4.

Korsgaard, Christine M. "Motivation, Metaphysics, and the Value of the Self: A Reply to Ginsborg, Guyer, and Schneewind". *Ethics*. 1998. Vol.109. No.1.

——"Skepticism about Practical Reason". *The Journal of Philosophy*. 1986. Vol.83. No.1.

Li Na. "Reasonable or Unwarranted? Benevolent Gender Prejudice in Education in China". *Asia-Pacific Education Researcher*. 2021-01-15. https://doi.org/10.1007/s40299-

020-00546-6.

Little, Margaret Olivia."Seeing and Caring:The Role of Affect in Feminist Moral Epistemology".*Hypatio*.1995.Vol.10.No.3.

——"Virtue as Knowledge:Objections from the Philosophy of Mind".*Nous*.1997. Vol.31.No.1.

Mabrito, Robert."Does Shafer-Landau Have a Problem with Supervenience?". *Philosophical Studie*.2005.Vol.126.No.2.

Mackie, John L."The Subjectivity of Values".In Russ Shafer-Landau & Terence Cuneo(ed.), *Foundations of Ethics:An Anthology*.Oxford:Blackwell Publishing.2007.

McDowell, John."Virtue and Reason".*Monist*.1979.Vol.62.

——"Might there be External Reasons?".J.E.J.Altham and H.Ross(eds.), *World, Mind and Ethics*.Cambridge:Cambridge University Press.1995.

——"Projection and Truth in Ethics".In Darwall, Gibbard, and Railton, *Moral Discourse and Practice*.Oxford:Oxford University Press.1997.

——"Values and Secondary Qualities" In Darwall, Gibbard, and Railton.*Moral Discourse and Practice*.Oxford:Oxford University Press.1997.

McFetridge, Ian."Supervenience, Realism, Necessity".*Philosophy Quarterly*.1985. Vol.35.

McGinn, Colin."'Modal Reality".In Richard Healey(ed.), *Reduction, Time and Reality:Studies in the Philosophy of the Natural Sciences*.Cambridge:Cambridge University Press.1981.

McLaughlin, Brain P."Supervenience, Vagueness, and Determination".*Noûs*. 2008.Vol.31.

——"Varieties of Supervenience".Elias E.Savellos and Umit D.Yalcin(eds.). *Supervenience:New Essays*.Cambridge:Cambridge University Press.1995.

McPherson, Tristram."Ethical Non-Naturalism and the Metaphysics of Supervenience".In *Oxford Studies in Metaethics*.Vol.7.Russ Shafer-Landau(ed.).Oxford:Oxford University Press.2012.

——"Unnatural Normativity:Critical Notice of Ralph Wedgwood's 'The Nature of Normativity' ". *Philosophical Books*. 2009.

Meehl, Paul, and Wilfrid Sellars. "The Concept of Emergence". *Minnesota Studies in the Philosophy of Science*. Vol.1. Edited by Herbert Feigl and Michael Scriven. Minneapolis: University of Minnesota Press. 1956.

Olson, Jonas. "Reasons and the New Non-naturalism", Simon Robertson (ed.). *Spheres of Reason: New Essays in the Philosophy of Normativity*. New York: Oxford University Press. 2009.

Pepper, Stephen C. "Emergence", *Journal of Philosophy*. 1926. Vol.23.

Pettit, Philip. "Realism and Response-Dependence". *Mind*. 1991. Vol.100.

Railton, Peter. "Moral Realism". *The Philosophical Review*. 1986. Vol.95. No.2.

——"Naturalism and Prescriptivity". *Social Philosophy and Policy*. Vol.7. Issue 1. 1989.

——"Red, Bitter, and Good". *Facts, Values and Norms*. Cambridge: Cambridge University Press. 2003.

Ridge, Michael. "Anti-Reductionism and Supervenience". *Journal of Moral Philosophy*. 2007. 4(3).

Rosati, Connie S. "Agency and the Open Question Argument". *Ethics*. 2003. 113(3).

——"Naturalism, Normativity, and the Open Question Argument". *Noûs*. 1995. 29(1).

Rosen, Gideon. "Objectivity and Modern Idealism: What is the Question?". In Michaelis Michael and John O'Leary-Hawthorne (eds.). *Philosophy in Mind*. Dordrecht: Kluwer Academic Publishers. 1994.

Sayre-McCord, Geoffrey. "The Many Moral Realisms". In Geoffrey Sayre-McCord (ed.), *Essays on Moral Realism*. Ithaca NY: Cornell University Press. 1988.

Schaffe, Jonathan. "Grounding in the Image of Causation". *Philosophical Studies*. 2016. Vol.173.

Schroeder, Mark. "What is the Frege-Geach Problem?". *Philosophy Compass*. 2008. 3(4).

Searle, John. "How to Derive 'Ought' from 'Is' ". *Philosophical Review*, 1964. 73 (1).

Shoemaker, Sydney. "Review of S. Blackburn' s 'Spreading the Word'". *Nous*. 1985.Vol.19.

Shafer-Landau, Russ. "Replies to Critics". *Philosophical Studies*. 2005. Vol. 126.

——"Ethics as Philosophy". In *Metaethics after Moore*. Eds. By Terence Horgan and Mark Timmons. Oxford: Clarendon. 2006.

Skyrms, Brain. "Tractarian Nominalism". *Philosophical Studies*. 1981. Vol. 40.

Smith, Michael. "Does the Evaluative Supervene on the Natural?". In *Ethics and the A Priori*. Cambridge: Cambridge University Press. 2004.

——"Objectivity and Moral Realism: On the Significance of the Phenomenology of Moral Experience". John Haldane, and Crispin Wright (eds.). *Reality, Representation, and Projection*. Oxford: Oxford University Press. 1993.

Stoljar, Daniel. "Emotivism and Truth Conditions". *Philosophical Studies*. 1993. Vol. 70.

Stratton-Lake, Philip. "Introduction". *Ethical Intuitionism: Re-evaluation*. Oxford: Clarendon Press. 2002.

Stratton-Lake, Philip, and Brad Hooker. "Scanlon vs. Moore on Goodness". Terence Horgan and Mark Timmons (eds.). *Metaethics after Moore*. Oxford: Clarendon. 2006.

Street, Sharon. "A Darwinian Dilemma for Realist Theories of Value". Philosophical Studies. 2006. Vol. 127.

Sturgeon, Nicholas. "Doubts about the Supervenience of the Evaluative." In *Oxford Studies in Metaethics*, Vol. 4. Russ Shafer-Landau (ed.). Oxford: Oxford University Press. 2009.

——"Harman on Moral Explanations of Natural Facts". *The* Southern Journal of Philosophy. Supplement. 1986. Vol. 24.

——"Moore on Ethical Naturalism". *Ethics*. 2003. Vol. 113.

——"Moral explanations". In Geoffrey Sayre-McCord (ed.). *Essays on Moral Realism*. Ithaca, NY: Cornell University Press. 1988.

Sobel, David. "Do the Desires of Rational Agents Converge?". *Analysis*. 1999. Vol. 59.

van Roojen, Mark. "Expressivism and Irrationality". *The Philosophical Review*. 1996.105(3).

Wedgwood, Ralph. "The Essence of Response-Dependence". *European Review of Philosophy*. 1997. Vol.3.

Wiggins, David. "A Neglected Position?". In Haldane, John and Crispin Wright (eds.), *Reality, Representation, and Projection*. Oxford: Oxford University Press. 1993.

——"A Sensible Subjectivism?". Reprinted in Darwall, Gibbard, and Railton. *Moral Discourse and Practice*. Oxford: Oxford University Press. 1997.

Wright, Crispin. "Realism, Antirealism, Irrealism, Quasi-realism". *Midwest Studies in Philosophy*. 1988, Vol.12.

Zalta, Edward N. (ed.). "Moral Realism". *The Stanford Encyclopedia of Philosophy*. 2005. http://plato.stanford.edu/archives/win2005/entries/moral-realism/.

Zangwill, Nick. "Externalist Moral Motivation". *American Philosophical Quarterly*. 2003. Vol.40. No.2.

——"Moral Supervenience". *Midwest Studies in Philosophy*. 1995. Vol.20.

Zhong Lei. "Physicalism without Supervenience". *Philosophical Studies*. 2020. https://doi.org/10.1007/s11098-020-01494-z.

（二）中文参考文献

1. 中文或汉译本著作（按照作者姓名的汉语拼音排序）

A.J.艾耶尔：《语言、真理与逻辑》，尹大贻译，上海译文出版社 2015 年版。

阿隆：《社会学主要思潮》，葛智强、胡秉诚、王沪宁译，上海译文出版社 2013 年版。

阿尔伯特·埃利斯：《理性情绪》，机械工业出版社 2014 年版。

艾伦·吉伯德：《语义表达论：意义与规范》，刘龙根、梅轩译，外语教学与研究出版社 2016 年版。

柏拉图：《菲德罗篇》，柏拉图全集（第二卷），王晓朝译，人民出版社 2018 年版。

柏拉图：《柏拉图全集》（增订版），王晓朝译，人民出版社 2015 年版。

伯纳德·威廉斯:《道德运气》,徐向东译,上海译文出版社2007年版。

伯纳德·威廉斯:《羞耻与必然性》,吴天岳译,北京大学出版社2014年版。

伯纳德·威廉斯:《伦理学与哲学的限度》,陈嘉映译,商务印书馆2017年版。

布鲁克·诺埃尔·摩尔:《批判性思维》,朱素梅译,机械工业出版社2012年版。

陈波:《理性的执着:对语言、逻辑、意义和真理的追问》,北京师范大学出版社2014年版。

陈刚:《世界层次结构的非还原理论》,华中科技大学出版社2008年版。

邓安庆(编):《当代哲学经典·伦理学》,北京师范大学出版社2014年版。

菲利普·佩蒂特:《人同此心:论心理、社会与政治》,应奇、王华平、张曦译,吉林出版集团有限责任公司2010年版。

弗朗西斯·哈奇森:《道德哲学体系》,江畅、舒红跃、宋伟译,浙江大学出版社2010年版。

黄希庭、郑涌:《心理学导论(第三版)》,人民教育出版社2015年版。

彭聃龄:《普通心理学(第5版)》,北京师范大学出版社2019年版。

康德:《判断力批判(上卷)》,宗白华译,商务印书馆1984年版。

康德:《道德形而上学》,张荣、李秋零译注,中国人民大学出版社2013年版。

康德:《道德形而上学的奠基》,李秋零译注,中国人民大学出版社2013年版。

蒯因:《蒯因著作集(第4卷)》,涂纪亮、陈波主编,中国人民大学出版社2007年版。

理查德·麦尔文·黑尔:《道德语言》,商务印书馆2005年版。

罗国杰:《马克思主义伦理学》,人民出版社1982年版。

罗国杰:《伦理学》,人民出版社1989年版。

洛克:《人类理解论(上册)》,关文运译,商务印书馆1958年版。

洛克:《人类理解论(下册)》,关文运译,商务印书馆1958年版。

马丁·L.霍夫曼:《移情与道德发展:关怀和公正的内涵》,杨韶刚、万明译,黑龙江人民出版社 2002 年版。

玛莎·纳斯鲍姆:《善的脆弱性:古希腊悲剧与哲学中的运气与伦理(修订版)》,徐向东、陆萌译,译林出版社 2018 年版。

玛莎·纳斯鲍姆:《培养人性:从古典学角度为通识教育改革辩护》,李艳译,上海三联书店 2013 年版。

麦金泰尔:《德性之后》,龚群、戴扬毅等译,中国社会科学出版社 1995 年版。

迈克尔·史密斯:《道德问题》,林航译,浙江大学出版社 2011 年版。

迈克尔·托马塞洛:《我们为什么要合作:先天与后天之争的新理论》,苏彦捷译,北京师范大学出版社 2017 年版。

摩尔:《哲学研究》,杨选译,上海人民出版社 2009 年版。

唐纳德·戴维森:《真理、意义与方法——戴维森哲学文选》,牟博选编,商务印书馆 2012 年版。

唐纳德·帕尔玛:《伦理学导论》,黄少婷译,上海社会科学院出版社 2011 年版。

万俊人:《现代西方伦理学史》,中国人民大学出版社 2011 年版。

维特根斯坦:《哲学研究》,李步楼译,商务印书馆 2000 年版。

文德尔班:《哲学史教程——特别关于哲学问题和哲学概念的形成和发展(上卷)》,罗达仁译,商务印书馆 2017 年版。

夏伟东:《道德本质论》,中国人民大学出版社 1991 年版。

肖雪慧:《伦理学原理》,四川教育出版社 1986 年版。

休谟:《人性论》,关文运译,商务印书馆 2016 年版。

休谟:《道德原则研究》,曾晓平译,商务印书馆 2015 年版。

徐向东:《实践理性》,浙江大学出版社 2011 年版。

亚当·斯密:《道德情操论》,蒋自强、钦北愚、朱钟棣、沈凯璋译,商务印书馆 2002 年版。

亚里士多德:《灵魂论及其他》,吴寿彭译,商务印书馆 1999 年版。

亚里士多德:《尼各马可伦理学》,廖申白译注,商务印书馆 2015 年版。

约翰·罗尔斯:《正义论》,何怀宏、何包钢、廖申白译,中国社会科学出版社

2009 年版。

约翰·麦克道威尔:《心灵与世界》,韩林合译,中国人民大学出版社 2014 年版。

约翰·塞尔:《表达与意义:言语行为理论研究》,王加为、赵明珠译,商务印书馆 2017 年版。

约翰·塞尔:《心灵、语言和社会:实在世界中的哲学》,李步楼译,上海译文出版社 2001 年版。

约翰·塞尔:《意向性:论心灵哲学》,刘叶涛、冯立荣译,上海人民出版社 2019 年版。

2. 中文期刊论文和学位论文(按照作者姓名的汉语拼音排序)

陈波:《逻辑、规范性和合乎理性的可修正性——菲尔德在牛津大学做约翰·洛克讲演》,《世界哲学》2008 年第 6 期。

陈波:《蒯因哲学的理性精神及其启示》,《哲学研究》1994 年第 12 期。

陈晓平:《"随附性"概念及其意蕴》,《科学技术哲学研究》2010 年第 4 期。

陈晓平:《真之收缩论与真之膨胀论——从塔斯基的"真"理论谈起》,《哲学研究》2013 年第 12 期。

陈晓平:《利己与利他的综合——从进化论的角度看》,《学术界》2020 年第 1 期。

陈真:《罗斯的初始义务论及其方法论意义》,《江海学刊》2007 年第 4 期。

邓安庆:《分析进路的伦理学范式批判》,《中国社会科学评价》2015 年第 4 期。

傅永军、尚文华:《道德情感与心灵改善》,《山东大学学报(哲学社会科学版)》2012 年第 5 期。

韩丹:《对相对主义批评的几点辩护》,《理论探讨》2009 年第 3 期。

韩东屏:《道德究竟是什么——对道德起源和本质的追问》,《学术月刊》2011 年第 9 期。

何松旭:《为什么需要道德——一种直觉主义视角的考察》,浙江大学博士学位论文,2011 年。

黄丽君:《意向性—随附性:委婉语词的发生分析框架》,《广西民族大学学报(哲学社会科学版)》2019 年第 4 期。

黄伟韬:《雷尔顿的自然主义道德实在论研究》,南京师范大学硕士学位论文,2016 年。

贾佳:《伦理学中“随附性”问题研究》,《哲学研究》2012 年第 11 期。

柯文勇:《费现象论在当代心灵哲学的发展路径及其争鸣》,华中师范大学硕士学位论文,2014 年。

李娜:《从意向性看语言的意义问题——论约翰·塞尔的意向性—意义理论》,山东大学硕士学位论文,2007 年。

李娜:《对欲爱的两种提升——兼论奥古斯丁对柏拉图主义的继承与超越》,《中国诠释学》2017 年第 14 期。

李娜、王日升:《批判性思维在工程教育中的价值及其运用》,《高教发展与评估》2018 年第 4 期。

李娜、韩清恩、钟文先:《大学生批判性思维素质现状及差异分析——基于山东省的调查研究》,《中国高教研究》2019 年第 2 期。

迈克尔·斯洛特:《情感主义德性伦理学——一种当代的进路》,《道德与文明》2011 年第 2 期。

孟培元:《漫谈情感哲学(上)》,《新视野》2001 年第 1 期。

孟培元:《漫谈情感哲学(上)》,《新视野》2001 年第 2 期。

彭媚娟、胡泽洪:《真之收缩论述评》,《世界哲学》2010 年第 3 期。

桑志坚:《道德虚无主义和道德教育的可为空间》,《教育学术月刊》2011 年第 12 期。

孙正聿:《哲学:思想的前提批判》,《中国高校社会科学》2014 年第 2 期。

托马斯·斯坎伦:《何为道德:道德的动机和道德的多样性》,陈真译,《江海学刊》2005 年第 3 期。

万俊人:《公共哲学中译本序言〈迈克尔·桑德尔公共哲学——政治中的道德问题〉》,朱东华、陈文娟、朱慧玲译,中国人民大学出版社 2013 年版。

王佳:《论金在权的条件还原主义及其理论困境——基于因果排斥性问题的讨论》,《自然辩证法研究》2014 年第 2 期。

王路、阴昭晖:《奎因与逻辑的观念——访清华大学王路教授》,《清华大学学报(哲学社会科学版)》2019 年第 3 期。

王晓阳、王雨程:《心理因果性、排他性论证与非还原物理主义》,《哲学研究》2015 年第 4 期。

魏犇群:《斯坎伦解决随附性问题了吗》,《道德与文明》2019 年第 5 期。

魏犇群:《元伦理学中的寂静主义实在论:解释与定位》,《道德与文明》2018 年第 2 期。

吴宏政:《"前提批判"哲学的三重致思取向》,《长白学刊》2018 年第 6 期。

徐向东:《道德实在性与道德真理》,《清华西方哲学研究》2017 年第 1 期。

徐向东:《道德知识与伦理客观性》,《云南大学学报(社会科学版)》2012 年第 1 期。

杨松:《元伦理学的视角:"随附性"探析》,《北京师范大学学报(社会科学版)》2019 年第 3 期。

姚晓娜:《"Moral Agent"是"道德代理人"吗?——一个伦理学概念辨析》,《道德与文明》2010 年第 1 期。

易杰雄:《道德中心主义与政治进步》,《文史哲》1998 年第 6 期。

殷杰、陈嘉鸿:《道德语境论探析》,《西北师大学报(社会科学版)》2015 年第 1 期。

张洁婷:《德里克·帕菲特非自然主义的认知主义研究》,南京师范大学博士学位论文,2019 年。

张曦:《价值、理由和后果——彼得·雷尔顿教授专访》,《世界哲学》2013 年第 3 期。

张宇翔:《维特根斯坦与三种"寂静主义"哲学》,山东大学硕士学位论文,2018 年。

朱毅、梁乐睿:《重审早期康德最初引入"道德情感"的内在理由——以 1762 年"获奖论文"为核心》,《上海交通大学学报(哲学社会科学版)》2018 年第 5 期。

后　记

有幸在世纪之交邂逅哲学，懵懂中走上一条自洽的人生之路。外国哲学树大根深，枝繁叶茂，而吾生性驽钝，资质平凡，幸得刘杰老师不弃，加之山东大学各位老师前辈的勉励，方能窥得一隅，此乃吾人生之大幸。

道德哲学于我十多年的哲学学习生涯中占据着重要位置。在山东大学读本科时，有机会聆听余纪元教授讲授 *The Nicomachean Ethics*，在蝉鸣夏日里与亚氏隔空探讨人类追求幸福和美德的方式，体验了一种别样的幸福。也曾有幸在满天繁星的夜晚与众生济济一堂，跟随颜炳罡教授领悟《论语》中的道德智慧。彼时，自带文艺气质、时常举办读书沙龙的郭鹏教授带领我们研读 G.E.Moore 的 *Principia Ethica*，讨论分析哲学在元伦理学中的应用，现在她有关动物伦理的理论与实践依然在影响着我们。刘杰教授带着我们学习尼采《论道德的谱系》，探讨道德与虚无主义的问题，令人感动的是，刘老师为了鼓励我走上哲学研究的道路，将女哲学家 Nussbaum 大力推介给我，指导我研习其著作 *The Upheavals of Thought*，后者有关情感与理智、小说与道德哲学关系的看法给我留下了深刻印象，Nussbaum 坚忍不拔的意志、独特的女性主义气质、极其广泛的研究主题和影响力也给了我勇气和力量。读研时，傅永军教授带领我们学习康德的三大批判，虽然自感艰辛，但治学的意志力得到了磨炼，也锤炼了我们的理性思辨能力。陈治国教授则向我们诠释奥古斯丁的伦理学，引导大家在郎朗共读声中梳理出一条情感欲望“忏悔式上升”的崎岖之路。读博期间,傅永军教授又带着我们仔细研读《道德形而上学奠基》,共同仰望人类心中的道德律。在跟随导师刘杰教授深入学习 *The Nature of Morality* 的过程中,哈曼提出的诸多问题启发了我的思考,使我产生了一系列疑问:道德真有可能只是一场欺骗吗?自然主义与虚无主义的关系究竟是怎样的,是否比情感主义距离虚无主义更近?真的如哈曼所言,伦理学的问题就只在于我们没有一种简单准确的方式用自然事实定义道德事实吗?情感主义真的难以回答来自道德真理和道德推理方面的反驳吗?等等。为了回答这些疑问,我又跟随吴童立教授系统学习了元伦理学。吴老师以谦逊平和、严格而又包容的姿态接纳了我这位旁听生,在此期间,吴老师将我视同自己的学生,要求我完成每周作业,鼓励我参与课堂讨论,期末结束还邀请我一起参加结课聚餐,让我更深切地体会到山东大学的浩然之气和青年学者真诚与开放的胸怀。借此我得以进入元伦理学的茂密丛林,开启又一段神奇的探秘旅程。不得不说,山东大学给予我心灵的丰厚馈赠是我后来敢于研究、乐于研究道德哲学的基石。

选择研究道德哲学,还有一个直接原因。作为一名思想政治理论课教师,我在讲授《思想道德与法治》课程时难免需要解答学生的道德困惑,真诚地回应时代的道德问题,否则课堂就会演变成教师的独自呓语,讲台就会堕落为思想的坟场。马克思说,“理论只要说服人,就能掌握群众。而理论只要彻底,就能说服人”。有关道德的课程只有勇敢面对现实社会道德问题,并能够分析和解释问题、回答或回应问题,才是有价值的、有生命力的课程。何怀宏先生在《中国的忧伤》中曾对中国当前的部分道德问题进行了描述和思考,有的篇目在案例分析之后也给出了一些建议。但就像面对社会问题的所有解决方案时会出现的那样,只要我们持续追问、刨根问底,就会发现,一切的制度、法律、执行、文化、教育等等出路都会遇到一个根本性的制约因素——人。而决定人行为选择的,主要是认知、观念、意识或者习惯。在这忙忙碌碌的尘世中,人们面对最多、最难回答的心灵问题之一就是:我为什么要做一个好人?为什么要做一个有原则的法官、有责任感的教师、有使命感的公务员、有底线的商人、有良知的知识分子?为什么要培养良好的行为习惯或职业操守?这些关键性的限定词大都指向了道德,然而道德究竟意味着什么?如果我们关于道德的本质都无法形成基础性共识,那么就不仅仅是难以建构伦理共同体的问题,甚至连基本的商谈伦理原则可能都难以形成,果真若此,众多社会问题的解决就更像是缘木求鱼、天方夜谭了。

在思想观念越来越多元、意识冲突越来越密集、道德共识越来越稀薄的形势下,我最终谨慎地选择了一种看似非常调和、实则更具包容性和说服力的道德哲学理论——认知主义的表达主义。说是一种谨慎的选择,其实更像是一种大胆的创制。因为在我写作本书初稿时,还没有看到过类似的具体学说,直到初稿几近成形时,我才读到 David Copp 介绍他 Realist-Expressivism 的论文,发现其核心观点与我的想法有相似之处,禁不住拍案叫绝,如同在茫茫人海中邂逅知音,又如在怀疑踟蹰之时与另一个自己不期而遇,瞬间增强了前行的力量,也更加坚定了脚步的方向。

当然,限于时间和篇幅,本书对认知主义的表达主义的阐述并不是圆满无缺的。我没有期待自己的观点会在短期内被同业或前辈们接受。但这并不意味着我对自己的观点没有信心。在本书的第四章中,我尽力对各种可能的反对意见进行了预测和回应,希望抛砖引玉,能有更多读者将不同意见表达出来,这将大大有利于我此后进一步完善自己的理论,也希望有更多志同道合者共同来完善这一理论。

借此图书出版的宝贵机会,我要特别感谢江怡教授、傅永军教授、李章印教授、王华平教授、陈治国教授、崔永杰教授和田杰教授。作为资深专家,他们不吝自己宝贵的时间与精力,对我的著作初稿提出了非常细致的批评意见和修改建议,帮助我更好地呈现自己的想法。尤其要感谢我的导师刘杰教授，是他在一开始就坚定地鼓励我选择基础理论而非应用理论开展研究，使我有勇气和机会为自己后续的伦理学研究奠定较为扎实的基础。

感谢师兄师姐、同学、同事对我的支持鼓励。尤其要感谢老同学王美玲，她不仅悉心解答我的研究困惑，仔细帮我校订本书部分内容，而且作为从事哲学研究的女性工作者，她认真进取、专注又坚毅的身影永远给我以力量，这份精神陪伴是我的无价之宝。

感谢家人的鼓励与支持，即便春节期间我独自闭门写作，他们也毫无怨言，大力支持。感谢我年迈的父亲，每年都劝我不要回老家看望他，做好自己的事情，这种不求任何回报的宽广胸怀是我学习的榜样。感谢一生受尽病痛折磨的母亲赋予我柔韧坚毅、锲而不舍、包容进取的品格，我想将此书献给她，以告慰母亲在天之灵。感谢姐姐替我承担了照顾老人的责任。亲人们对我的理解和支持是我前行的动力。

感谢人民出版社的编辑们，尤其是李之美编辑，她是个专业、高效、一丝不苟、平和谦逊的人，为本书的编辑出版提出了宝贵的建议，付出了辛勤的劳动。

感谢教育部社会科学司对本书出版提供的资助。

李　娜

2024 年 6 月

于济南长清原香溪谷

